KB235375

경제민주화시대
# 대통령

경제민주화시대
# 대통령

초판 1쇄 인쇄 2012년 9월 10일
초판 1쇄 발행 2012년 9월 15일

지은이 | 김영호

펴낸이 | 김명숙
펴낸곳 | 나무발전소
디자인 | 이명재

등록 | 2009년 5월 8일(제313-2009-98호)
주소 | 서울시 마포구 합정동 358-3 서정빌딩 7층
이메일 | tpowerstation@hanmail.net
전화 | 02)333-1962
팩스 | 02)333-1961

ISBN  978-89-969378-0-7  03300

✽ 사진 제공 – 연합뉴스
✽ 책값은 뒤표지에 있습니다.

경제민주화시대

# 대통령

나무
발전소

# 헌법정신으로 돌아가자!

1987년 6월 민주화의 열망이 아스팔트 위로 분출했고 그 열기가 군벌지배 체제의 종막을 내렸다. 그 6월 항쟁은 신군부의 폭정을 분쇄하고 대통령 직선제를 쟁취했다. 그 때까지만 해도 많은 국민들은 구체제의 잔재와 폐습을 혁파하고 희망에 찬 새로운 시대가 열릴 것이라는 기대에 차 있었다. 하지만 5년을 주기로 열병 같은 홍역을 치른 끝에 새 대통령이 태어나나 국민에게 희망보다는 절망과 실망을 안겨 주곤 한다. 국정 전반에 대한 이해도가 낮아 무엇을 어떻게 할지 몰라 5년이란 세월을 허송하고 만 것이다.

정당사를 되돌아보면 모든 정당이 선거용 포말정당이나 다름없다. 5년마다 선거철이 가까워지면 이합집산이나 신장개업을 되풀이

하며 당명을 바꾼다. 정권실패에 대해서는 반성을 모르고 잃어버린 국민적 신뢰를 되찾겠다고 새롭게 치장하는 꼴이다. 선거 때마다 보수니 진보니 하며 떠드나 정책방향은 없고 공허한 이념공방만 남는다. 어디에도 투철한 국가관과 국정철학이 보이지 않는다. 정권을 잡더라도 집권세력의 정책기능이 취약한 탓에 이 나라에서 가장 보수적 세력인 관료집단에 의존한다. 그 까닭에 역대 정권의 사회-경제정책의 골격은 신자유주의에 근거하여 대차가 없다.

한국사회가 직면한 최대의 난제는 양극화이다. 역대정권이 시장주의와 규제완화에 근거한 신자유주의를 맹신한 결과 계층-부문간의 극단적인 양극화가 형성되었다. 사상최대의 빈부격차, 가계부채 1,000조원, 비정규직 양산과 청년실업, 부동산 투기와 전세대란, 과중한 사교육비와 출산율 저하, 경쟁위주의 교육의 시장화, 유통재벌의 골목시장 침탈, 거대자본의 자영업-중소기업 영역 침투, 부문-지역간의 발전격차 등등 국가적 난제 한가운데는 신자유주의가 자리 잡고 있다. 이에 따라 계층-부문간의 반목과 갈등이 갈수록 증폭되고 있다. 그 간극을 좁히지 않고는 국가가 발전역량을 발휘하지 못할 단계에 이르렀다.

경제민주화가 시대정신으로 떠올랐다. 이것은 국민적 합의이며 경제발전 불균형에 따라 국민적 불만이 발화점에 달했다는 뜻이다. 역대정권이 노동의 가치는 말하지 않고 '기업하기 좋은 나라'니,

'친기업'이니 떠들며 자본 위주의 편향적 경제-사회정책을 펴왔다. 정-재-관계가 한 몸이 되어 자본의 이익을 극대화하는 데 앞장서온 것이다. 그 뒤에는 전경련을 비롯한 경제5단체가 도사리고 있다. 하지만 서민대중의 이익을 대변하는 세력은 존재하지 않는다. 대통령이나 국회의원이 되겠다는 사람들도 선거철에만 서민을 찾는다며 시장 바닥이나 누비고 다닌다.

정치권이 내놓는 경제담론을 보면 구체성-현실성이 결여된 채 재벌개혁에만 매몰되어 있다. 경제민주화를 자칫 잘못 논의하다가는 이념논쟁만 유발하여 본질은 증발되고 사상논쟁만 남을 공산이 크다. 구체적 각론과 실천의지를 담보하지 않는 재벌개혁은 정치구호로 변질되어 색깔론만 유발할 우려가 큰 것이다. 그곳에는 항상 반자본주의와 반시장주의라는 반격의 함정이 도사리고 있다. 성장론과 복지론 또한 비생산적인 이념논쟁으로 비화될 가능성이 짙다. 경제민주화의 본질은 민생복리이다. 그 지향점은 양극화 완화를 통한 사회통합이다. 논의의 초점을 민생복리에 맞추지 않는다면 경제민주화는 공허한 정치적 수사로만 남는다.

경제민주화를 이룩하기 위해서는 이제 헌법정신으로 돌아가야 한다. 헌법 제119조 2항은 경제민주화에 관해 '균형 있는 국민경제의 성장과 안정', '적정한 소득의 분배', '시장의 지배와 경제력 남용의 방지', '경제주체간의 조화를 통한 경제의 민주화'를 규정하고 있다. 이것은 시장경제의 원리에 대한 제약적 규정으로서 국가는 경제에 관한 규제와 조정을 할 수 있다는 뜻이다. 그런데 책임 있는 자리에 앉은 인사들이 아직도 야유조로 경제민주화가 무슨 뜻인지 모르겠다는 따위의 망발을 일삼고 있다.

1987년 체제 이후 25년간 역대정권이 이 헌법정신을 망각하고 있었다. 어느 정권이나 하나 같이 규제완화를 통한 효율성을 합창해왔다. '완화'라는 단어도 모자라 '철폐', '혁파'라는 단어를 입에 달고 다니며 외쳤다. 경제적－사회적 약자를 위한 규제, 경제질서에 관한 규제, 경제력 남용을 방지하기 위한 규제, 공공복리를 위한 규제, 환경보존을 위한 규제 등등을 마치 경제발전을 가로막는 해악이라는 듯이 경쟁적으로 없애버렸다. 그 결과 계층－지역－부문간의 발전격차가 극대화되었고 재벌로의 경제력 집중이 더욱 심화되었다.

맹목적인 규제완화가 자본－지식－기술－정보에서 열위에 있는 사회적－경제적 약자의 생존기반을 위협하고 있다. 강자가 약자의 이익을 뺏어가는 약탈적 사회구조가 고착화한 것이다. 역대정권이 외적성장에만 몰두한 탓에 성장의 과실이 과점되어 양지는 더욱 밝아지고 음지는 더욱 어두워졌다. 하루 종일 먹고 살려고 버둥대다 밤이 되면 지친 몸을 다시 이끌고 대리운전을 나가는 아버지들. 자식 과외비를 마련하느라 허드렛일도 마다않는 어머니들. 해마다 치솟는 등록금을 마련하느라 밤일, 잡일로 지쳐 수업시간에 졸음과 싸우는 대학생들.

　퇴직금을 털고 빚을 내서 조그만 가게 하나 차렸지만 골목상권마저 초토화하는 유통재벌과 재벌 프랜차이즈 횡포 앞에 밤잠 못 이루는 자영업자들. 봉급을 아무리 모아도 내 집 마련의 꿈은 무지개마냥 멀어만 가는 셋방살이 월급쟁이들. 전방위 FTA에 따른 농촌붕괴로 통곡하는 농민들. 정치권은 귀를 막았는지 성장의 그늘 아래서 들려오는 신음과 절규가 갈수록 커지나 들을 줄 모른다. 정치권이 사회의 공동번영을 최우선가치로 삼아야 구성원의 행복이 보장된다. 그 해답은 바로 민생복리이고 그것이 경제민주화이다.

　경제민주화란 시대정신에 걸 맞는 대통령이 되려면 역대정권의 정책실패를 되돌아보는 지혜가 소중하다. 김대중-노무현 정권의 남북긴장완화, 인권신장, 권위주의 타파, 민간영역의 자율성 확장에 대해서는 긍정적 평가가 가능하다. 경제부문은 정책의 보수화로 다른 정권과의 차별성을 부각시키지 못했다. 가장 큰 원인은 이념과잉에 따른 진영논리에 있다. 민주개혁세력의 기반이 취약한데다 이른바 보수세력이 가치중립적 사안에 대해서도 이념공세를 펴면서 조직적으로 저항해왔다. 그 과정에서 선거철이 다가오면 영남민심을 악의적으로 자극하는 수단으로 악용한다. 그것이 왜곡된 지역구도에서 다수파를 쉽게 포섭하는 방도이기 때문이다.

　대통령 선거 때마다 국민들이 지역주의의 포로가 되는 바람에 정치발전과 정책대결이 실종된다. 그 피해는 고스란히 국민에게 돌아간다. 남은 것은 정치체제의 퇴영과 경제질서의 왜곡뿐이다. 다행히 근년에 들어서는 지역주의에도 변화의 조짐이 보인다. 특히 수도권 20, 30대는 지역의식이 많이 희박해져 새로운 정치지형의 변화가 예고된다. 이제 국민들이 깨어나서 1990년 3당합당 이후에 고착화된 지역구도를 깨야한다. 앞으로 누가 대통령이 되어도 정치권이 지역주의를 토템<sup>totem</sup> 처럼 숭배하는 미신을 타파하지 못하면 정치적 – 경제적으로 성공하지 못한다. 다만 역대정권의 실패를 답습하는 길만 열린다.

이 책이 나오기까지 도와주고 애써주신 김명숙 나무발전소 대표, 박인규 프레시안 대표, 김성신 출판평론가, 김덕기 한국방송 이사회 사무국장에게 감사의 말씀을 드린다. 그리고 첫 번째 독자로서 자료 취합과 교열을 도와준 큰 아들 정현의 노고가 있었음도 밝혀둔다.

2012년 8월 15일

김 영 호 씀

머리글 · 4


# 제1장 시대정신 경제민주화

## 경제민주화시대 대통령감 · 18


사회통합 – 미래지향형 지도력 · 18

최소한의 대통령 자격조건 · 22

대통령이 될 수 없는 사람 · 26

정치혐오감이 낳은 '안철수' 의 허상과 실상 · 33


## 최우선 국정과제는 사회통합 · 41


편집광적 이념과잉 시대 · 43

지역 – 이념 – 종교 초월한 관용과 포용의 정치 · 47

국가적 재앙 부른 지연 – 학연 – 혈연의 연고체제 · 55


## 통일 이후 대비한 통일정책 · 61

## 민생복리가 경제민주화다 · 69


지향점은 양극화 완화를 통한 사회통합 · 69

신자유주의 망령과 위험한 유희 · 72

골목상권까지 침탈하는 천민자본주의의 탐욕 · 76

실업자 양산하는 유통재벌의 횡포 · **83**

날품팔이 주머니 터는 추악한 인간들 · **86**

'최고임금제'로 바뀐 '최저임금제' · **90**

고물가 – 전세난이 등록금 투쟁 불렀다 · **93**

주택정책 실패가 불붙인 전세대란 · **97**

경제발전 가로막는 과중한 사교육비 · **102**

식량주권 포기한 FTA, 농촌은 통곡한다 · **109**

사상최대의 빈부격차, 주말 거리는 좌판행렬 · **116**

시한폭탄 가계부채 1,000조원 허리가 휜다 · **119**

경제민주화 실패의 역사를 되돌아보자 · **122**


## 제2장  군벌독재 절반의 종식

### 김영삼 – 김대중의 분열과 협력 · 126


영구집권 노린 박정희의 마지막 선거 · **126**

숙명의 대결 40대 기수론 · **128**


### 유신체제 대이은 신군부의 등장 · 134


12·12 군사반란과 5·18 광주민주항쟁 · **134**

국권찬탈 전두환의 무단통치 · **138**

나라 훔친 도당정치와 시민저항 · **141**

민주화의 거점 민추협 결성 · **145**

신군부에 직격탄 신민당 돌풍 · **147**

**양김이 만든 노태우** • **153**

16년 만의 대선, 양김의 동시출마 • **153**
양김의 분열, 노태우의 어부지리 • **156**


**지역주의를 등에 업은 3김 할거시대** • **158**

양김의 재통합 무산 • **158**
3김 반쪽정당의 군벌 심판론 • **161**
의정사상 최초의 여소야대 • **164**
김대중의 밀월, 김영삼의 반격 • **168**


# 제3장  1990년대 체제와 지역주의


**군벌과의 동침 3당합당** • **174**

민주–반민주 세력의 야합 • **174**
맹목적인 지역주의 고착 • **177**
김대중의 고립, 정주영의 정계진출 • **180**
'한 지붕 세 가족' 민자당 참패 • **183**


**노태우의 성공과 실패** • **189**

토지공개념–금융실명제 기득권층의 반발로 무산 • **189**
물가폭등–주가폭락 부른 5개 신도시 졸속추진 • **193**
득표용 고속철–새만금 날림 국책사업 남발 • **198**

# 제4장  신자유주의와 양극화 사회


## 김영삼의 군벌체제 청산 · 206

김영삼의 민정계 제압, 대통령 후보 쟁취 · 206
김대중의 세 번째 대권도전 · 209
PK+TK 효과 김영삼의 대통령 당선 · 213

### (1) 김영삼의 정면돌파
12·12 군사반란의 주역 하나회 해체 · 216
역대정권이 못한 금융실명제 전격실시 · 218
금융실명제가 잡은 전두환－노태우 · 221

### (2) 김영삼의 실패
과시적 100일 경제계획의 허구성 · 225
스스로 올가미 쓴 세계화의 덫 · 227
외환위기의 도화선 OECD가입 · 231
빚 내서 빚 갚은 외채구조 은폐 · 236

## 호남정권의 탄생 · 241

### (1) 김대중의 '4수' 노린 정계복귀
김대중 살린 지방선거 · 241
DJP연합의 성공과 공동정부 출범 · 244

### (2) IMF 관리체제와 신자유주의 광풍
국가경제 파탄, 집단도산－대량실업－자산폭락 · 247
재벌 집단부실화의 대가 IMF의 약탈적 구제금융 · 251
일자리 증발, 불법해고 기승, 집값 반토막 · 254

살인자본주의 정리해고제 도입 실업양산 · **257**
금융자산가 폭리, 중산층 몰락, 사회 급진화 · **260**
국가경제 파탄원인 규명않고 관료집단에 면죄부 · **264**

**(3) 새천년민주당 절반의 성공** · **269**

**(4) 김대중의 성공과 실패**
보수세력 포용과 연고지역 의존 · **276**
남북정상회담과 현대그룹의 대북사업 추진 · **280**
공적자금의 방만한 조성−투입−회수 · **285**
벤처광풍과 투기열풍이 벌인 투전판 · **291**
경기부양이 빚은 집값 폭등−카드대란 · **296**


**비주류의 정권 재창출** · **301**

**(1) 노무현의 정치실험과 탄핵**
집권당의 분당→창당→탈당→창당→소멸 · **301**
국민을 두려워하지 않은 죄 · **310**

**(2) 노무현의 성공과 실패**
노무현의 도전과 선택 · **313**
부동산 '죽이기', '살리기' 정책혼선 · **316**
신도시, 골프장 무더기 건설 · **320**
사전에 절반 양보한 한−미 FTA · **327**
국민 무시한 굴욕적 한−미 FTA · **331**
한국경제의 미국종속화 한−미 FTA · **335**
식량안보 포기한 한−미 FTA · **337**
언론과 싸우다 끝난 언론정책 · **345**

# 제5장  구체제로의 복귀


## 노무현이 만든 이명박 · 152

### (1) 싱겁게 끝난 대선
한나라당 끼리의 경선이 본선 · 352
여야 경선과 이명박의 당선 · 357

### (2) 이명박의 실패
국민무시 '강압통치', 국민외면 '불통정치' · 364
광우병 파동이 부른 국민적 저항 촛불시위 · 370
이륙도 못한 엉터리 'MB 747' · 375
미래 성장동력 까먹은 4대강 사업의 성역화 · 381
장기집권 음모 방송장악과 조중동 방송 · 387
북한 경제의 중국 종속화 · 393



# 제6장  새로운 정치지형의 태동


## PK & TK 연합에서 균열로 · 400

민주통합당 PK도전 실패의 숨은 뜻 · 400
유권자는 없고 당권파만 있는 정당 · 406
양당제 정착과 지역주의 분화 · 411
과거정권의 실패를 반면교사로 삼는 지혜 · 417

# 제1장

## 시대정신

### 경제민주화

# 경제민주화시대 대통령감

## 사회통합 – 미래지향형 지도력

다음 대통령은 무엇보다도 사회통합을 지향해야 한다. 이명박 정권 출범 이후 한국사회는 지역–계층–이념–종교–세대간의 갈등과 반목이 더욱 증폭되고 있다. IMF<sup>국제통화기금</sup>사태 이후 중산층이 급속하게 붕괴되면서 빈부격차가 심화됐다. 정리해고제 도입, 비정규직 양산으로 양극화가 더욱 벌어졌는데 유통재벌이 골목상권을 침탈함으로써 그들의 퇴로를 차단하고 있다.

재벌의 약탈적 영역확장으로 중소기업의 존립을 위협하고 있다. 이런 상황에서 이명박 정권의 친재벌 정책에 따라 부의 편재가 더욱 심화되었다. 가계부채 1,000조원이 그것을 말한다. 따라서 경제–사회정책의 초점을 양극화 완화에 맞추어야 한다. 지금처럼 소득간의 격차를 방치하면 정책적 수단으로는 교정이 불가능한 상황에 달한다.

지역간의 갈등과 반목을 극복하자면 지역주의를 초월해야 한다. 지난날 대통령들이 연고지역 출신이라는 이유로 자격도 능력도 없는 건달들을 중용하여 나라를 너무나 어지럽혔다. 그것은 지역주의를 교묘하게 이용해 정치적 지지기반을 확충하려는 술수였고 그 피해는 고스란히 국민에게 돌아왔다. 근년에 들어 지역주의가 완화되는 추세를 보이고 있다.

그러나 아직도 지역적 배경이 없는 사람은 감히 대권에 도전하기 어려운 것이 현실이다. 이 나라에서 대통령 후보의 가장 큰 결격사유는 출신지역이다. 1987년 체제 이후에만 보아도 영-호남 출신이 아니라면 대통령의 꿈은 현실성이 희박하다. 호남도 전체인구에서 차지하는 비율이 낮아 당선 확률이 낮다.

지역연고성이 옅은 수도권 출신이라면 아무리 출중한 인사라도 대권 도전에는 지역적 장애가 따른다. 그 책임은 일단 국민에게 돌아간다. 하지만 지역주의를 정치적으로 이용한 정치인의 책임이 더 크다. 지지율을 결집시키기 위해 재임 중에 연고지역 인사들을 중용하고 연고지역 개발사업에 예산을 집중적으로 투입했기 때문이다.

다행히 최근 들어 수도권 주민의 투표성향을 보면 탈지역주의 경향이 뚜렷하게 나타나고 있다. 20, 30대는 할아버지, 아버지의 고향을 떠나서 투표하는 추세를 보이고 있는 것이다. 2012년 4·11 총선에서 그것이 확인되었다. 여기에다 동서양분이 다소 완화되면서도 영남-호남-충청권의 구획이 점차 남북으로 세분화하는 추세를 보이고 있다. 지역주의의 분화현상이다.

2012년 4·11 총선에서 민주통합당은 '낙동강 전투'라는 이름으로 부산-경남지역을 문재인 대통령 만들기의 교두보로 삼았다. 부산에서 5명이 당선되면 문재인이 대권에 도전하겠다는 것이었다. 그런데 문재인과 조경태만 살아남았다. 하지만 이 지역의 민주통합당 득표율을 보면 고무적인 변화를 찾아 볼 수 있다.

19대 총선에서 민주통합당의 득표율은 부산 31.78%, 울산 25.22%, 경남 25.61%로 18대 총선에 비해 2.5배 가량 높아졌다. 통합진보당의 득표율을 합친 야권연대의 득표율을 보면 부산 40.20%, 울산 41.52%, 경남 36.14%로서 부산-경남은 40%를 넘어서 두 당의 전국 득표율에 근접했다. 전국 득표율은 민주통합당이 36.45%, 통합진보당 10.30%로서 두 당의 합친 득표율은 46.75%이다. 눈에 보이지는 않았지만 그 기저에서는 변화가 일고 있었음이 총선을 통해 확인된 것이다.

그런데 아직도 정치지도자라는 사람들이 지방주의Provincialism를 교묘히 이용해서 지지기반을 확충하려고 한다. 정치적 영달을 위해 지연-학연 같은 연고주의를 신봉하는 탓이 크기 때문이다. 차기 대통령은 지역의식에서 해방된 인사가 되어야 한다. 그렇지 않다면 대통령이 되어도 반쪽 대통령으로 머물 수밖에 없다.

대통령이 되고자 하는 사람이라면 이제 삶의 질도 생각해야 한다. 대기-수질오염이 날로 악화되어 숨쉬기도 어렵고 수돗물 마시기가 겁난다. 너나없이 입으로는 생태계 파괴를 걱정하면서 몸으로는 환경파괴적인 행동을 서슴지 않기 때문이다. 차량과 공장이 내뿜는 매연으로 인해 숨쉬기가 거북하다. 강도 바다도 생활오수, 산업폐수에다 쓰레기까지 버려 악취가 풍긴다.

골프장, 스키장, 콘도를 짓는다고 산기슭을 헐어내고 산허리를 파헤쳐 산림훼손이 심각하다. 자연파괴-환경오염이 지금처럼 진행된다면 복구비용을 감당하기란 불가능에 가깝다. 제 나라 사람도 살기 어려우면 외국 관광객이나 외국 투자자가 쉽게 찾아오지 않는다. 환경친화적 산업정책은 미래를 생각하는 철학에서 나올 수 있다.

오늘날의 경제적 성취는 가난에서 벗어나려는 의지가 원동력이 되어 이룩된 것이다. 그러나 21세기에는 기술개발이 광속의 속도로 진행되어 국가가 근면성만으로 발전전략을 구사하는 데는 한계가 있다. 지구적 통합을 지향하는 세계경제가 국경 없는 무한경쟁 시대로 치닫고 있다. 경쟁열위에 있는 산업에 대해서는 도태를 강요하는 상황이 전개되고 있는 것이다.

한국이 경제적으로는 이미 그 대열에 편입되었지만 지금 같은 문화의식으로는 선진국의 꿈을 실현하기 어렵다. 융성한 문화유산을 갖지 않은 선진국이 없다는 사실이 그것을 말한다. 물신을 숭상하는 소비행태도 천박한 문화의식에서 비롯된다. 문화유산이 척박한 이 땅에 문화의 꽃을 피울 지도자가 나와야 한다.

1987년 6월 항쟁 이후 여론조사를 보면 줄곧 국민의 절반 가량이 지지정당이 없다고 답변해 왔다. 많은 국민들이 먹고 살기에도 다급해 저급한 정치행태에 염증을 느낀 탓일 것이다. 세계경제-세계정

치 질서가 재편되는 가운데 4대 강국이 각축하는 동북아시아에 위치
한 한반도에도 거대한 변화의 파고가 엄습하고 있다.

이런 환경변화에 대처하기 위해서는 미래를 투시할 수 있는 지혜
와 철학이 필요하다. 국내적으로는 계층-이념-지역간의 갈등과 반
목이 증폭되고 있어 조정력을 발휘할 수 있는 지도자가 태어나야 한
다. 공적영역의 가치를 존중하면서 보편적 민생복리을 추구할 지도
자만이 그 능력을 발휘할 수 있다. 그 지도자는 세계의 변화를 수용
하는 한편 미래를 창조한다는 낙관적 확신을 가져야 동북아시아의
중심국가로 웅비할 수 있다.

## 최소한의 대통령 자격조건

역대 대통령 선거를 보면 대선주자라는 사람들이 열 손가락을 꼽
고도 남을 듯했다. 초반에 각축을 벌이다 여론조사라는 여과과정을
통해 2~4명으로 압축되기는 했지만 대통령이란 자리를 너무 쉽게
보고 덤벼든다. 대권을 말하기 전에 국정수행 능력이 있는지 자문할
필요가 있다. 국민은 먼저 정직성-투명성이 남다르게 뛰어난지 묻
는다. 과거 대통령과 그의 막료들이 저지른 부정부패가 국민에게 심
어준 실망감과 배신감이 너무 크기 때문이다.

대통령이 국정 전반에 대해 완전하게 파악하기란 불가능하다. 하
지만 국정 전반에 대한 높은 이해도는 필수조건이다. 그런데 국가정
책을 면밀한 분석도 없이, 충분한 검증도 없이 시행함에 따라 막대

한 국가예산 낭비와 함께 사회적-경제적 손실을 끼친 사례는 허다하다.

장관은 주무부처를 통괄하는 최고책임자이기 이전에 대통령을 보좌하며 국무를 담당하는 국무위원이다. 국무위원이라면 다른 부처의 의결사항에 대해서도 의견을 개진하고 대안을 제시할 능력을 가져야 한다.

무엇보다도 장관은 소관부처의 업무를 소상하게 파악해 정책방향-대안을 제시할 수 있는 전문성을 가져야 한다. 관료조직을 관리-통제할 지도력도 겸비해야 한다. 그런데 대통령이 소관-연관 업무에 대한 이해도가 낮기 때문에 충성심만 중시한다. 해당부처의 과장급보다 못한 엉뚱한 인물들을 발탁해 관료집단에 질질 끌려 다니다 재임기간 내내 업무도 제대로 파악하지 못한 채 중도하차하고 만다.

전문성-지도력이 부족하니 조직을 장악하지 못해 하부조직의 눈치나 보는 사이에 국정은 표류하고 민생은 골병든다. 그런데도 연고주의에 의존해 무자격자-무능력자를 장관으로 기용하는 바람에 국정을 망치고 쫓겨난 사례도 너무나 많다. 그러면서도 습관적으로 언론이나 탓한다. 대통령이 국정에 대해 모르니 엉터리 장관들을 양산해 국민에게 많은 고통을 준 꼴이다.

법보다는 돈과 권력이 우선한다고 믿는 사람들이 많다면 그 사회는 공정하지 않다. 정치권력이 연고주의와 정실주의에 기생해 부정축재와 권력남용을 일삼은 결과이다. 소외계층의 집단행동도 거기에 상당한 원인이 있다. 부패했던 정권 아래서 공직을 이용해 축재한 인사들이 많다. 상속재산도 없고 기업을 경영하지도 않았는데 재산이 많다면 문제가 있다.

대권을 말하는 사람은 납세의무를 성실하게 이행했는지, 재산형성 과정이 투명한지 입증해야 한다. 땀을 모르고 축재한 사람은 국민의 세금이 얼마나 소중한지 모르고 예산낭비를 일삼는다. 역대 정권이 재산형성의 투명성이 담보되지 않는 인사들을 중용하여 정권의 도덕성에 치명적 타격을 받았다.

그 밖에도 위장전입, 농지소유, 세금탈루, 투기의혹, 전관예우 등등을 떳떳하게 소명하지 못하는 인사들을 중용하여 많은 말썽을 빚었다. 이외에도 논문표절-이중게재, 자녀국적, 공금유용 따위로도 도덕성, 청렴성의 논란을 일으켰다.

대통령이 공직자로서 도덕적 가치의식이 둔감하기 때문에 국민적 용인도를 넘어선 인사들을 중용하는 것이다. 결국 인사청문회를 지켜보는 많은 국민들은 절망감을 넘어 배반감을 느껴 민심이반이 가속화된다.

비민주적 정치-경제-사회제도를 개혁해 공정한 사회를 건설할 능력을 가진 인물만이 대권을 말할 자격이 있다. 민주주의의 가치가 무엇인지 모르다 보니 국민을 두려워하지 않고 탄압하고 억압하기를 예사로 안다.

민주의식이 빈약한 탓에 집권당을 장악해 국회를 청와대의 시녀로 만든다. 집권당에 악법을 날치기 하도록 주문하고 국회의 예산심의권을 존중하지 않는다. 준법정신이 희박하기 때문에 대통령은 무슨 짓도 할 수 있다고 믿고 국민 위에 군림하려고 든다. 따라서 경미한 범법사실도 확대경으로 들여다 볼 필요가 있다.

남북의 대치상황에서는 병역의무가 납세의무 보다 더 중요하다. 병역의무가 합당한 사유로 면제되었다면 논란의 대상이 될 수 없다. 하지만 과거에 부패했던 병무행정을 미루어 본다면 고의에 의한 병역기피자가 얼마든지 있을 수 있다. 이명박 정권에는 면제사유가 의심스런 병역기피자들이 유독 많았다. 그들이 이상하게도 전쟁불사론을 외치며 북한에 초강경 자세를 견지했으니 국민적 설득력을 얻기 어렵다.

대통령은 국군최고통수권자이다. 그 까닭에 병역기피자는 대통령이 될 자격이 없다. 병역의 의무를 따지는 것은 국민으로서 부여된 의무를 이행했는지를 묻는 것이다. 병역기피자라면 대통령 이전에 공무를 담당할 자격이 없다고 보는 것은 당연하다. 하물며 대통령이야 국정의 최고책임자라는 점에서 병역기피는 충분한 결격사요가 된다.

그런데 많은 국민들이 그 자격을 철저하게 묻지 않는다. 연고주의에 따라 후보자를 맹목적적으로 지지한 탓이 크다. 입후보자가 여성이라면 그것은 논외의 문제다. 국민의 의무를 이행했는지를 따지는 문제이기 때문이다.

대통령 재임 중에 국가적으로 중대한 사태가 발생할 수 있다. 재임시에 유고가 발생한다면 경제적 – 정치적 혼란을 야기할 수 있다.

이 점에서 대통령 후보의 신체적-정신적 건강도 검증대상이 되어야 한다. 필요하다면 병력 Medical history 을 확인하는 절차도 고려되어야 한다. 대통령의 판단은 국가적 운명에 영향을 미칠 수 있다는 점에서 신체적 건강 못지않게 정신적 건강이 중요하다.


## 대통령이 될 수 없는 사람

보수언론이 이념에 매몰되어 가치중립적 사안도 이념의 잣대로 재단함으로써 이념과잉 시대를 연출하고 있다. 남북간의 고조된 긴장관계 못지않게 색깔론으로 포장된 이념대립이 심각한 국면에 달했다. 차기 대통령은 탈이념적이어야 한다. 내부의 이념적 갈등의 해소가 절체절명의 과제로 떠올랐다.

이념-계층-지역-종교간의 갈등과 반목이 증폭되고 있어 국정 최고책임자의 출중한 조정력이 요구된다. 특히 복지수요가 급증하는 상황에서 양극화를 최소화하려는 철학과 소신이 소중하다. 국가정책을 집행하는 과정에서 발생하는 국민간의 이해상충을 조정하는 능력이 무엇보다 중요하다.

대통령의 임기 중에 통일이라는 대사건이 발생할 수도 있다. 그것은 역사만이 알 일이다. 불가측의 문제이기는 하나 통일을 대비하는 자세가 중요하다. 이제 통일정책은 통일 이후에 초점을 맞춰야 한다. 긴장완화-교역증대를 통해 북한경제가 자립하도록 돕는 것이야말로 중요한 통일정책이다.

민족의 동질성을 회복하지 못한 상황에서 통일이 이뤄진다면 정치적-경제적-사회적 혼돈의 시대가 온다. 이 경우 군사적 분계선은 없어지지만 보이지 않는 정치적-경제적 분계선이 생겨 집단적 감정대립이라는 불행한 사태를 낳을 수 있다. 급변하는 동북아 정세에 능동적으로 대처하기 위해서는 확고한 통일관이 필요하다. 바꾸어 말하면 국가분단의 현실에서 반통일론자라면 대통령을 말할 자격이 없다는 소리다.

이명박 정권 들어 특정종교를 넘어서 특정교회를 중용하여 종교차별이란 시비가 그치지 않았다. 차기 대통령은 종교의 다원성을 인정하고 타인의 종교를 존중할 줄 알아야 한다. 지연-학연-혈연 따위의 연고주의에 의한 발탁인사는 과거정권에서도 논란이 많았다. 하지만 종교적 편향성으로 인한 시비는 거의 없었다.

그런데 이명박 정권은 불교와 끊임없는 마찰을 빚었고 그것이 종교차별이란 피해의식을 불러 불교계의 반발이 그치지 않았다. 종교는 이념보다 무서워 때로는 맹목적이다. 특정종교에 대한 편애는 타종교의 박해로 인식되어 민심이반을 촉진할 뿐 아니라 종교적 대립은 불행한 사태를 유발할 수 있다.

종교다원화 시대에 청와대에서 찬송가나 목탁소리가 담장 너머로 울려 퍼져서는 안 된다. 종교적 편협심은 타종교와의 마찰을 불러오기 마련이다. 타종교에 대한 몰이해는 국가적으로 불행한 사태를 낳을 수 있다. 종교적 대립으로 내전을 겪거나 국가가 분단된 사례는 역사적으로 무수히 많다. 2차 세계대전 이후 인도와 파키스탄의 분

리도 그것이다. 종교의 다원성을 부정하는 사람은 대통령의 자격이
없다.

미국에서 카톨릭 신자는 대통령이 될 수 없다는 불문율이 있었지
만 그것은 1960년 11월 존 F. 케네디가 대통령에 당선됨으로써 깨졌
다. 청교도들이 영국에서 종교적 박해를 피해 신대륙에 갔다. 그 까
닭에 카톨릭 신자가 대통령이 되어서는 안 된다는 불문율이 자연스
럽게 정착되었다. 신대륙이 로마 교황청의 지시나 간섭을 받아서는
안 된다는 것이다. 그 불문율이 깨지기까지는 340년이란 세월이 흘
렀다.

미국에서는 흑인이 대통령이 될 수 없다는 불가침의 불문율이 있
었다. 미국은 백인의 이민국가로서 흑인은 일꾼으로 아프리카에서
끌려온 노예에 불과했다. 미국은 같은 백인이라도 앵글로색슨계이
면서 개신교 신자들이 지배하는 나라였다. 미국에서 노예제도를 둘
러싸고 1861~1865년 남북전쟁까지 벌어졌다. 그 와중인 1863년 대
통령 에이브러햄 링컨이 노예해방을 선언했다. 그 후 143년이 지나
서야 흑인 대통령이 태어났다. 2008년 11월 버락 오바마의 당선이
그것이다.

미국은 종교와 인종의 벽까지 뛰어넘었지만 이 나라는 아직도 지
역의 벽이 두텁다. 김대중의 대통령 당선은 DJP라는 호남지역과 충
청권의 정치적 연대의 산물이다. 여기에 IMF 사태가 영향을 미쳤다.
영-호남의 상대지역에 대한 거부감은 여전히 존재한다. 호남이 영남
출신 후보 노무현을 당선시킨 전력이 있다. 그것은 그가 이른바 '호

남당'인 새천년민주당의 후보라는 점이 선택적 지지를 끌어냈을 뿐이다. 이제 지역주의를 초월하는 대통령이 탄생해야 한다.

미국에서는 아직도 재벌가의 자녀가 대통령이 된 사례는 없다. 미국사회가 재벌이 대통령이 될 수 없다는 전통을 불문율처럼 받아들이고 있다는 방증이다. 석유재벌의 후손으로서 4차례나 뉴욕 주지사를 역임한 넬슨 A. 록펠러는 1960년, 1964년, 1968년 3차례나 공화당 대통령 후보지명전에 도전했으나 실패했다. 그는 스탠더드 석유회사의 창업주인 존 D. 록펠러 1세의 손자이다.

그는 1960년 공화당 대통령 후보 지명전에서 유력한 후보로 부상했지만 리처드 M. 닉슨의 지명이 확실하자 후보를 사퇴했다. 그가 부통령을 역임했지만 선출이 아닌 임명에 의한 것이었다. 1974년 12월 19일 리처드 M 닉슨이 워터게이트 사건의 여파로 대통령직을 사임하자 당시 부통령 제럴드 R. 포드가 승계했다. 포드는 대통령이 되자 그의 후임 부통령으로 넬슨 록펠러를 지명했다. 그는 2년 뒤 차기 전당대회에서도 부통령 후보로 지명 받지 못했다.

미국의 제38대 대통령인 포드는 대통령으로도 부통령으로도 선거에 의해 선출되지 않았다. 그는 선거라는 절차를 거치지 않고 대통령직을 수행한 유일한 대통령이다. 아이로니컬하게도 바로 그에 의해서 부통령 록펠러가 태어난 것이다. 포드는 1973년 스피로 애그뉴가 부통령을 사임함에 따라 리처드 닉슨의 지명에 의해 하원의 승인을 얻어 부통령이 되었다. 그런데 닉슨이 대통령직을 사임하자 다시 대통령직을 물러 받았다.

넬슨 A 록펠러는 가문 소유의 체이스 내셔널 은행(체이스 맨해튼 은행 전신), 록펠러 센터, 크레올 석유회사 경영에 참여했다. 그는 또 다양한 공직을 경험했다. 공화당원임에도 불구하고 1944년 프랭클린 D. 루스벨트 행정부의 미주담당 차관보를 지냈다. 1950년 국제개발 자문위원회 의장, 1952년 정부조직에 관한 대통령 자문위원회 의장 등을 역임했다.

그는 여러 임명직—선출직의 중책을 맡아 많은 경륜을 쌓았기 때문에 대통령으로서 자격이 충분했지만 최고의 선출직인 대통령에는 오르지 못했다. 재벌가 출신은 각양각색의 인종으로 구성되고 각계각층으로 이뤄진 국민이 생활하면서 겪는 애환을 이해하지 못한다는 사회적 통념 때문이었다.

미국에서는 독신 celibacy 를 신봉하는 사람이 대통령이 된 적이 없다. 이것은 아직도 깨지지 않은 불문율이다. 미국은 기본적으로 가족가치 family value 를 존중한다. 미국인들은 가족이란 단위가 구성원의 행복을 증진시킨다고 본다. 가족은 사랑으로 구성원을 보듬어 정서적—심리적 안정감을 줌으로써 사회적으로 가치 있는 기능을 수행한다고 믿는다. 전체 사회의 질서와 안녕은 하나, 하나의 가족에 달려 있다는 믿음이다.

그 까닭에 미국에서는 가족가치가 대통령 선거의 중요한 쟁점으로 떠오르기도 한다. 민주당보다는 공화당이 가족가치를 강조한다. 아버지 대통령, 아들 대통령을 낳은 부시 가문은 가족가치를 남다르게 소중히 여긴다. 2008년 미국 대통령 선거에서 공화당 후보 존 맥

케인이 부통령 후보로 당시 무명인이었던 사라 팰린 알라스카 주지사를 지명해 미국사회를 깜짝 놀라게 했다. 가족가치에 대한 그의 믿음을 설파하기 위해서였다. 그녀는 주지사 이전에 당시 44세로서 5자녀를 낳아 키운 가정주부이었다.

차기 대통령은 서민 삶의 아픔을 아는 인물이 되어야 한다. 땀 흘려 일하며 가족을 돌보지 않은 사람은 서민의 가계가 어떻게 돌아가는지 모른다. 그런 사람이 국가경제와 국가경영을 말한다면 그것은 희극이다. 대학을 낙방해 방황하는 아들, 딸의 아픔, 군입대를 앞두고 진로를 고민하는 아들의 고통, 실업대열에서 남 몰래 흘리는 아들, 딸의 눈물, 고용불안에 떠는 남편의 심정, 조기퇴직한 아버지의 서러움 등등을 알 리 없다. 그런 사람한테서는 서민대책이 나올 수 없다.

전세난, 실업난, 교육난, 무복지의 심각성을 깨달아야 정책적 접근이 가능하다. 조기퇴직으로 아버지가 실업자인데 대학 나온 아들, 딸도 실업대열에 섰다. 국민의 절반가량이 전세난으로 해마다 더 싼 셋방을 찾아 헤맨다. 애들 뒷바라지에 지쳐 하루에도 몇 번씩 당장 맞벌이를 때려 치고 싶다. 고령화 사회에서 노인복지는 뒤로 밀려나고 있다. 가족과 함께 이런 고통을 나눠보지 않은 사람은 그 실상을 모른다.

출산율 저하는 국가적 과제다. 근본원인은 사교육비의 과중한 부담이다. 보통 사람은 월급의 절반 이상을 교육비로 지출한다. 버거운 출산-육아비에다 교육비마저 벅차니 누가 자식을 낳으려고 하겠는가? 그런데 엉터리 교육정책이 국민에게 고통을 주고 있다. 보편적 교육을 골간으로 하는 교육혁명을 단행할 인물이 대통령이 되어야 한다.

현재의 교육정책은 국민의 저축을 뺏어가는 빈민화정책이다. 아무리 벌어도 자녀 교육을 뒷바라지하다보면 남는 것은 빚뿐이다. 이 나라에서 자식을 대학에 보내기란 참으로 어렵다. 서 너 살부터 유아원, 유치원, 미술학원, 영어학원, 태권도학원, 피아노학원에 다니기 시작한다. 초등학교, 중등학교, 고등학교를 거치면서는 입시학원을 돌고 나서 새벽녘이 집에 돌아온다.

빚을 내서 과외비로 써도 아들, 딸을 대학에 보낼까 말까하다. 먹고살기 어려우니 부부가 맞벌이에 나선다. 가사 돌보기도 자식 키우기도 어렵고 학교 보내기는 더 어려우니 아예 자식 낳기를 포기한다. 역대 정권이 출산율 저하로 국가경쟁력 약화가 우려된다고 떠들면서 무대책으로 일관하고 있다. 자식을 대학에 보내고 나면 교육에는 박사가 된다는 말이 있다. 자식을 낳고 키워서 대학에 보내 보지 않은 사람은 이 나라의 교육현실의 모순을 알지 못한다는 뜻이다.

대통령 선거 때마다 대선주자들이 시장 바닥을 부지런히 누비면서 상인들에게 악수세례를 퍼붓는다. 마음에도 없는 서민행세를 하며 표를 구걸하는 풍경을 연출하나 그들의 고달픈 삶을 알 리 없다. 노동의 가치를 모르면 돈의 가치도 모른다.

버스나 지하철을 타보지 않았는데 출퇴근 길에 시달리는 월급쟁이의 지친 하루를 알 리 없다. 전세파동에 밀려 경기도에 살면서 서울로 출퇴근하며 길 바닥에서 하루에 4~5 시간을 허비해야 하는 사람들의 고통은 남의 일로만 보인다.

호텔에서만 밥을 먹는 사람이라면 왜 라면이나 김밥으로 점심을 때우는지 이해할 리 없다. 물가가 얼마나 비싼지 모르는데 봉급이 얼마나 적고 세금이 얼마나 많은지 알 길이 없다. 국가의 구성단위인 가족이 어떻게 사는지 모르는 사람은 나라를 이끌 능력이 없다.

## 정치혐오감이 낳은 '안철수'의 허상과 실상

대통령 직선제를 쟁취하기 위해 많은 국민들이 온갖 탄압을 받고 고초를 겪었다. 1987년 6월 항쟁이 대통령 직선제를 쟁취하여 국민이 직접 내손으로 대통령을 뽑았다. 그러나 그들은 국민에게 희망보다는 실망과 절망을 안겨주었다.

국정 전반에 대한 이해도가 낮은데다 집권당의 정책빈곤으로 관료집단에 업혀서 끌려가는 형국을 반복하고 있다. 그 결과 신자유주의의 광란에 휩싸여 한국사회는 양극화 사회로 치달아 계층-이념-지역-종교간의 갈등과 반목이 증폭되고 있다.

역대 대통령이 헌법상의 권력구조와는 무관하게 제왕적 대통령으로 군림해 모든 권력은 청와대로 통한다. 군사독재자들의 통치술을 배웠는지 1987년 체제가 무색하게도 뽑아준 국민들에게 많은 고통과 시련을 안겨준다. 절대권력은 절대 부패한다는 잠언이 진실임을 확인해준다. 5년을 주기로 대통령 친인척-측근의 비리가 악취를 풍기는 가운데 권력누수가 겹쳐 식물대통령으로 임기를 마감한다.

1987년 이후 성공한 대통령을 꼽으라면 불행하게도 선뜻 대답할 인물이 떠오르지 않는다. 뒤집어 말하면 실패했다는 뜻이다. 이명박 정권의 언론장악을 통한 불통정치와 민의를 무시하는 강압통치가 부메랑을 부르고 말았다. 권력누수를 가속화시키면서 청와대가 실종상태에 빠졌다. 노무현 심판론이 이명박 정권을 탄생시켰지만 이명박이 대권주자의 반면교사로 떠올랐다.

안철수 증후군도 이명박의 실패가 부른 현상이다. 안철수라는 인물이라기보다는 새로운 정치지도자를 갈구하는 사회적 합의가 일구어낸 대안의 모습이다. 안철수는 옛말로 신언서판을 갖춘 인물 같다. 부산에서 의사 아버지 밑에 유복한 가정에서 자란 그는 준수한 외모에다 명석한 두뇌의 소유자로서 훌륭한 학업을 성취했다.

남들이 부러워하는 의사라는 직업을 버리고 사업가로 변신해 돈도 벌만큼 벌었다. 절망의 시대를 살아가는 젊은이들에게 닮고 싶은 표상으로 떠올랐다. 위정자들은 그들에게 눈높이를 낮추라고 말하는데 그는 희망과 미래를 말한다. 탐욕에 눈이 먼 기업가와 사술詐術에 능란한 정치인만 보며 새로운 지도자를 갈망해온 이들에게는 갈증을 풀어주는 청량제 같은 신선한 충격으로 다가갔다.

하루아침에 그가 지도자의 대안으로 떠오르고 대중은 그를 대통령감으로 열광한다. 대통령에 출마할지 말지 묻는 말에 그는 애매한 표현으로 확언을 회피한다. 언론은 그의 일구일언에 큰 의미를 부여하여 해석한다. 그는 측근의 입을 통해 모호한 말로 대권의 꿈을 말하기도 한다. 그의 주변에는 그를 대통령으로 만들려는 사람들이 모여들어 정치적 행보를 하는 모양이다. 언론은 출마의사도 밝히지 않은 그를 여론조사에 끼어 넣어 열심히 인기를 측정한다.

그는 여전히 묵언이지만 그의 인기는 고공행진을 거듭하다 다소 주춤하는 모습이다. 많은 사람들이 그의 분명한 정치적 입지를 애타게 기다리다 지쳤나 보다. 불러도 불러도 화답이 없자 환호하던 이들이 피로감을 느낀 탓 같다. 그가 청춘 콘서트를 통해 젊은이들에게 많은 말을 하나 듣기 좋은 덕담 수준이다.

하지만 그의 언어에서 정의, 복지, 평화라는 시대정신이 풍기기에 많은 젊은이들이 매료되어 열광할 것이다. 이것은 기성정치체제에 대한 불신의 표출이다. 낡은 정치를 혁파하고 새로운 정치질서를 창출해 달라는 바람이다. 4·11 총선을 앞두고 기성정치권이 새로운 변화를 일궈낼 듯이 부산했다.

한나라당이 간판을 내리고 새누리당이라고 신장개업을 했지만 무엇 하나 새로워진 것이 없다. 종북이니 친북이니 하며 더 붉게 착색된 색깔론만 흘러나온다. 민주당이 친노세력과 합세한다고 요란하기에 뼈를 바꾸듯이 달라질 줄 알았지만 참신성을 찾아보기 어렵다. 그들이 지난 날 무슨 짓을 했는지 잘 알고 있는데 그 때의 표정을 되살리며 엉뚱한 말이나 늘어놓는다. 야권연대의 결실은 진보라는 허구의 진면목만 보여준다.

변화를 갈구하며 SNS를 뜨겁게 달구던 열기가 한동안 싸늘했다. 이번에는 세상이 달라지기를 바라던 기대감이 물거품처럼 사그라져 절망감이 그 자리를 대신했다. 여러 사람이 대권을 향한 입지를 말하나 그들의 귓전을 때리지 못하는 모양이다. 그들의 지친 삶을 보듬는 소리는 아직도 나오지 않고 있다.

그 까닭에 대중은 여전히 안철수를 갈망하고 있고 그는 그 사실을 잘 알고 있는 모양이다. 그가 대통령 선거를 150여일 앞둔 시점에 대담집 〈안철수의 생각－우리가 원하는 대한민국의 미래 지도〉라는 책을 내놓았다. 그 책의 부제를 보니 그가 대권의 꿈을 향해 성큼 다가섰음을 말해준다. 그의 대중적 인기는 여전히 뜨거워 불황의 늪에 빠진 출판계에 돌풍을 일으켰다.

강호동의 '무릎팍 도사'가 그를 단박에 대통령감으로 만들었다. TV 오락프로그램의 위력을 잘 아는 그는 책 출판에 이어 SBS의 '힐링 캠프'에 출연했다. 그는 출마를 묻는 말에 국민의 판단을 받고 싶다는 말로 여전히 직설적인 답변을 회피했다. 하지만 그가 말하는 행간을 미루어 보면 새누리당과 민주통합당의 경선 끝난 다음 장내가 정리되면 등판할 게 거의 확실한 것으로 점쳐진다.

그는 장막 뒤에서 간접화법을 통해 일방향─方向으로 메시지를 전달하고 있다. 그럼에도 대중은 열광하고 있다. 정치혐오감<sup>political apathy</sup>이 연출한 증후군으로 이해되지만 그것만으로는 설명이 불충분하다. 언론이 유명인의 언행을 크게 다루고 대중은 그 유명인을 열광하도록 만드는 인기언론<sup>celebrity journalism</sup>이 낳은 현상이기도 하다.

그의 '스타탄생' 뒤에는 언론의 속성과 대중의 반응을 잘 이해하고 잘 다루는 탁월한 솜씨가 있는 것 같다. 그는 미디어정치<sup>mediacracy</sup>

를 십분 이용하며 고공행진을 즐기는 모습이다. 하지만 인기는 물거품을 닮아 일순에 꺼질 수도 있다. 인기만 믿고 국민을 마냥 기다리게 하는 것이 도리인지 깊이 생각할 필요가 있다. 그가 선택의 시점을 포착하려고 정밀하게 계산하고 있을지도 모를 일이지만 말이다.

대통령은 국정운영의 최고 책임자이다. 고매한 인품과 학식만으로는 맡을 수 없는 자리다. 그가 책을 통해 국정 전반에 대해 언급했지만 그것은 건전한 상식을 갖고 국정에 대해 관심을 가진 사람이라면 말할 수 있는 내용이다. 겨울철 나목의 앙상한 가지만 보는 느낌이다. 거기에는 국가정책에 대한 구체적인 비판이나 대안이 묻어나지 않는다.

모든 국가정책은 모든 국민이 이해당사자이어서 국민간에 이해가 엇갈린다. 거기서 충돌이 일어나면 갈등과 반목으로 이어진다. 간접화법으로 듣는 그의 말만으로는 국가운영에 관한 철학이나 소신이 무엇인지 알 길이 없다. 실패를 모르고 살아온 그가 대통령으로서 위기관리능력, 이해조정력이 있는지도 미지수이다. 무엇보다 결단력이 있는지 모르겠다.

그는 '힐링 캠프'에서 출마를 묻는 말에 국민의 판단에 따라서 결정하겠다고 답변했다. 1년 넘게 1~2위를 달리는 그의 지지율이 그가 말하는 국민의 판단이 아니고 다른 무엇이 있는지 묻고 싶다. 국정을 책임지려고 한다면 국민에게 그 능력과 자질을 검증할 수 있는 충분한 시간과 기회를 주어야 한다. 이것은 국민에 대한 최소한의 예의다.

무소속 대통령이 성공할 수 있는지도 따져봐야 한다. 의회정치는 정당정치다. 소속정당이 없이 국정을 어떻게 원만하게 이끌어갈지 최대의 의문이자 최대의 관심사이다. 김영삼의 입장에서 3당합당은 집권전략이지만 소수당의 한계를 극복하기 위한 수단이었다. 집권당인 민정당의 입장에서는 여소야대의 의석분포를 깨기 위해 3당합당을 추진했다.

DJP연합도 김대중의 집권전략이다. 이 역시 의회에서 안정의석을 확보하기 위한 고육책이었다. 김대중이 김종필과 손을 잡지 않으면 국정운영이 어려웠기 때문이다. 노무현의 대연정 제의도 소수당의 한계를 넘기 위한 방책이었다. 국회에서 한나라당의 협조를 얻지 않으면 국정운영에 차질을 빚으니 그가 온갖 비난을 감수하고 위험한 정치적 도박을 감행했던 것이다.

정가에 나도는 관측은 민주통합당이 경선을 치룬 다음 대통령 후보가 확정되면 그와 단일화 과정을 거쳐 민주당 후보로 출마한다는 것이다. 이것은 그가 민주당의 정강정책과 정치행태를 전적으로 동의한다는 뜻이다. 그럼 그가 기성정치인과 무엇이 다른지 의문이 생긴다. 그의 지지자들은 기성정치에 염증을 느낀 무당파가 다수일 텐데 그들을 설득할 수 있을지도 모를 일이다.

대통령 후보도 못내는 민주통합당의 정체성은 무엇인가 묻지 않을 수 없다. 민주당은 2010년 6·2 지방선거에서 경기도 지사 후보를 내지 못하고 국민참여당 후보 유시민을 단일후보로 밀었다. 2011년 10·26 서울시장 보궐선거에서도 후보를 내지 못해 무소속 박원순 후보를 단일후보로 지지했다. 그 까닭에 민주당을 불임정당이라고 부른다. 대통령 후보까지 공천하지 못한다면 수권정당이라고 보기 어렵다.

안철수가 무소속으로 출마할 가능성도 있다. 높은 지지율을 무기로 당선되면 모든 문제는 해결된다고 믿고 있을지도 모른다. 대통령이란 최대의 권력이 발산하는 자력이 워낙 강력하여 정계개편을 통해 집권당을 창당한다는 구상을 가질 수 있다. 이 경우 다수의석을 확보하지 못하면 정치불안은 걷잡을 수 없는 방향으로 흐를 수 있다.

미국은 양당체제가 확립되어 모든 선거에서 공화당과 민주당의 양자대결로 이뤄진다. 그런데 1992년에는 3자대결이 이뤄졌다. 공화당의 부시, 민주당의 클린턴에 이어 무소속의 로스 페로가 혜성같이 등장했던 것이다. 그는 성공한 기업인으로서 100대 부자에 끼는 거부였다.

그는 미국의 재건을 주창하며 보수와 진보를 아우르는 중도주의를 표방했다. 여론조사 지지율이 수직상승하자 당시 언론은 '페로 돌풍'이란 말로 그의 선풍적인 인기를 표현했다. 한 때는 지지율이 페로 39%, 부시 31%, 클린턴 25%로 그가 압도적 우위를 자랑했다. TV토론을 거치면서 국정전반에 대한 궁색한 논리가 그의 지지율을 끌어내리더니 결국 낙선했다. 그의 득표율은 18.9%였다.

국민의 판단을 받겠다면 먼저 국민에게 그의 자질과 능력을 판단할 시간과 기회를 줘야 한다. 많은 국민이 이 나라에 변화를 일구어

낼 지도자를 갈망하고 있지만 메시아를 기다리고 있는 것은 아니다.
간접화법이 전하는 그의 허상과 실상을 가리는 것은 국민의 권리이
다. 많은 국민들은 국정운영에 관한 그의 철학과 소신을 듣고 싶어
한다.

# 최우선 국정과제는 사회통합

한국사회는 외적인 경제성장에만 치중한 나머지 단시일 내에 교정하기 어려운 많은 모순을 지니고 있다. 물량위주의 양적 성장은 상당히 성공했지만 균형 있는 질적 성장을 이룩하는 데는 소홀하여 많은 갈등을 노정하고 있다.

계층, 이념, 지역, 노사, 농공, 도농, 수출-내수산업, 대-중소기업간 등 부문간의 심한 발전불균형이 갈등의 단계를 넘어 극단적인 대립관계가 조성됨으로써 국가적-사회적 발전역량을 낭비시키고 있다.

IMF 국제통화기금 사태 이후 중산층이 급속하게 붕괴되면서 빈부격차가 심화됐다. 정리해고제 도입, 비정규직 양산으로 양극화가 더욱 벌어졌는데 유통재벌이 골목상권을 침탈함으로써 그들의 퇴로를 차단하고 있다. 재벌의 약탈적 영역확장으로 중소기업의 존립을 위협하고 있다.

이런 상황에서 정치세력이 정권을 장악할 목적으로 정파적 시각에서 사회적 갈등을 이용함으로써 부문간의 갈등이 더욱 증폭되고 있다. 여기에다 언론이 가치중립적 사안에 대해서도 이념적으로 재단해 사회분열을 조장하고 있다.

이와 달리 호주에서는 언론이 사회통합에 앞장서고 있다. 백호주의 나라 호주가 인종차별주의를 포기했다. 그 배경에는 생존전략이 깔려 있다. 호주인들은 유럽, 특히 영국을 마음의 고향이나 조부모의 조국으로 알고 살아왔다. 유럽이 경제통합을 이룩하면서 호주는 유럽의 고아로 남게 되었다. 그 호주가 선택할 수 있는 생존의 길은 아시아로의 편입뿐이다. 이런 외부상황이 호주로 하여금 백호주의를 포기하도록 만든 셈이다.

그런데 중요한 문제는 짧은 시간에 인종차별의 편견을 극복하고 유색인종을 끌어안는 포용정책이 성공했다는 점이다. 그것도 피부색이 다르고 문화가 다르다는 이유로 원주민 말살정책을 썼던 백인우월주의의 나라 호주가 말이다.

그 변화는 언론이 앞장서고 학교에서는 미디어교육을 통해 이끌어냈다. 호주에서는 초등학교부터 미디어교육을 통해 언어와 인종을 초월해 사회의 동등한 구성원으로서 조화를 이루며 살아가는 자세와 지혜를 가르치고 있다.

그런데 이 나라에서는 이른바 보수언론이 민족통일을 말하지만 모순되게도 북한의 체제가 아닌 동포에게마저 적대감정을 유발하는 보도행태를 서슴지 않고 있다. 노사문제에서도 노골적으로 사용자의 입장만 두둔한다. 지역감정을 개탄하면서도 대립감정을 조장하는 보도행태를 주저하지 않는다.

## 편집광적 이념과잉 시대

뉴라이트라는 극우세력에 의해 포획된 이명박 정권은 출범 이후 정치적 반대자-비판자를 무조건 종북세력으로 공격함으로써 극단적 이념대립을 연출하고 있다. 역대 정권에서도 이념논쟁은 있었으나 이명박 정권 들어서는 1950년대 미국사회에 풍미했던 매카시즘이 반세기도 훨씬 넘겨 이 땅에 환생했는지 적색공포가 맹위를 떨친다.

조지프 매카시 공화당 상원의원이 1950년 2월 9일 선거유세차 어느 작은 도시에 들려 국무부에 정부전복, 국가반역을 기도하는 297명의 공산당원이 침투해 암약하고 있다고 폭탄발언을 했다. 그는 명단까지 갖고 있다는 폭로함으로써 충격파를 더욱 증폭시켰다.

나중에 밝혀졌지만 그의 거짓 주장으로 말미암아 발단한 빨갱이 마녀사냥은 미국사회 전역에 사상검증 광풍을 일으켰다. 색출대상이 국무부, 해외공관을 넘어 공무원, 연예인, 교육자, 과학자, 노조원 등으로 확산되면서 수만명이 공산주의자 또는 그 동조자로 몰려 고발되거나 조사받았다. 그 중 1만여명은 투옥되거나 해고됐다.

1954년 상원 청문회에서 그의 주장은 허위로 판명되었다. 하지만 매카시즘이 불러일으킨 반공주의는 명분 없는 월남전의 참전을 불러왔고 그 반작용으로 확전과 반전 사이에서 미국사회는 심각한 후유증으로 진통했다. 매카시즘은 조지프 매카시 한 사람의 작품이 아니었다.

냉전논리를 발판으로 정치적 입신을 꾀하던 기회주의적 우익세력, 동서대립을 통해 시장확장을 노리던 군수업자, 인종차별을 통해 기성체제를 향유하려던 백인우월주의자, 지배체제의 고착화를 기도하던 FBI, CIA의 합작품이었다. 언론도 가세했다. 객관적 보도란 이름으로 반론을 한두 줄 쓰면서 그들의 선동적인 주장을 확인 없이 대대적으로 보도했다. 매카시 광풍을 부채질했던 것이다.

냉전체제 붕괴에 따라 탈이념화가 세계질서를 재편하기 시작한지도 20년이 넘었다. 그런데 이명박 정부가 반세기 동안의 세계변화를 감지도 못한 채 사상적 박제에 갇혀 반대자만 양산했다. 이명박 정권은 출범하면서 '잃어버린 10년', '좌파정권 10년'을 타령하더니 정치적 반대자를 한마디로 좌파, 좌빨이라고 딱지를 붙여 매도했다.

좌빨은 좌파 빨갱이의 줄임말이다. 빨갱이라고 직설적으로 공격하기 어려우니 아무한테나 좌빨이라는 딱지를 붙였다. 정책 비판자, 개혁 주창자, 민주 수호자를 몰아서 색깔공세를 퍼부었다. 정권의 정책을 비판한다는 이유로 집권당 대표라는 인사들이 앞장서 좌빨 나팔을 불었다. 여기에 이른바 수구언론이 가세해 이념논쟁을 넘어 사상전쟁의 양상으로 몰고 갔다.

이명박 정권의 국정전반에 대한 국민의 불만이 날로 팽배해졌다.

출범 초부터 지지율이 바닥권에서 헤어나지 못하는 사실이 그것을 말한다. 언론법 파동, 4대강 논란, 남북대결 조성, 용산참사, 노동-인권탄압, 서열위주 교육정책, 서민증세 등등 다수 국민의 의사에 반하는 정책을 무자비하게 밀어붙였다. 신문시장을 지배하는 친여 신문들이 결속력을 과시하며 반민주적-비타협적 자세를 독려했다.

한나라당이 다수당이라는 이유로 반대당의 존재조차 인정하지 않아 의회는 타협과 대화를 통한 조정기능을 상실해버렸다. 그 배경에는 보수정권에 대한 반대 내지 비판은 좌파라는 내재적인 편견이 깔려 있었다. 그 결과 소통의 매개가 없는 정치적 비판자-반대자가 나갈 수 있는 곳은 길거리 밖에 없었다. 집권기간 내내 항의집회, 반대집회가 그치지 않았던 이유는 바로 여기에 있다.

경찰의 곤봉과 검찰의 기소권을 내세워 일반시민의 정치적 의사 표현을 결박하고 족쇄를 채웠다. 4대강 반대, 미국산 광우병 쇠고기 수입반대도 이념적으로 착색해 좌파로 몰았다. 환경훼손을 반대하거나 국민건강권을 주장해도 벌금폭탄을 퍼부었다. 이들을 두고 집권당인 한나라당에서 좌파척결이란 말이 예사로 쏟아졌다. 비주류 매체는 좌파언론이라고 옥죄고 공영방송은 노영勞營 방송, 좌파방송이라고 단죄하더니 집권세력이 접수를 끝마쳤다.

이 과정에 좌파청소라는 말이 나오더니 비판적인 기자, PD를 대량해고-징계하고 많은 진행자들한테서 마이크를 빼았었다. 시국사건에 대한 법원판결이 만족스럽지 않으면 좌파성향의 판사가 사법부의 핵심적 개혁대상이라는 따위의 말로 공격했다. 불교계의 일각에서 정권에 대해 비판적인 발언을 했다는 이유로 좌파 스님, 운동권 스님이라는 비난을 일삼았다.

좌파척결의 편집광적인 증세는 우측통행 시행에서도 극명하게 확인된다. 2009년 가을 늘 타던 지하철 모습이 달라졌다. 계단입구 오른쪽 바닥에 갑자기 커다란 화살표가 나타났다. 대수롭지 않게 보고 그냥 좌측으로 내려가니 올라오는 사람들과 적지 않게 부닥쳤다.

올라가는 계단 곳곳에 '우측보행'이라 표시가 붙어 있다. 통로도 통행방향이 좌측에서 우측으로 바뀌었다. 에스컬레이터도 올라가던 곳이 내려가는 곳으로 바뀌었다. 습관적으로 걷던 통행방향이 갑자기 바뀌니 출퇴근 시간에는 많은 사람들이 헷갈려 이리 쏠리고 저리 쏠리며 당황했다. 그야말로 우왕좌왕이었다.

이 땅에 사는 모든 사람들이 어릴 적부터 좌측통행이란 소리를 귀에 못이 박히도록 듣고 자랐다. 사람은 왼쪽, 차는 오른쪽이라고 말이다. 유치원에서 그렇게 배웠고 초등학교 교과서도 그렇게 가르쳤다. 학교복도-계단에서도 좌측통행하도록 배웠다.

가끔 좌측통행을 하지 않았다고 선생님이 머리에 꿀밤을 주거나 복도에 꿇어앉혀 벌을 줬다. 우측통행을 실시할 즈음에도 초등학교 1학년 교과서에서 좌측통행을 가르쳤다. 그런데 어느 날 갑자기 정책 홍보도 없는 상태에서 우측통행을 시행했다. 이 땅에 살면서도 왜 갑자기 우측통행을 실시하는지 아는 사람이 얼마나 있는지 모르겠다.

1905년 대한제국이 우측통행을 정했는데 1921년 일본강점하의 조선총독부가 좌측통행으로 변경했다. 해방이후 1946년 미군정청이 차량을 우측통행으로 바꾸면서 사람은 좌측통행으로 그냥 두었다. 사람이 길을 걷는 습관까지 강제로 바꿀 수 없다는 취지였다. 1961 년 도로교통법을 제정하면서 보도와 차도가 구분되지 않은 도로에서 보행자는 자동차와 마주보고 걷도록 하는 좌측통행의 법적근거가 마련됐다.

좌측통행이 생활화된지 무려 88년이 지났다. 그런데 국가경쟁력 강화위원회가 2009년 4월 국토해양부와 경찰청이 함께 마련한 '교통문화체계 선진화 방안'과 '보행문화 개선방안'을 발표했다고 한다. 이 방안에 따라 2009년 7월부터 이미 우측통행이 시행되었으며 10월부터는 지하철, 철도, 공항 등 대중교통시설에서 시범적으로 실시했다는 것이다. 2010년 7월부터 전면적으로 실시한다는 계획이었다고 한다. 얼마나 많은 국민들이 알고 있었는지 모르겠다.

문제는 법적근거가 없었다는 점이다. 어느 한나라당 국회의원이 도로교통법 개정안을 발의한 상태였는데 2009년 정기국회에서 통과될 것을 전제로 우측통행을 밀어붙였던 것이다. 그 배경이 유치하지만 음모적이다. 좌측통행을 허용하니 좌파가 설친다는 것이다. 국민의 생활습관까지도 이념적 시각에서 재단하고 교정하겠다는 정신도착적 증세를 보였던 것이다.


## 지역-이념-종교 초월한 관용과 포용의 정치

새 천년을 개막하는 21세기가 개시되기 이전부터 선진국에서는 지역적-종교적-인종적 편견을 극복하는 관용과 포용의 정치로 나가고 있었다. 그러나 이 나라는 종교적-지역적-이념적-계층적 편견의 포로가 되어 증오의 정치로 국민을 재단한다. 특히 이명박 정권은 이 같은 세계적 사조에 힘겹게 역류하는 모습을 보이고 있다.

IMF 사태가 일어나지 않았다면 김대중의 대통령 당선은 상상하기 어렵다. 그가 오랫동안 준비된 경제대통령을 자처했고 이른바 DJP 연합을 통해 지역적으로 충청권과 연대했기에 한번 믿어보자는 국민적 심리가 그를 대통령으로 만들었다. 상고 출신 변호사로서 비주류인 노무현의 대통령 당선은 한국정치사에서 대사건이었다. 미디어 환경변화에 따라 인터넷이 출현하지 않았다면 그의 대통령 당선이란 이변을 상상하기 어렵다.

비주류 김대중-노무현의 당선이 주류사회에 준 의미는 충격 그 자체였다. 그 까닭에 이른바 수구신문을 필두로 하는 보수-극우세력의 김대중-노무현에 대한 공격은 집요했다. 빨갱이라는 노골적인 표현만 교묘하게 회피했지 좌파니 진보니 하는 말 속에는 그 뜻이 숨겨 있었다. 김대중-노무현의 사회-경제정책의 근간은 진보적이라기보다는 보수적이었다. 대부분의 사회-경제정책이 신자유주의에 근거한다.

김대중-노무현 정권의 보수화는 표면적인 원인으로 보수언론의 집중적인 포화를 들 수 있다. 근본적인 원인은 정책기반을 변화에 거부적인 관료집단에 절대적으로 의존한데 있다. 관료집단은 한국사회에서 가장 보수적이며 막대한 영향력을 행사하는 거대한 조직이다. 그런데 집권세력의 정책기반이 취약하다보니 그 관료집단을 차용세력으로 발탁한 것이다. 여기에다 인사정책을 연고지역에 의존하는 바람에 배타적이었다. 결국 지지세력이 이탈함으로써 정권 말기에 정치적 행동반경이 제약되고 말았다.

이 나라가 이념의 화석에 갇혀 변화를 거부하는 사이에 세계는 거대한 변화가 일어났다. 버락 오바마. 그가 인종적 편견의 장벽을 뚫고 2008년 11월 미국 최초의 흑인 대통령으로 탄생한 사실은 역사적-지구적 대사건이다. 미국은 이른바 유색인종한테는 자유와 희망을 약속하는 땅이 아니었다. 그러나 지난 반세기 동안 그 저류에 일고 있던 정치적 격랑이 표출되어 흑인 대통령 탄생이란 대이변이 일어났던 것이다.

미국에서는 흑인이 대통령이 될 수 없다는 불가침의 불문율이 있었다. 미국은 백인의 이민국가로서 흑인은 일꾼으로 아프리카에서 끌려온 노예에 불과했다. 백인 중에서도 앵글로색슨계이고 개신교를 믿는 WASP White Anglo-Saxon Protestants 가 지배하는 나라이다. 러시아계 유태인 이스라엘 쟁월이 1909년 미국을 다양한 종교-문화-인종을 녹여내는 도가니 melting pot 에 비유했지만 그것은 유럽인에게나 해당되는 말이다.

미국에서 노예제도 폐지를 둘러싸고 1861~1865년 남북전쟁까지 벌어졌다. 그 와중인 1863년 대통령 에이브러햄 링컨이 노예해방을 선언했지만 2년 뒤에야 노예제도가 폐지됐다. 하지만 그것은 여전히 휴지에 불과했다. 그 후 100년 넘도록 제도적인 흑백차별이 존속했다. 2차 세계대전 때만 해도 징집된 흑인을 육군은 공병대에, 해군은 취사병으로만 배치했을 정도였다. 화장실도 버스도 흑백전용으로 구분되었고 심지어 교회도 좌석배치가 달랐다.

1963년 흑인 민권운동가 마틴 루터 킹이 '나는 꿈을 가졌다'라는 연설을 한지 45년이 지나서야 흑인 대통령이 태어났다. 남북전쟁이 끝난 지 143년이 지나서 일어난 사건이다. 그는 노예의 후예가 아니다. 그 까닭에 그는 흑인사회에서도 비주류이다. 오바마는 케냐인 아버지와 미국인 백인 어머니 사이에서 태어난 이민 2세로서 종교는 개신교이다. 케냐인 친부, 인도네시아인 의부의 영향으로 이슬람 문화를 체험했다. 종교적 편견으로 본다면 이단으로 치부할 수 있는 문제다. 그런데 그가 대통령으로 태어난 것이다.

이 위대한 선택은 미국사회에서도 그 동안 인종편견에 대한 거대한 인식의 변화가 있었음을 뜻한다. 21세기 중반에 들어설 즈음 미국은 더 이상 백인국가가 아니다. 유색인종이 인구의 절반을 넘어서면서 미국의 얼굴색이 훨씬 짙어진다. 이 점도 오바마 당선에 상당한 영향을 미쳤다. 유색인종이 늘어남에 따라 앞으로 흑인 말고도 히스패닉의 대통령 당선도 점쳐진다.

1960년 11월에야 종교적 편견을 뛰어넘어 아일랜드 출신 가톨릭 신자 존 F. 케네디가 대통령으로 탄생하는 이변이 일어났다. 미국이 영국, 네덜란드에 이어 1789년 종교의 자유를 선언했지만 그것은 헌법적 원리에 불과했다. 청교도가 종교적 박해를 피해 신대륙을 찾았지만 그곳에서는 마녀사냥을 일삼는 박해자로 행세했다. 그 탓에 미국에서는 카톨릭 신자는 대통령이 될 수 없다는 불문율이 확립되어 있었다.

그 불문율이 깨어지기까지는 역사적으로 긴 세월을 거슬러 올라간다. 1527년 영국의 헨리 8세가 이혼을 금지하는 로마 교황청과 갈등을 빚기 시작했다. 1531년 영국 성직자들이 헨리 8세를 영국교회의 수장으로 옹립함으로써 로마 카톨릭과 결별의 길을 걸었다.

교황 클레멘스 7세가 헨리 8세를 파문하자 그는 1534년 국왕령을 통해 로마 카톨릭과의 독립을 선언하고 영국 성공회를 국교로 삼았다. 그러나 성공회는 본질적으로 개신교가 아니기 때문에 신앙적 측면에서는 천주교와 크게 다를 바 없다.

그 즈음 영국에는 프로테스탄트 운동이 상륙하여 저변에서 교세를 확장하고 있었다. 개신교인 청교도와 국교회인 성공회와 마찰이 불가피했다. 1603년 즉위한 제임스 1세는 성공회 에 강력한 지지를 보냈고 그것이 개신교의 반발을 일으키면서 종교적 박해로 이어졌다. 1620년 청교도단인 '순례자 아버지'Pilgrim Fathers가 메이플라워 Mayflower호를 타고 종교의 자유를 찾아 신대륙 아메리카로 향했다.

그들은 항해 중에 '메이플라워 서약'을 맺었다. 다수의 자유의지에 의한 정부설립을 의결함으로써 장차 미국 민주주의 정치의 초석이 되었다. 여기에는 종교의 자유에 관한 사항은 없다. 하지만 종교 박해를 피해 신대륙으로 왔기 때문에 카톨릭 신자가 대통령이 되어서는 안 된다는 불문율이 자연스럽게 정착되었다. 신대륙이 로마 교황청의 지시나 간섭을 받아서는 안 된다는 것이다.

미국에서 흑인 대통령 버락 오바마가 태어나기에 앞서 종교적-인종적-이념적 관용이 서유럽에 확산되고 있었다. 유럽에서도 천년의 구각을 깨고 비주류가 기성체제의 아성을 무너뜨리는 정치적 변화가 잇따르고 있었던 것이다. 2005년에는 독일에서 최초의 여성수상 안젤라 메르켈이 태어났다. 그는 여성이기 이전에 동독출신이다. 그의 가족이 통일 이전에 동서독을 자유롭게 여행했다는 점에서 그의 부친을 공산주의 동조자로 보는 시각이 많았다.

독일은 통일 이후 통일비용, 실업증가, 소득격차로 동서독간에 감정의 골이 깊어졌다. 서로 서쪽놈<sup>Wessie</sup>, 동쪽놈<sup>Ossie</sup>이라고 욕하기를 예사로 안다. 그는 개신교도이다. 그가 소속한 기독민주당은 남성중심의 보수정당으로서 가톨릭에 뿌리를 두고 있다. 이런 점에서 본다면 수상 안젤라 메르켈의 탄생은 정치적 이변이다. 한국에서는 상상을 초월하는 사건이 일어난 것이다.

프랑스는 2007년 헝거리계 이민 2세인 니콜라 사르코지가 대통령이 되었다. 더욱이 어머니가 그리스계 유태인이라는 점이 세계를 더욱 놀라게 했다. 2000년 동안 유럽에서 핍박 받아오던 유태인 이민자의 아들이 대통령으로 탄생한 사실은 정치적 이변이 아닐 수 없다. 그는 또 엘리트 정치인 양성소인 그랑제콜이 아닌 일반대학인 파리10대학 출신 변호사이다. 그는 집권기간 중에 저급한 언행으로 종종 말썽을 빚더니 재선의 기회를 놓치고 말았다.

비주류 출신 오바마는 관용을 근간으로 하는 인사정책으로 사회통합을 지향하고 있다. 초대내각 구성을 보면 인종, 종교, 성별, 이

넘, 정파를 초월했다. 경선과정에서의 경쟁자, 반대당인 공화당 인사를 과감하게 발탁했다. 미국이 이민국이지만 그들이 말하는 유색인종은 유리천장 glass ceiling 이라는 보이지 않는 장벽에 갇혀 공직사회에서의 출세는 한계가 있었다.

하지만 오바마는 수백년간 미국사회를 지배해온 인습을 타파하고 능력 위주로 인재를 선발했다. 경선과정에서 정적이었던 힐러리 클린턴을 국무부 장관으로 중용했다. 부시정부의 로버트 게이츠 국방부 장관을 유임시킨데 이어 전 공화당 하원의원을 교통부 장관으로 지명했다. 그 밖의 장관급들도 백인 여성 2명, 흑인 여성 2명 등 흑인 3명, 히스패닉계 2명, 중국계 1명, 일본계 1명 등으로 인종이 다양했다.

그의 통합인사를 미국민의 75%가 지지한다는 것이 당시 CNN의 여론조사였다. 이것은 미국이 다양한 인종, 종교, 문화를 하나로 녹아내는 진정한 의미의 도가니가 되어간다는 뜻이다. 2008년 9월 월스트리트에서 금융위기가 터진 이후에도 오바마는 경제회복에도 초당적 자세로 광범위한 전문가들의 조언을 수렴했다. 부시정부 경제보좌관 출신, 존 매케인 공화당 대선후보의 비공식 경제참모 등 공화당 진영의 의견도 모아 대규모 경기부양책을 마련했다.

이 같은 시대적-세계적 사조와는 달리 빈한한 집안 출신으로서 재벌기업 최고경영자를 지낸 대통령 이명박은 거꾸로 가고 있다. '고소영', '강부자' 란 말이 잘 표현하듯이 특정종교 중에서도 특정교회, 특정학교 출신을 중용하는 편협한 인사정책을 통해 사회분열을 조장하고 있다. 지역도 전체 영남지역을 아우르기보다는 대구-경북, 그 중에서도 포항-영일 지역에서 인력을 주로 조달하는 협소성을 보이고 있다.

미국발 금융위기가 세계경제를 파탄으로 몰고 가고 있었다. 신자유주의적 경제-사회정책의 누적적 폐단이 낳은 산물이다. 그럼에도 이명박은 그 교훈의 값 비싼 가치를 무시하고 시대착오적인 신자유주의적 경제정책에 매몰되어 있다. 신자유주의를 골격으로 하는 이른바 친기업 정책에 매달린 것이다. 특히 금융정책에서는 소망교회 소금회 회원을 중용하면서 고환율 정책을 고집했다. 결과적으로 수출대기업에는 특혜적 환차익을, 일반국민에게는 고물가의 고통을 안겨주었다.

국민적 반대 따위는 아랑곳 하지 않고 4대강 사업이란 기념비적 상징물 만들기에 매달리는 독단과 독선으로 일관했다. 그는 아마 4대강 사업을 치적으로 꼽을지 모른다. 국민의 뜻을 무시하고 4대강 곳곳에 보를 만들어 흐르는 물을 가둠으로써 환경파괴에 따른 자연재앙이 4대강을 거대한 '녹조호수'로 만들었다.

경제위기를 극복하자면 투자효과를 극대화하기 위해 국민적 중지가 필수적이나 국민통합을 외면했다. 다음 대통령은 포용과 관용을 아는 인물이 태어나야 한다.

## 국가적 재앙 부른 지연-학연-혈연의 연고체제

1997년 11월 터진 IMF<sup>국제통화기금</sup> 사태는 국가경제의 파탄을 의미한
다. 당시 구미<sup>歐美</sup>언론은 그 원인을 한 마디로 진단했다. cronyism이
라는 것이다. 더러 crony capitalism이니 buddy buddy capitalism이
니 하는 말로도 표현했다. 우리말로는 '연고주의', '정실자본주의',
'연고자본주의'가 가까울 듯하다.

국가경제를 놓고 끼리끼리 봐주고 갈라먹다 나라를 망쳤다는 뜻
이다. 지연-학연-혈연으로 얽히고설킨 부패의 사슬에 서식해온 역
대 정권의 집권세력이 권력의 향연에 도취한 사이 나라가 거덜 났던
것이다. 그 가운데는 '대선캠프', '관료집단', '전관예우', '낙하산'이
라는 파벌적 연고체제가 자리 잡고 있다.

지난 반세기의 성장과정을 거치면서 이 나라에는 몇 가닥의 거대
한 지배세력이 형성되어 있다. 지역-학연-혈연이 파벌의 구심력을
발휘하고 부정부패가 연결고리가 되어 정계-재계-관료-언론을
하나의 사슬로 묶고 있다. 개인의 이익을 연고주의를 통해 추구하려
고 상납, 뇌물, 접대를 통해 밀착관계를 유지하면서 연합세력을 구
축하고 서로 밀어주고 끌어준다.

정부요직을 독식하고도 모자라 산하기관, 정부투자-출연기관,
민영화된 공기업의 경영권까지 장악해 크고 작은 자리를 싹쓸이한
다. 정당의 공천권까지 장악해 계파끼리 갈라 먹는다. 연고세력 끼
리 짜고 각종 청탁을 해결해주고 필요하면 국가정책까지 변경한다.
외부세력에 대해서는 결속력을 발휘해 단호하게 배척한다.

어떤 공조직도 학연-지연-혈연으로 교직되어 있어 무리한 청탁도 끼리끼리 연고주의를 동원하면 쉽게 처리된다. 민간분야도 관청 민원을 해결하는 통로로 집권세력의 연고주의를 이용한다. 재벌기업이 시장변화나 경기변동보다도 권력이동에 더 민감한 반응을 보이는 것은 그 까닭이다.

바로 그 같은 이유로 민간기업도 경영진을 경영능력보다도 집권세력-관료집단의 학연-지연-혈연에 맞춰 발탁한다. 민간기업이 집권세력의 인사청탁을 받아들이는 것도 그들을 로비스트로 활용하기 위한 것이다. 따라서 정권이 바뀌면 민간기업의 임원진도 집권세력의 출신지역-학교에 따라 개편된다. 여기서 정경유착이 형성되고 한국사회에 기생하는 거대한 지배세력이 형성된다.

그 중심점에는 1인지배체제 monocracy 가 자리 잡고 있다. 해방 이후 모든 권력이 대통령 1인에게 집중되어 있기 때문에 필연적으로 일어나는 현상이다. 여러 차례 헌법개정이 있었지만 헌법상의 권력구조와는 상관없이 1인지배체제가 구축되었다.

정치군벌은 철저한 권력집중을 통해 독재체제를 강화했다. 그것은 법의 지배가 아니라 1인 절대권의 지배였다. 1987년 6월 항쟁이후 다섯 차례나 대통령을 뽑았지만 그들의 통치방식도 군사독재자의 그것과 매우 흡사하다. 그들 중에는 독재타도를 외쳤지만 그것을 그대로 답습해 정치관행으로 고착화되어 오늘까지 이어진다.

정권이 아무리 바뀌어도 영원히 권력을 장악하는 기성체제가 있다. 그것은 관료집단이다. 군사정권 이래 전문성 없는 집권세력이 관료집단을 차용세력으로 활용함으로써 지배세력으로 정착한 것이다. 고시출신을 주축으로 하는 관료조직은 고시서열과 지연-학연을 중시하며 비고시파에 대해서는 철저하게 배타적이다. 비관료 출신 장관의 단명도 기득권을 지키려는 고시파의 조직적 저항 때문이다.

표면적으로는 본류가 한 줄기의 파벌처럼 보이나 내면적으로는 지연-학연에 따라 여러 지류로 나눠진다. 정권이 바뀔 때마다 집권세력의 지연-학연-혈연이란 연고주의에 따라 주류가 부침한다. 먼저 대통령의 출신 고등학교 동창을 중심으로 뭉치고 그 주변으로 세력을 확장한다. 국익보다는 연고를 존중하는 폐쇄조직이 국무를 담당하니 국가가 발전역량을 발휘하는데 한계를 드러낸다.

관료집단은 본령인 정부조직뿐만 아니라 산하기관, 정부투자-출연기관은 물론이고 민영화된 공기업에다 민간의 업종별 협회-단체까지 수하의 조직으로 거느리고 있다. 모든 정부부처 산하조직의 요직은 '전관예우' 차원의 퇴직관료 노후보장용이다. 심지어 정부산하의 각종 위원회도 그들의 몫이며 사기업의 사외이사에까지 손을 뻗치고 있다. 예를 들면 금융기관-금융회사의 경영진은 이른바 '모피아'라는 재무관료 출신이 독식한다.

이명박 정권의 저축은행 부실사태로 금융감독원 출신이 저축은행의 감사를 싹쓸이한 사실이 밝혀져 말썽이 났지만 이것은 재무관료의 하부조직에 불과하며 빙산의 일각이다. 관료조직이 휘두르는 칼은 산하조직에 대한 감시-감독권이다. 피감기관-단체-기업의 입장에서는 '낙하산'을 영입해 로비스토로 활용하는 것이 규제기관의

칼을 피하는 첩경이다.

이 나라의 성층권을 형성하고 있는 또 다른 지배세력은 사법고시 출신의 사법관료이다. '전관예우'는 일반적으로 퇴직관료에 대한 우대를 의미하나 주로 사법관료 출신에 적용된다. '무전유죄 유전무죄'는 '전관예우'를 빗대어 단순히 세태를 풍자하는 말이 아니다. '전관예우'란 연고가 있는 판-검사 출신 변호사가 수임한 사건에 대해서 법원-검찰이 유리한 판결을 보장하는 법조계의 관행적 특혜이다.

'전관예우'는 사법심판의 절대적 잣대로서 돈 보따리를 만드는 요술 방망이나 다름없다. 돈이 없으면 누구인가는 원고가 피고로 뒤바뀌고 재산상의 피해를 보고 감옥살이를 해야 한다는 소리다. 이것은 엄연한 범법행위다. 그런데 사실상 제도화되어 연간 수억, 수십억원의 수입을 보장한다. 거대한 사법관료집단이 국회에 포진해 있고 이익단체인 변호사회를 통해 '전관예우'를 성역으로 수호하고 있다. 그러면서 그들은 사회정의와 사법정의를 외친다.

그 까닭에 대형 법무법인들이 앞다퉈 퇴직 대법관, 검찰총장을 비롯한 고위직 판사-검사 출신을 영입한다. 법원-검찰의 인맥을 장악하고 있는 그들이 확실한 승소를 보장하기 때문이다. 대형 법무법인은 판-검사만 영입하는 것이 아니다. 정부부처 장·차관, 청와대 비서관, 감사원, 국세청, 경찰청, 금융감독위원회, 공정거래위원회 등 정책부처와 권력기관의 고위직 출신들도 대거 영입한다.

'전관예우'를 대거 영입하는 이유는 관청민원을 해결하고 나가서 정책변경-결정에 막대한 영향력을 행사하기 위해서 이다. 한마디로 연고주의로 형성된 관청의 인맥을 상대로 로비스트로 활용하려는 것이다. 여기서 기업, 단체 등 수혜세력은 막대한 이익을 챙길 것이고 그 피해는 고스란히 국민에게 돌아간다.

'낙하산' 부대는 행정-사법관료 출신의 '전관예우 낙하산'과 비관료 출신의 '대선캠프 낙하산'으로 나눠진다. 대통령 선거가 가까워지면 교수, 언론인, 정치인 출신 등으로 방대한 규모의 대선캠프가 꾸려진다. 방계조직까지 합치면 적게는 수천명에서 많게는 수만명으로 추산된다. 또 천명 규모의 정책지원교수단이니 뭐니 하는 조직이 뜬다.

집권에 성공하면 제도를 무시하고 임명직, 추천직, 선출직을 독식한다. 장-차관은 물론이고 기관장, 단체장, 협회장, 재단 이사-이사장, 공기업 감사-사장-회장, 위원-위원장 등등을 싹쓸이하고 사기업, 사립대학 인사에까지 간여하여 '낙하산'을 투하한다. 그 까닭에 대통령 선거가 가까워지면 한 자리를 노리는 일단의 무리가 연고주의에 빌붙어 대선캠프로 이합집산을 반복한다.

'낙하산' 완장을 찬 인사들은 대개 무자격자-무능력자이다. 이들은 집권기간 5년간 수억대 연봉을 자랑하며 점령군처럼 행세한다. 노조가 결성된 공공기관-공기업의 경우 대부분의 노조가 타성적으로 '낙하산' 반대를 외치다 결국 '낙하산'과 어깨동무하고 동반관계를 유지한다. '낙하산'은 대체로 전문지식-경영능력이 부족하기 때문에 노조와의 마찰로 인해 시끄러워져봤자 손해라고 판단해 노조의 특혜적 요구조건을 들어주고 협력관계를 유지한다.

심각한 문제는 자체에서 성장한 전문인력은 임원으로 진급할 기회가 봉쇄된다는 점이다. 그 까닭에 출신지역-학교를 중심으로 연고를 맺으려고 부단하게 노력한다. 연고체제와 줄이 닿지 않는 인사라면 자동적으로 퇴출된다. 정부조직-기관-단체가 집단부실화된 원인은 바로 이 나라의 지배세력을 구축하고 있는 연고체제가 경영권을 장악하기 때문이다.

이명박 정권이 주창한 공정사회는 한국사회의 모순점을 제대로 진단했다는 점에서 의미가 있다. 하지만 자신이 연고주의에 의탁해 국가를 통치하고 있다는 점을 간과하고 그것을 교정하려는 어떤 노력도 시도하지 않았다는 점에서 국민적 설득력을 잃고 냉소의 대상이 되고 말았다.

대개 대통령 임기가 절반을 넘어서면 차기 대권을 겨냥하는 연고주의에 의한 세력규합이 감지된다. 배타적 연고주의에 의한 국가경영체제의 독식이 계층간-지역간의 갈등양상을 넘어 대립구조를 심화시킨다. 연고주의를 혁명적으로 타파할 인물이 차기 대통령으로 태어나야 이 나라의 미래에 희망을 걸 수 있다. 2002년 월드컵 4강 진출은 히딩크가 이 나라의 연고주의를 모르고 실력에 따라 선수들을 발탁했기에 가능했다.

# 통일 이후 대비한 통일정책

　대통령은 국정운영의 최고책임자이자 최고결정자이다. 대통령의 결단은 국가의 흥망성쇠를 좌우한다. 역사상 지도자를 잘못 만나 세계를 지배하던 강대국이 다른 나라에 병탄<sup>倂呑</sup>되거나 소멸되어 역사책에만 기록으로 남은 나라를 얼마든지 찾을 수 있다. 멀리 갈 것도 없이 한반도만 보아도 지도자의 역량이 얼마나 중요한지 웅변으로 말한다.

　36년간의 일본 군국주의자의 식민통치가 이 나라에 물려준 유산은 분단뿐이다. 그 분단은 전쟁을 낳아 유치단계에 있던 산업시설마저 잿더미로 만들고 말았다. 전쟁의 폐허 속에서 남쪽은 가난과 처절하게 싸워 경제적으로 우뚝 섰다. 후발개도국들이 경제성장의 귀감으로 삼을 만큼 모범적인 발전모형으로 부상한 것이다.

　광복 이후 산업역군들이 피땀 흘려 이룩한 경제성장에 힘입어

1990년대에 경제규모가 세계 11위권에 진입했다. 그 후 경제성장이 정체국면에 빠졌지만 여전히 역동성을 자랑한다. 반면에 한반도의 북쪽은 세계에서 손꼽히는 빈국으로 전락했다. 20년이 넘도록 만성적인 식량난을 해결하지 못해 기아선상에서 허덕이고 있다. 또한 21세기 지구상에서는 보기 어려운 3대세습의 폐쇄체제를 힘겹게 유지하면서도 핵개발에 매달려 국력을 탕진하고 있다.

차기 대통령은 통일 지향적이어야 한다. 유라시아 동단에 자리 잡은 한반도 북쪽은 공산주의의 변형인 '우리식으로 살자'는 주체사상으로 밀폐의 빗장을 더욱 단단히 걸어 잠그고 있다. 3대세습의 폐쇄사회가 세계화-개방화로 치닫는 시대조류에 힘겹게 역류하고 있다. 개방의 순풍도 폐쇄의 역풍도 타기에는 풍랑이 심해 어느 선택도 파멸을 재촉하기는 마찬가지다.

남북대화, 북미회담이라는 문틈 새로 바깥세상을 조심스럽게 염탐해온 것도 그 때문이다. 하지만 남쪽보다는 북쪽에서 밀려오는 개방 바람이 갈수록 거세져 손바닥으로 막는 형국이다. 이제 북한 주민들도 중국이 어떻게 사는지 남쪽이 잘 사는지 못 사는지 알만큼 안다고 보아야 한다. 끊임없이 이어지는 탈북의 행렬이 그것을 말한다.

역사의 앞날은 아무도 모른다. 1989년 11월 베를린 장벽을 깨는 망치 소리가 들리는가 했더니 하루아침에 역사가 바뀌어 독일통일이 왔다. 통독이 일순에 왔듯이 한반도의 통일도 어느 날 현실로 다가올 수 있다. 아니면 분단의 시간이 지난 세월보다 길 줄도 모른다.

역사만이 알 일이다.

이명박 정권은 북한이 경제난-식량난으로 붕괴되리라 믿는 모양인데 국가해체란 그렇게 쉽게 이뤄지지 않는다. 1980년 미국을 향한 인간의 물결이 바다를 덮었을 때 쿠바가 곧 무너질 듯했다. 그 때 무려 12만5,000명의 탈출행렬이 이어졌다. 1994년 또 다시 뗏목에 목숨을 건 죽음의 항해가 일어났다.

그 쿠바가 아직도 건재하다. 1971~1973년 에티오피아에서는 기근으로 150만명이 아사했다. 1980년대 중반 아프리카 사하라 남부지역에 가뭄이 들어 1억5,000만명이 기아선상에서 헤맸다. 그러나 국가해체란 사태가 일어나지 않았다.

1989년 독일의 통일은 동독주민의 선택이었다. 동독 주민들이 서쪽으로, 서쪽으로 몰려갔더니 일순에 통일이 왔다. 그들이 통일을 미리 알고 그 같이 행동했던 것이 아니다. 통독이 어느 날 왔듯이 한반도의 통일도 어느 날 현실로 다가올 수 있다.

발전동력을 상실한 북한경제, 3세체제의 정치불안, 개방시대의 국제적 고립, 이런 요인들이 복합적으로 작용하면 불가측의 문제만이 아닐 수도 있다. 남북이 지금처럼 무방비상태에서 통일이 급작스럽게 온다면 한반도의 대혼란은 인접국에도 예상치 못한 사태가 파급되어 동북아 정세에 불안이 고조된다. 통일을 막연하게 먼 훗날의 일로만 치부하여 무대응으로 대처했다가는 대재앙이 온다.

차기 대통령은 임기 중에 통일이란 대사건이 일어날 수 있다는 예지력을 갖고 대처할 훌륭한 인물이어야 한다. 차기 대통령은 국토의 통일을 민족의 통일로 승화시킬 통찰력, 결단력, 추진력, 판단력이 필요하다. 무엇보다도 혼돈chaos을 질서 cosmos로 이끌 탁월한 위기관리의 능력을 겸비해야 한다.

차기 대통령 임기 중에 분단 70년을 맞는다. 분단을 목격한 세대는 역사 속으로 사라지고 분단 이후의 세대가 국정을 담당하고 있다. 통일에 대한 현실감각이 무디어지기 마련이다. 분단의 긴 세월은 언어, 행동에서만 이질성을 느끼게 하는 것이 아니라 표정도 바뀌어 놓았다. 영양공급의 차이가 체구도 다르게 만들었다. 소년병의 모습을 한 북한의 병사들이 그것을 말한다.

거대한 마스 게임에 개인주의를 함몰시킨 획일주의, 전체주의는 의식구조에도 많은 변화를 가져왔을 것이다. 유형무형의 이질성은 동족을 지구의 반대편에 사는 사람들처럼 멀리 느끼게 한다. 민족의 동질성이 회복되지 못하고 북한경제가 호전되지 못한 상황에서 통일의 그 날이 오면 정치적-경제적-사회적 참화가 예견된다. 수도권 주변에 일자리를 찾아 몰려드는 노동력의 이동을 상정하기란 어렵지 않다.

이에 따른 마찰현상은 새로운 남북의 갈등을 야기하여 극적인 통일의 감정을 상반된 감정으로 반전시키는 불행한 사태를 낳을 수도 있다. 차라리 돌아가고 싶다고 말하는 탈북자의 말 속에서도 그 의미를 읽을 수 있다. 독일에서도 통일 이후 서쪽놈Wessie, 동쪽놈Ossie이라고 경멸적으로 부를 만큼 감정이 대립적이다.

군사적 분계선은 철폐되었지만 정치적-경제적 분계선은 각인이 더욱 뚜렷해져 가슴의 상처를 깊게 할지도 모른다. 통일은 이제 감성의 문제가 아니라 이성의 문제로 접근해야 한다. 통일은 이미 과정에 있어 목표가 되지 못한다. 통일정책은 그 이전과 그 이후에 목표가 주어져야 한다.

남쪽은 지금도 복지지출 증가에 대한 조세저항 의식이 만만찮다. 남쪽은 이미 소비사회에 진입하여 현재의 생활수준을 희생하면서까지 북한동포의 생계를 선뜻 떠맡으려 들지 않을 것이다. 독일통일이 주는 교훈에서도 그것을 느낄 수 있다. 하지만 미래의 충격을 너무 비관적으로만 볼 일이 아니다.

통일에 대한 비용도 체계적인 연구가 필요하다. 통일비용은 군비축소과 함께 세수증대, 해외차입으로 상당액의 조달이 가능하겠지만 한국경제가 감당하기에는 참으로 과중한 부담일 것이다. 남북한의 발전격차가 크다는 점에서도 독일보다 훨씬 그 규모가 클지도 모른다. 이 점에서 남북한의 관계개선을 통해 북한경제를 활성화시키는 방안을 강구해야 한다. 발전격차를 좁힐수록 그 비용은 줄어든다.

북한경제는 1960년대에 고착되어 있다고 보아도 무방하다. 이명박 정권 들어 남북관계가 최악으로 악화됐다. 적대관계는 북한의 핵개발 포기를 이끌어 내지 못한다. 오히려 핵개발에 집착하도록 만든다. 남북간의 화해-공존이야말로 비핵화를 유도하는 길이다. 남한의 자본-기술과 북한의 자원-인력을 결합하면 7,000만 공영-공존의 길을 열 수 있다. 또 남북한의 경제협력은 장차 통일비용을 줄인다.

남북관계가 경색되면서 북한경제의 대중국 의존도가 더욱 높아졌다. 이것은 북한의 중국경제권 편입을 의미한다. 중국은 이미 나진-선봉 개발을 통해 동해로 진출할 채비를 서둘고 있다. 따라서 개성공단을 중심으로 남북경제협력을 강화하는 쪽으로 정책방향을 전환해야 한다.

남북경제협력은 북한에 대한 일방적인 지원이 아니라 상호간의 이익이다. 남쪽은 해외로 나가는 노동집약적 산업을 북쪽으로 돌리면 가격경쟁력을 회복할 수 있다. 장차 북한시장을 확보한다면 내수시장의 한계를 확장하는 길이다.

개성공단은 2002년 남북간 경협사업의 일환으로 출발했다. 당초에는 2,000만평 부지에 800만평의 공단과 1,200만평의 배후도시를 건설한다는 계획이었다. 3단계 공사가 완료되면 북측 노동자만도 40만명을 수용한다는 규모였다. 이명박 정권 들어 100만평 규모의 1단계 공사가 답보상태에 있다. 그 책임의 상당부분은 북한에도 있다.

이명박 정권은 북한을 자극하는 말을 함부로 했다. 북한은 더 자극적인 언사로 대응하며 개성공단의 문을 '닫았다', '열었다'를 되풀이 했다. 해외거래에서 납기는 가격, 품질 못지않게 중요하다. 납품기일을 자주 어기면 거래성사가 어려워진다. 그런데 생산차질을 빚는 행위를 반복하면 국제신뢰를 상실한다는 사실을 깨닫지 못하는 듯하다.

북한의 입장에서는 개성공단은 산업화의 전초기지로서 중요한 가치를 가진다. 남한의 자본과 기술, 북한의 인력과 토지를 결합하면 어느 외국과의 제휴보다도 국제경쟁력을 가질 수 있다. 남쪽 기업이 개성공단에서 얻는 이점은 북쪽에도 그대로 적용되어 발전속도를 한층 더 높일 수 있다. 동족끼리 접촉으로 인한 사상적 오염을 걱정한다면 중국의 경제특구 선전深圳을 볼 필요가 있다. 30년전 철조망을 치고 시작했지만 이제는 중국 전역이 선전으로 변했다.

이제 남한기업의 입장에서 중국진출은 매력을 잃고 있다. 임금도 크게 올랐지만 외국인투자에 대한 규제가 강화되고 있다. 북한의 임금수준은 아직도 동남아에 비해 높지 않다. 여기에다 지리적 근접성이 큰 이점이다. 화물수송 시간이 짧고 물류비용이 훨씬 싸다. 출퇴근이 가능해 중국 등지보다 인건비 부담이 적다. 같은 언어를 사용해 소통이 원활하고 기술지도도 수월하다.

무엇보다도 전쟁억지력을 발휘한다. 이웃나라 끼리 경제관계가 돈독해지면 해질수록 전쟁이 일어나지 않는다. 경제관계가 복잡하게 얽히고설키어 상호작용interaction 하면 서로 손해 볼 일이 많아지기 때문이다. 이 점에서 개성공단은 경제적 관점에서만 판단할 일이 아니다. 지금은 협력관계가 미미하지만 그것을 키워나가면 장차 한반도의 안정은 물론이고 공존과 공영의 기반이 될 수 있다.

유럽의 역사는 전쟁의 역사라고 할 만큼 전쟁으로 점철되어 있다. 20세기에 들어와서도 유럽에서 세계 1, 2차 전쟁이 발발해 지구적인 살육과 파괴가 벌어졌다. 2차 대전이 끝난 이후에는 그 유럽에서 국가간의 전쟁이 일어나지 않고 있다. 그 이유는 국가간의 밀접한 경제협력이 전쟁억지 효과를 발휘하기 때문이다. 유럽의 경제통합체인 EU<sup>유럽연합</sup>가 바로 그 중심점에 서있다.

오늘날 EU의 모태인 EEC<sup>유럽경제협력</sup>는 1958년 출범했다. 그 EEC는 시장통합을 목표로 1967년 EC<sup>유럽공동체</sup>로 탈바꿈했다. 그 EC는 1994년 회원국 15개국의 EU로 또 다시 거대한 변환점에 들어섰다. 단일 통화 유로를 매개로 하는 경제통합에 이어 정치통합을 지향하는 것이다. 지금은 회원국을 전유럽 25개국으로 늘려 러시아 접경지역까지 확장했다. 세계대전의 적대관계를 청산하고 냉전체제의 적대관계도 해소하고 있는 것이다.

# 민생복리가 경제민주화다

## 지향점은 양극화 완화를 통한 사회통합

경제민주화가 12월 대통령 선거를 관통하는 시대정신으로 떠올랐다. 새누리당이나 민주통합당이나 이 화두를 선점하려고 서두르는 모습이 경제민주화를 최대의 대선공약으로 삼을 공산이 크다. 문제는 양당의 방안이 재벌에 국한되어 전체적 의미를 파악하지 못한 데 있다.

새누리당은 단순히 재벌의 신규사업에 대해 순환출자를 규제하겠다는 정도이고 민주통합당은 경제민주화의 부분개념인 재벌개혁을 전체개념처럼 말한다. 논의의 방향이 틀렸다는 소리다.

먼저 경제민주화가 무슨 뜻인지 성찰할 필요가 있다. 그것을 위해서는 헌법 제119조 2항의 "국가는 균형 있는 국민경제의 성장 및 안정과 적정한 소득의 분배를 유지하고, 시장의 지배와 경제력의 남용을 방지하며, 경제주체간의 조화를 통한 경제의 민주화를 위하여 경제에 관한 규제와 조정을 할 수 있다"는 규정을 음미해야 한다. 이 조항은 1항의 자유경쟁원칙의 부작용을 해소하기 위한 부차적 조항으로서 '할 수 있다'는 재량적 의미를 지니고 있다.

그런데 1987년 이후 역대정권이 이 헌법정신을 망각하고 경쟁적으로 각종 규제를 완화대상으로 삼았다. 경제적-사회적 약자를 보호하는 규제, 경제질서에 관한 규제, 경제력 남용 방지를 하기 위한 규제, 공공복리를 위한 규제, 환경보존을 위한 규제 등등은 마구 철폐해 버렸다.

모든 규제를 경제적 해악으로 보고 위원회까지 설치해 완화를 넘어 철폐니 혁파니 하는 따위의 단어를 쓰면서 무리하게 철폐했다. 이에 따른 부작용-후유증에 대한 검토는 없었고 존속할 가치가 있는 규제까지 없애버린 것이다.

노동시장 유연화에 따른 고용불안-임금격차, 부동산 규제완화로 인한 가격앙등-소득이전, 공적영역 민영화로 인한 가격상승, 산업-시장논리에 의한 교육비 증가 등등이 그것이다. 그 결과 한국사회는 극단적인 양극화 사회로 치닫고 있다. 계층-학력-지역간의 소득 발전격차로 반목과 갈등이 갈수록 증폭되고 있다.

산업간에도 대기업-중소기업, 수출기업-내수기업간의 발전격차가 균형 있는 발전을 저해한다. 재벌기업이 우월자적 지위를 남용하여 자영업자의 영역까지 수탈하는 상황이다. 맹목적인 규제완화가 자본-지식-기술-정보에서 열위에 있는 경제적 약자의 생존기반마저 와해시켜 버린 것이다.

세계화 바람을 타고 대비책 없이 금융-자본시장의 급속하게 개방하는 바람에 외환위기를 촉발하는 단초를 제공했다. 그 위기를 극복하는 과정에서 신자유주의를 맹신한 결과 계층-부문간의 극단적인 양극화가 형성되었다. 그 간극을 좁히지 않고는 국가가 발전역량을 발휘하지 못할 단계에 이르렀다.

친재벌 정권임을 천명한 이명박 정권조차도 뒤늦게나마 양극화의 심각성을 깨달았는지 '공정사회' 니 '동반성장' 이니 하는 말을 꺼냈다. 실천의지가 없는 정치적 허사에 불과하지만 말이다. 따라서 경제민주화는 '양극화 완화를 통한 사회통합' 을 지향해야 한다.

경제력이 일부 재벌에 집중하다 보니 한국경제는 소유집중, 경영집중, 시장독점, 계열확장, 금융편중과 같은 구조적 난제를 안고 있다. 소수의 창업자 혈족이 시장을 균점하여 균형 있는 경제발전을 저해한다. 경제력의 집중에서 파생되는 폐해는 제한된 정책수단으로는 단시일 내에 교정할 수 없는 단계에 이르렀다.

그 방안으로 경영과 소유 분리, 내부거래의 차단, 상호지급보증 제한, 순환출자 금지, 출자총액 제한, 금융자본과 산업자본의 분리, 외부이사제 개선, 은행대출 출자전환 등이 거론되어 왔다.

정치적 변혁기마다 재벌규제론, 재벌해체론이 제기되어 과거정권들도 여러 차례 이런 방안을 정책에 반영하거나 시도했지만 재벌의 반발에 밀려 실패하고 말았다. 정치권력의 실천의자가 박약한데다 자본권력의 거대한 힘에 눌려 엄두를 못 내거나 손을 들었기 때문이다.

2012년 대선을 앞두고 대두된 경제민주화는 어떤 정치적 의도에 의해 제기되지 않았다는 점에 주목할 필요가 있다. 경제적 약자를 약탈하는 행위가 용인의 단계를 넘어섰다는 국민적 공감대가 형성되었다는 뜻이다.

정치권력이나 자본권력이나 지나치게 비대해지면 사회적 저항을 부르기 마련이다. 그것은 역사가 말한다. 정치권이 일과성 과제로 알고 안이하게 접근해서는 정치적 곤경에 처할 상황이다. 여기서 경계해야 할 대목이 있다. 이른바 보수세력이 경제민주화를 이념논쟁으로 몰고 간다는 점이다.

이념논쟁을 유발하여 본질은 증발되고 사상논쟁만 남을 공산이 크다. 성장론과 복지론 또한 비생산적인 이념논쟁으로 비화될 가능성이 짙다. 경제민주화의 본질은 민생복리이다. 재벌규제도 여기서 해답을 찾아야 한다.


## 신자유주의 망령과 위험한 유희

2007년 봄 세계금융시장에 엄습한 미국발 서브프라임 모기지<sup>비우량 주택담보대출</sup> 사태가 1년반이 지나서 기어코 대폭발을 일으켰다. 신자유주의의 본산지인 월 스트리트를 초토화시킨데 이어 세계경제를 공포의 도가니로 몰아넣었다.

이것은 미국의 레이건과 영국의 대처가 발진해 20년 이상 세계경제 질서를 재편해온 시장주의와 규제완화를 골격으로 하는 신자유주의의 실패를 의미한다. 사태진전에 따라서는 21세기의 제국 미국의 종언을 알리는 조종弔鐘, knell으로 이어질 수 있는 판국이다.

만성적인 쌍둥이 적자라는 재정-경상수지 적자에 시달려온 미국은 1980년대 중반에 들어 해외시장 개방을 통해 해결책을 모색하는 방향으로 통상정책을 전환했다. 군사력을 배경으로 세계시장을 열어제치면서 그 전면에 내건 기치는 시장주의와 규제완화이다. 1989년 공산주의의 붕괴로 미국이 세계유일의 초강대국으로 등극하자 '국경 없는 세계경제'borderless world라는 전략목표에 더욱 박차를 가했다.

상품뿐만 아니라 용역-자본-기술-인력의 이동을 가로막는 모든 장벽을 철폐한다는 것이다. 그것이 바로 다자간 협정인 WTO세계무역기구와 양자간 협정인 FTA자유무역협정이다. WTO와 FTA의 본질은 시장주의와 규제완화에 근거한 무차별적인 시장개방이다. 미국자본이 세계의 모든 시장, 모든 영역에서 제약 없이 사업을 영위하도록 보장하라는 것이다. 미국인이 돈을 버는데 장애가 되는 모든 규제를 풀라는 뜻이다.

그래서 한국도 미국의 통상압력에 굴복해 금융-자본시장을 활짝 열었고 외국인의 부동산 매입도 허용했다. 노동시장의 유연성이란 이름으로 정리해고, 비정규직을 도입한 것도 그 때문이다. 교육도 의료도 시장으로 보고 개방을 압박하는 이유가 거기에 있다.

역대정권이 미국의 개방압력에 편승하는 한편 신자유주의에 근거한 규제완화를 발전전략으로 답습해 왔다. 그 선봉에는 미국 유학파

관료집단이 포진해 있다. 김영삼 정권의 OECD<sup>경제협력개발기구</sup> 가입과
금융–자본시장 개방, 외환위기로 인한 IMF<sup>국제통화기금</sup> 관리체제 도입.
김대중 정권의 노동시장 규제완화에 따른 양극화 심화, 부동산 규제
완화로 인한 투기촉발. 노무현 정권의 한–미 FTA 추진과 한국경제
의 미국종속화. 이명박 정권의 공적영역 민영화를 통한 신자유주의
완결판 등이 그것이다.

이명박 정권이 추진한 경제–사회정책은 미국 신자유주의의 복사
판이다. 그 대표격이 금융산업 규제완화이다. 자본의 탐욕이 빚은
월 스트리트의 대참사라는 교훈을 목도하고도 재벌은행 탄생을 밀
어붙였다. 금융자본과 산업자본의 경계철폐가 그것이다. 미국발 금
융위기의 진앙지인 투자은행을 모방한 자본시장통합법이 2009년 2
월 시행에 들어갔다. 여기에 재벌의 계열확장의 길을 트려고 출자총
액제한제도 폐지했다.

공기업 선진화 또한 위험한 함정이다. 선진화란 말장난에 불과한
속임수이다. 노무현 정권도 정책변화 앞에는 꼭 선진화라는 수식어
를 붙였다. 심지어 기자실을 폐쇄하면서도 취재선진화 방안이라고
강변했다. 노무현 정권의 정책이라면 무엇이든지 냉소적이던 이명
박 정권도 선진화라는 단어를 그대로 답습해 썼다.

민영화는 영어로 'privatize' 이다. 사유화란 뜻이다. 공적영역을
사적 자본한테 넘겨 독점이익을 보장하면 오히려 후진화가 될 수 있
다. 물, 불, 빛은 인간생존에서 없어서는 안 되는 필수불가결의 요소
이다. 말 바꾸기를 하면서 상수도, 전기, 가스를 민영화하려는 뜻을

굽히지 않았다. 인간 삶의 기초적 요소를 독점자본의 탐욕에 맡기려 들었던 것이다.

신자유주의는 생존경쟁에서 살아남은 우수한 인간에 의해 사회가 진화하고 발달한다는 사회진화론<sup>Social Darwinism</sup>을 신봉한다. 다시 말해 미국 자본주의는 바로 이 적자생존론에 근거한다. 그런데 이명박 정권은 교육에서도 그대로 차용했다. 교육을 산업과 시장으로 보는 이른바 자율화 정책이 그것이다. 초등생을 일제고사를 통해 서열화하고 2008년 국제중 설립을 결정했다.

전파는 국민의 재산이다. 따라서 전파는 어떤 정파-자본의 독점물이 될 수 없다. 그런데 지상파 방송의 민영화를 추진하다 성사가 어렵다고 판단했는지 조-중-동에게 종합편성채널을 통해 방송사업권을 허용했다. 공공재인 방송을 돈벌이 수단으로 전락시키려 했던 것이다. 의술을 인술이라고 말한다. 사람을 살리는 어진 기술이라는 뜻이다. 그런데 히포크라테스 선서가 무색하게도 상업적 이윤 추구의 대상으로 삼으려고 했다.

다음 대통령은 공적영역의 가치를 신봉하는 인물이어야 한다. 노령화사회를 넘어 노령사회로 진입할 단계다. 이제 과중한 의료비 부담이 국민적 과제로 다가왔다. 그런데 병원의 영리법인화를 통해 국민건강보험의 공영제를 해체하려는 불순한 시도가 그치지 않는다. 국민은 보편적 의료혜택을 받을 권리가 있다.

전력, 수도, 도로, 공항 등 공적영역을 민영화하려는 시도 또한 차단해야 한다. 이미 공항, 도로, 지하철이 민영화라는 이름으로 부분적으로 사적 자본에게 넘어갔다. 이것은 사영화privatization이다. 국민에게 무차별적-보편적 혜택을 제공해야 할 공적영역public sector이 특정-독점자본의 사유물이 될 수 없다. 이명박 정권은 미국에서 신자유주의의 몰락을 보고도 그 망령과 위험한 유희를 펼치겠다는 뜻을 끝까지 버리지 않았다.

## 골목상권까지 침탈하는 천민자본주의의 탐욕

1960년대 이후 정부주도형의 경제개발 정책은 자본축적을 도모한다는 이유로 소수 재벌을 집중적으로 육성했다. 시장경제의 원리를 무시하다 보니 독점적 지배권이 인정됐고, 조세-금융특혜도 필연적으로 이뤄졌다. 그 결과 선진국의 차입기술과 저렴한 노동력을 결합해 단시일 내에 공업화를 이룩하는 데는 성공했다. 그 성과는 비민주적 정치체제를 호도하는 데는 유효했다.

하지만 경제력이 일부 재벌에 집중하다 보니 한국경제는 소유집중, 경영집중, 시장독점, 계열확장, 금융편중과 같은 구조적 난제를 안고 있다. 소수의 창업자 혈족이 시장을 균점하여 균형 있는 경제발전을 저해한다. 경제력의 집중에서 파생되는 폐해는 제한된 정책수단으로는 단시일 내에 교정할 수 없는 단계에 이르렀다.

한국의 재벌은 단순한 기업집단이 아니다. 총수 1인을 정점으로 하는 중앙집권체제로서 다계열-다업종의 거대한 기업집단이다. 수직적-수평적 기업결합을 통해 잡제품에서 첨단제품까지 생산-판매에서 배타적 지배력을 행사한다. 업종의 전문화도 없이 거의 전 업종에서 사업을 영위하는 것이다.

방대한 규모만큼이나 정치-경제-사회에 미치는 영향력이 막강하다. 한마디로 거대한 자본권력이다. 때로는 전경련을 중심으로 연대해 경제-사회정책의 방향을 변경한다. 세계적으로도 한국의 재벌 같은 기업집단이 없다. 그 까닭에 구미언론은 재벌을 표현할 적절한 단어가 없어 그냥 음역해서 'chaebol'이라고 부른다.

재벌은 조직특성이 전제적이다. 씨족을 근간으로 하는 혈연중심의 경영체제이면서도 학연-지연에 근거하여 조직을 운영하는 족벌체제이다. 총수가 주재하는 업무회의는 그야 말로 어전회의나 다름없어 제식훈련장 같다. 이런 분위기이니 합리적인 토론은 생각하지도 못한다. 다만 절대복명이 있을 뿐이다. 이처럼 의사결정을 기업주가 독단적으로 하니 고용관계도 주종관계에서 벗어나기 어렵다.

시장경제의 원칙을 지키지 않았던 군사정권 아래서 순치된 재벌은 태생적으로 경기변동보다는 권력이동에 더 민감하다. 방대한 규모의 기획조정실이니 회장비서실이니 하는 따위의 회장 직속의 기구를 두고 그룹경영 이외에 사회전반에 관한 정보를 수집-분석한다. 필요하면 방계 신문사와 경제연구소를 동원하여 유리한 여론을 조성하고 이론을 개발한다.

재벌이 창업 이래 정치권력에 상납한 뇌물은 생존비용이란 측면이 강하다. 또한 산업정책을 정상적政商的 흥정의 대상으로 삼아 정권유지 비용을 부담한 것도 사실이다. 시장을 독점적으로 지배하기 위한 대가를 정-관계에 지불한 사실도 부인하기 어렵다. 한마디로 한국재벌은 부패구조에 서식하여 부당이득을 확대재생산하고 최종적인 부담을 소비자에게 전가하여 성장해 온 셈이다.

그래서 정치적 변혁기에는 재벌비판론, 나아가서 재벌해체론이 제기된다. 2012년 대통령 선거를 앞두고도 그 모습이 그대로 반복되고 있다. 과거 집권 당시는 친재벌 정책을 썼다는 점에서 과연 정치권력이 실천의지를 얼마나 가졌는지 의문이다. 부패의 온상을 원천적으로 봉쇄하고 경제력 집중에서 파생하는 폐단을 없애기 위해서는 재벌을 규제해야 한다는 당위는 국민적 공감대가 형성되어 있다. 문제의 핵심은 재벌의 반발을 무마하면서 경제에 주는 충격을 최소화하는데 있다.

그 방안으로 경영과 소유 분리, 내부거래의 차단, 상호지급보증 제한, 순환출자 금지, 출자총액 제한, 금융자본과 산업자본의 분리, 외부이사제 개선, 은행대출 출자전환 등이 거론되어 왔다. 역대정권이 이런 방안을 정책에 반영하려고 여러 차례 시도했지만 실패하고 말았다.

그 이유는 간단하다. 정치권력의 실천의자가 박약한데다 재벌이 너무 커지고 너무 세져서 손을 쓸 수 없는 단계에 이른 것이다. 그 까닭에 균형 있는 경제발달을 위해서는 경제적 약자를 약탈하는 행위에 대한 규제강화가 시급하다.

'경제대통령'을 자임하고 나선 이명박 정권은 출범과 동시에 'business friendly'를 외치며 친재벌 정권임을 천명했다. 반대여론을

메이데이 시위행렬. 2008년 9월 뉴욕 월 스트리트에서 발단된 세계경제위기는 시장주의와 규제완화를 골격으로 하는 신자유주의의 실패를 의미한다.

묵살하고 출자총액제한제도를 폐지했다. 재벌기업의 무분별한 사업 확장과 재무구조 부실화를 막는 장치를 없애버린 것이다. 또 균형 있는 경제발달과 경제적-사회적 약자를 보호하는 규제까지 완화 내지 철폐했다. 문제의 심각성은 균형 있는 경제발전을 위해 존속할 가치가 있는 규제까지 없앴다는 점이다.

재벌이 자본-지식-기술-정보에서 열위에 있는 중소기업-자영업자의 존립기반을 와해시킬 근거를 만든 것이다. 고환율 정책을 고수함으로써 수출대기업에 특혜적 환차익을 베풀고 대신에 국민에게는 고물가의 고통을 안겨줬다. 돈이 넘쳐나자 재벌3세들이 중소기업-자영업자의 사업영역을 침탈해 실업자를 양산하고 있다.

이명박 정권은 모든 규제를 경제적 해악으로 보는 자세를 견지했다. 다시 말해 규제는 경쟁을 제약함으로써 경제발전을 저해한다고 믿는 것 같았다. 그 때문인지 취임 초부터 규제철폐를 강행했다. 맹목적적인 규제완화는 독과점을 심화시킴으로써 빈부격차가 더 벌어질 수 밖에 없다. 반면에 거대자본의 입장에서 규제완화는 곧 돈을 의미한다.

모든 규제는 완화 이전에 존속할 가치가 있는지 면밀한 분석이 필요하다. 경제적-사회적 약자를 보호하는 규제는 완화대상이 아니다. 경제질서에 관한 규제 역시 완화대상이 될 수 없다. 경제력 남용을 방지하기 위한 규제, 공공복리를 위한 규제, 환경보존을 위한 규제 등등은 완화대상에서 제외되어야 한다. 2008년 9월 뉴욕 월 스트리트에서 발단된 세계경제위기는 시장주의와 규제완화를 골격으로 하는 신자유주의의 실패를 의미한다.

창업1세는 기업가적인 모험정신이 강한 편이었다. 당시 정부도 산업화 과정에서 정책적으로 기간산업 위주로 투자하도록 유도했다. 또한 당시에는 소비재 위주의 재벌에 대해서는 비판여론이 만만찮았다. IMF 사태 이후 역대 정권이 신자유주의적 정책을 도입하면서 중소기업-자영업자의 영역을 무차별적으로 침탈하고 있다.

그 선봉에는 재벌3세들이 앞장서고 있다. 미국에서 돈 벌만한 소비사업을 눈여겨보고 와서 돈벼락을 쳐서 영세사업자를 몰아낸다. 유통시장, 사치품수입, 외식사업 등이 주류를 이룬다. 빵집, 술집, 밥집, 옷집 등이 고급스런 서양풍이 나면 뒤에 재벌3세가 도사리고 있다고 보면 틀림없다. 고급화-고가화 전략을 통해 중소기업-자영업자를 공략하는 것이다.

전두환 치하에서도 재벌 빵집에 대한 비판여론이 뜨거웠다. 1984년 삼성계열의 신라호텔이 제과업에서 손을 뗀 것도 그 까닭이었다. 이제는 재벌가 손녀들이 빵 싸움에 나서 나라가 시끄럽다. 삼성, 롯데, 신세계 등 굴지의 재벌들이 앞 다퉈 빵집을 차렸다. 프랜차이즈업체가 전국의 빵집을 싹쓸이했다.

파리바게뜨는 빵매장 3,000여개 이외에도 떡집도 170개나 두고 있다. CJ는 빵매장 1,400여개 말고도 비빔밥을 판다. 범LG가에 속한 기업이 분식, 일본 라면, 비빔밥, 덮밥을 팔고 농심이 일본 카레, 애경이 일본 라면, 일본 카레를 들여왔다. 매일유업은 인도 식당, 남양유업은 이탈리아 식당을 운영하고 대명은 떡볶기 장사에 나섰다. 재벌3세들은 유명의류 등 고가사치품 수입에도 열을 올린다. 코오롱, 효성, GS의 간판업종은 외제차 수입이다.

'월 스트리트를 점령하라!' Occupy Wall Street! 는 1%가 99%를 약탈하는 자본주의의 더러운 탐욕을 질타한다. 그것은 세계인의 공감대를 형성하며 지구적으로 확산되었다. 월가 점령은 이제 반자본주의자의 선동적인 시위구호가 아니다.

2012년 1월 25~29일 열린 다보스 포럼에서는 자본주의의 모순과 대안 찾기에 관한 뜨거운 토론이 있었다. 선거의 계절이 다가오자 정당마다 재벌개혁을 합창한다. 결코 우연이 아니다. 선거철의 득표용 재벌 때리기라고 보기에는 사태가 심상찮게 돌아가기 때문이다.

그런데도 천민자본주의에 도취한 재벌3세들은 돈 되는 일이면 무슨 짓이나 할 수 있다고 자만에 빠진 모습이다. 하지만 역사는 그렇지 않다고 말한다. 정치권력이나 경제권력이나 지나치게 비대해지면 사회적 저항을 부르기 마련이다.

20세기 초엽 미국사회에서 대두됐던 사회개혁주의 progressivism 가 좋은 예다. 산업자본주의가 점차 독점형태로 발전하여 갖가지 사회적 폐해를 야기하자 여기에 대한 반동으로 일어났던 운동이다. 그 결과 독점적 기업결합을 금지하는 반트러스트법이 강화됐다. 그 뒤 2차 세계대전이 이후에는 독일, 일본이 이 제도를 도입하여 오늘날 한국 재벌과 같은 기업집단이 없다.

## 실업자 양산하는 유통재벌의 횡포

전문지식 – 전문기술이 없는 사람이 미국으로 이민 간다면 대개 가게를 차린다. 작은 밑천을 들여 식구끼리 열심히 일하면 먹고 살겠지 하고 구멍가게, 채소가게, 세탁소 등등을 말이다. 뉴욕에서 자리 잡은 한인 채소상은 미국 내에서도 유명하다. 헐리웃 영화에 한국인 가게주인이 권총강도한테 봉변당하는 장면이 더러 나온다. 그만큼 한국교포들이 구멍가게 mom & pop's store 를 많이 한다는 뜻으로 들린다.

그런데 이 나라에서는 구멍가게조차 차리기 어렵다. 유통재벌이 골목상권을 싹쓸이했기 때문이다. 십수년 전에만 해도 직장을 잃으면 가게를 차려서 먹고 살았다. 이제는 유통재벌 계열의 편의점, 슈퍼마켓이 동네를 점령해버려 구멍가게를 낼 엄두조차 못 낸다. 그 까닭에 실직자들이 밥집, 술집, 빵집, PC방, 노래방, 미장원, 통닭집에 달려들어 전국 어딜 가나 넘쳐난다. 경쟁이 심하니 퇴직금만 날리고 빚더미에 올라앉기 일쑤이다.

1996년 김영삼 정권이 유통시장을 개방했다. 외국자본 – 거대자본이 가격파괴를 앞세워 유통시장에 융단폭격을 퍼붓기 시작했다. 외국자본은 할인점이란 이름을 붙인 양판장 대량판매장 을 중심으로 시장 공략에 나섰다. 거대자본은 양판장과 백화점을 양손에 들고 시장쟁탈전을 폈다.

그 탓에 자본력이 취약한 지방의 토착자본과 중견급 재벌들이 운영하던 백화점들은 모두 퇴출됐다. 이어서 미국의 월마트도 프랑스의 까르푸도 손들고 철수했다. 이제는 롯데와 신세계가 양대 산맥을 이루고 있다. 이런 판이니 동네의 재래시장과 구멍가게가 초토화된 것은 말할 나위도 없다.

유통시장이 재편됐다. 유통재벌 계열의 백화점은 세계적 유명상표만 취급하는 최고가품 전문점으로 탈바꿈했다. 대형마트라고 이름을 바꾼 양판장은 생활용품 중심으로 판매전략을 전환했다.

여기에는 식당, 정육점, 쌀가게, 생선가게, 철물점, 문구점, 옷가게, 꽃가게, 빵가게, 미장원 등등에 수선집까지 있다. 자영업자들이 영위하던 모든 영역을 취급하면서 전국의 중소도시까지 침투했다. 양판장 하나가 들어서면 그 일대 자영업자와 재래시장은 몽땅 망한다고 해도 과언이 아니다.

유통시장 개방 이전에 19개에 불과하던 양판장이 400개 이상으로 늘어나 포화상태다. 매장 3,000평(9,900㎡) 규모의 입지를 확보하기도 어렵고 과당경쟁이 심해지자 또 다시 판매전략을 바꿨다. 몸집을 줄여 골목 깊숙이 파고 들어가는 전략이다. 기업형 슈퍼마켓[SSM]으로 동네 상권을 완전히 장악하겠다는 것이다. 양판장에 앉아서 고객을 기다리지 않고 고객을 찾아 가서 배달까지 해주는 이른바 슈퍼슈퍼마켓이 그것이다.

유통재벌들은 아파트 단지와 주상복합건물 저층부를 집중공략하고 있다. 아파트상가 입주상인들이 이제 파탄 날 처지다. 아파트 단지 언저리에는 소형 트럭에 채소, 과일, 생선을 실은 행상들과 좌판을 차린 노점상들이 있다. 그들도 유통재벌의 먹이감이 되어 삶의 터전을 잃을 판이다. 유통재벌이 동네상권을 침탈함으로써 양극화가 더욱 심화되고 있다. 또 지역경제가 더욱 쇠퇴하고 있다. 유통재벌이 지역에서 번 돈을 서울 본사로 빼내가기 때문이다.

2009년 4월 자영업자가 1년전에 비해 26만9,000명이나 줄었다. 2008년 대형매장 매출액이 2004년에 비해 9조2,000억원 늘어난 반면에 재래시장은 그 사이에 9조3,000억원이나 줄었다. 역대정권에 이어 이명박 정권도 서민경제의 붕괴를 본 척도 않았다. 국회가 유통재벌의 영업행위를 규제하려고 입법화에 나서나 번번이 좌절되었다.

WTO 세계무역기구 규정에 어긋난다는 경제관료의 주장에 뜻을 굽힌 탓이다. 국내자본을 우대하지 않고 외국자본을 차별하지 않는데 무슨 규정에 어긋나는지 모를 일이다. 외국자본이 철수한 상황에서 국내자본끼리 경쟁하는데 외국자본을 끌어들이는 것은 핑계 거리에 불과하다.

대부분의 선진국들이 대형매장 허가제와 영업시간 제한을 실시한다. 노는 날과 밤에는 문을 닫는다. 뉴욕 도심에 월마트가, 파리 도심에 까르푸가 없는 것도 그 때문이다. 유통재벌한테 생활기반을 뺏겨 실업자가 늘어나자 요즈음 "동네에서 노는 사람은 다 가게 주인이다."라는 말이 생겼다. 그들의 절망적인 삶을 말하고도 남는다.

그런데도 대형마트와 슈퍼슈퍼마켓의 영업시간을 매일 오전 0~8시까지 제한하고 매월 2, 4째 일요일을 의무휴업일로 정하자 유통재벌의 반발이 드세다. 유통재벌이 자영업자들을 실업대열로 내모는 현실을 외면한 채 소비자의 선택권을 박탈한다는 따위의 논리를 내세우고 있다.

## 날품팔이 주머니 터는 추악한 인간들

어둠이 채 가시지 않은 이른 새벽을 뚫고 지하철은 어김없이 달린다. 시베리아 벌판처럼 매서운 칼바람이 몰아치는 꼭두새벽에 누가 지하철을 탈까싶어도 들어서면 사람냄새가 물씬 풍긴다. 출근시간이나 낮 시간과는 사뭇 다른 모습이다.

지친 몸을 좌석에 던진 채 한결 같이 눈을 지그시 감고 있다. 남녀를 가리지 않고 거의 50~60대다. 어쩌다 눈에 띌까 말까하는 젊은 이들은 건설현장으로 간다. 하루 벌어 하루 사는 건설 노동자들이다. 초췌한 얼굴과 초라한 행색이 그들의 고달픈 삶을 말하고도 남는다.

지하철이 도심지로 달리며 그들을 차례로 내려놓는다. 빌딩, 학교, 병원, 아파트 단지가 그들을 소리 없이 빨아들인다. 그들은 밤새 어지러워진 허드렛일을 도맡아 하며 도시의 아침을 연다. 남들이 한창 출근을 준비할 시간에 층계를 오르내리며 끊임없이 쓸고 닦는다.

그들이 남의 눈을 피해 승강기, 복도, 사무실, 그리고 화장실 청소를 끝낸 다음에야 출근이 시작되어 하루의 활기를 찾는다. 청소는 주로 아줌마, 할머니의 몫이다. 아저씨, 할아버지들은 경비원이 아니면 잡역을 맡는다. 그들보다 조금 늦게 건설 노동자들이 일자리를 찾는다.

한국고용정보원 자료에 따르면 2009년 청소노동자는 40만6,633명이다. 이 중 81.6%인 30만8,220명이 여성이다. 평균연령은 57.2세로서 41%가 60대 이상이다. 평균임금은 월 79만6,000원이다. 그나마 여성은 평균 74만3,000원으로 더 적다.

이것은 노동자에게 일정금액 이상의 임금을 주도록 법적으로 강제화하는 최저임금 월 85만원보다도 10만원 가량 낮은 수준이다. 교통비, 점심값을 빼고 나면 입에 겨우 풀칠이나 하지 않나 싶다. 고용형태는 77.4%가 비정규직이고 노동조합 조직률은 6.2%에 불과하다.

큰 기업은 비교적 젊은 경비원을 쓰나 아파트는 관리비를 줄이려고 주로 늙은 경비원을 쓴다. 거의 50~60대다. 아파트 경비원은 하루 일하고 하루 쉰다. 24시간 동안 50분 순찰, 10분 휴식을 반복한다. 몸이 지쳐 밤 시간에 자칫 깜박했다가 까다로운 입주민한테 걸리기라도 하면 쫓겨나는 신세다.

1년 단위로 재계약을 맺으니 연말이 가까워지면 혹시 잘리지 않을까 불안하다. 나이가 많다느니 근무태도가 나쁘다니 트집 잡기 일쑤이다. 그리고도 아파트 관리비가 많이 나온다며 사람을 줄여야 한다는 소리가 끊임없이 나온다.

2011년 들어 해가 바뀌자마자 홍익대학교가 청소부, 경비원을 집단 해고해서 시끄러웠다. 월급 75만원에 하루 점심식사비 300원을 받으며 11시간씩 일하다 지쳐 노조를 만든 것이 빌미였다. 쥐꼬리 월급을 떠나서 라면 한 봉지 값도 안 되는 300원으로 점심을 때우라니 사람으로 보기나 하는지 모르겠다.

학생들이 관심과 지지를 보냈다고 해서 학교가 탄압에 나섰고 학생회는 외부세력 나가라고 외쳐 더 시끄러워졌다. 홍익대에서 처음 생긴 일이 아니다. 성신여대, 이화여대, 고려대, 연세대 등에서도 비숫한 일이 있었다. 대학이 가르친다는 진리와 정의, 평등과 자유는 어디로 갔는지 모를 일이다.

그들을 사용자가 직접 고용하면 돈을 조금 더 받을 수 있다. 노무관리가 귀찮다는 이유로 중간에 파견업체를 끼고 사람을 쓴다. 고용한 지 2년이 지나면 정규직으로 전환해야 하고 노조를 만들어 열악한 노동환경을 개선해 달라고 요구하고 나서면 귀찮고 시끄럽다는 것이다.

그 이유로 모든 노동문제를 파견업체에 떠맡긴다. 우리 직원이 아니니 그 따위 일은 파견업체한테 가서 따지라는 소리다. 작은 불만이라도 털어놓으면 계약해지를 들먹이며 으름장을 놓는다. 최저임금도 안 되는 급료에서 파견업체가 이 명목, 저 명목으로 떼어내니 쥐꼬리 봉급이 더 줄 수밖에 없다.

평소 듣도 보도 못한 생소한 함바집이 세도가의 공돈 먹는 돈벌이라는 사실이 2011년 1월 밝혀졌다. 함바집이란 건설현장의 가건물에 들어선 간이식당으로서 노동자들이 밥을 대놓고 먹는 곳이다. 이권사업으로 둔갑한 함바집 운영권에 온갖 권력이 끼어들어 거액에 거래되었다고 한다. 함바집에서는 한 끼가 보통 4,000~5,000원이다.

아무리 임대료와 시설비가 싸더라도 식재료 값이 올라가는데 뇌물을 빼고 나면 먹을 게 얼마나 남을까 싶다. 건설업체로부터 운영권을 따내면 대개 보증금, 자릿세, 권리금, 사례금 등의 명목으로 세도가에게 뒷돈을 바친다. 아파트 공사장의 경우 보통 가구당 10만원씩 칠만큼 뇌물액수가 정액화되었다고 한다.

이 판에서는 유상봉이란 브로커가 독보적 존재라고 한다. 이 사람이 따낸 함바집 사업권이 900여건에 달하며 다시 중간 브로커에게 팔아 1,000억원 가량 씩 챙겼다는 언론보도가 있었다. 그 중심에는 전 경찰청장 강희락이 있었던 모양이다. 유상봉은 청와대, 지방자치단체장에게까지 마수를 뻗쳐 함바계의 거물로 행세했다고 한다.

당시 경찰청장 조현오가 파악한 바로는 전국 총경 이상급 중에 41명이 유상봉과 접촉했거나 전화를 받았다고 한다. 한 방송보도에 따르면 200명이란 주장도 나왔다. 경찰총수가 경찰조직을 동원해 함바집 로비의 앞잡이 노릇을 한 셈이다.

억대 연봉을 자랑하는 사장, 단체장들이 최저임금을 안 주려고 청소부, 경비원을 파견업체를 통해 쓰며 고용안정을 떠벌린다. 도시가 잠든 사이 고개조차 들지 못한 채 허리가 부러지도록 하루 종일 허드렛일을 하는 그들에게 라면 한 봉지 값이나 따진다.

함바집 비리를 파헤쳐야 할 경찰총수가 경찰조직을 등에 업고 브로커와 한 통속이 되어 배를 채웠다. 새벽 인력시장에서 겨우 일자리를 얻어 뼈 빠지게 일해서 목구멍으로 넣는 돼지고기 한 점과 밥 한 숟가락을 뺏어 챙긴 꼴이다. 힘센 판-검사가 퇴직해 법무법인으로 옮기면 억대 월급을 받는다. 그들이 이 나라 성층권에 앉아서 공정사회를 외친다. 벼룩의 간을 빼먹는 세상이다.

## '최고임금제'로 바뀐 '최저임금제'

임금격차가 갈수록 커지고 있다. IMF<sup>국제통화기금</sup> 사태 이전에만 해도 억대연봉은 거의 없었다. IMF 사태가 몰고 온 신자유주의가 기승을 부리더니 이제는 억대연봉이 아니라 억대월급이 수두룩하다. 많은 사람들이 한 달에 100만원도 못 버는데 어떤 사람들은 하루에도 이보다 훨씬 많이 버는 세상이 되어버렸다.

이런 현실에서 법제화된 최저임금마저 제구실을 못 한다. 노동자의 최소한의 생활급을 보장하기 위해 정부가 나서 최저임금을 향상시키도록 노력해야 하나 오히려 억제하기 때문이다. 최저임금제도가 현재와 같이 파행적으로 운영된다면 소득양극화는 더욱 벌어지고 이에 따른 복지수요는 더욱 커질 수 밖에 없다.

1988년 최저임금제도가 도입되었다. 노동자의 생활안정을 도모하기 위해 임금의 최저수준을 정하고 사용자가 그 이상의 임금을 주도록 법제화한 것이다. 국가는 적정임금을 보장하도록 노력해야 한다는 헌법정신에 따른 것이다. 하지만 2001년에야 모든 사업장에 최저임금이 적용되기 시작했다.

최저임금은 노동자위원, 사용자위원, 공익위원이 각각 9명으로 구성된 최저임금위원회의 심의-의결을 거쳐 고용노동부 장관이 결정한다. 시행 초기에는 적용범위를 상시적으로 10명 이상 고용한 제조업체로 제한했으나 이제는 모든 사업과 사업장으로 확대됐다.

그런데 최저임금위원회가 연례행사처럼 인상폭을 둘러싸고 파행을 되풀이한다. 2012년 인상률을 결정하는 2011년에도 예외가 아니었다. 사용자측은 상투적으로 동결을 주장하며 시간을 끌다가 막판에 가서 소액인상을 내놓고 파국으로 몰고 갔다. 2011년 최저임금이 시간당 4,320원인데 2011년에도 또 동결을 주장했다. 반대가 심하자 0.7%, 30원 인상안을 내놓았다가 최종안으로 3.1%, 135원 오른 4,455원을 제시했다.

노동계는 전체 노동자 평균임금의 절반 수준인 5,410원에서 후퇴해 타협안으로 10.6%, 460원 오른 4,780원을 내놓았다. 공익측은 조정안으로 2011년보다 6.0~6.9% 오른 4,580~4,620원을 제시했다. 하지만 노사 양측위원이 합의점을 도출하지 못하고 동반사퇴함으로써 파국을 맞고 말았다.

2011년 들어 소비자물가가 1~6월 연속 4%대의 고공행진을 이어갔다. 2011년 상반기 소비자물가 상승률이 4.3%로 2010년 동기의 2.7%에 비해 크게 뛰었다. 이에 따라 1/4분기 실질임금이 4.1% 감소했다. 임금이 뛰는 물가를 따라 잡지 못해 급여소득이 그만큼 줄어든 것이다.

정부통계를 볼 필요가 없다. 생필품 값이 폭등세를 보여 주부들이 장보기가 겁나고 월급쟁이들이 점심 먹으러 가기가 무섭다. 여기에다 전기요금, 대중교통요금 등 각종 공공요금이 줄줄이 인상을 대기한 상태다. 이런 판에 저임지대에서 가장 고통 받는 계층의 최저임금을 동결하자니 사용자위원들이 임금을 논의할 자격이 있는지 의문이 든다.

최저임금법은 생계비, 유사노동자 임금, 노동생산성, 소득분배율을 따져 인상률을 결정한다고 규정하고 있다. 생계비는 물가상승률과 연관성이 깊다. 나머지는 업종-지역의 특성 때문에 현실적으로 지수화가 어렵다. 물가상승률이 가장 유효한 지표이다. 그런데 고작 30원이 뭔가? 10원 짜리 동전은 통화가치를 상실한지 오래다.

하루 10 시간 일해 봤자 고작 300원을 더 번다. 사흘 일해야 버스나 지하철을 한번 타면 그만이다. 최종인상안인 3.1%, 135원도 소비자물가 상승률에 크게 밑돌았다. 어떤 임금인상협상도 물가상승률을 기준으로 삼는다. 그것을 무시한다는 것은 처음부터 파국으로 몰고 가려는 의도 이외에 달리 해석이 어려웠다.

최저임금액 이상의 지급의무를 위반하면 3년 이하의 징역 또는 2,000만원 이하의 벌금을 물린다. 문제는 사법처리된 사례가 거의 없어 이 규정이 사문화死文化되었다는 점이다. 최저임금을 받는 노동자가 250만명이고 이마저 못 받는 노동자가 200만명이나 된다는 사실이 이를 입증한다.

청년유니온이 면접조사한 결과을 보면 서울지역 편의점의 46.5%가 최저임금을 지급하지 않는다. 전교조 조사에 따라도 아르바이트 고교생의 46.8%가 최저임금을 못 받은 것으로 나타났다. 일부 업종의 경우 '최저임금'이 '최고임금'으로 자리매김한 꼴이다.

이런 현실에서 2011년 7월 13일 새벽 공익위원들이 사퇴했던 사용자위원들과 합세해 260원 오른 4,580원안을 기습처리했다. 자체 조사한 생계비 상승률이 6.4%라면서 이보다 낮은 6.0%로 날치기한 것이다. 최저임금위원회는 2013년 최저임금을 2012년 보다 6.1%,

280원 오른 4860원으로 결정했다.

OECD <sup>경제협력개발기구</sup>는 최저임금 산정기준으로 노동자 평균임금의 50%를 권고한다. 소비자물가지수를 반영한 시간당 실질 최저임금 수준은 2010년 한국이 3.06달러로 프랑스의 30%, 일본의 40%에도 못 미친다. 그럼에도 역대 정권이 적극적으로 개선하려는 의지를 보이지 않았다. 특히 이명박 정권이 가장 인색하여 부자정권의 면모를 확인했다.

고용노동부 자료를 보면 1988년 최저임금제도가 도입된 이후 이명박 정권의 인상률이 가장 낮다. 2008~2011년 최저임금 인상률은 연평균 5.0%으로 물가상승률 3.6%를 감안하면 실질 최저임금인상률은 연평균 1.4% 수준이다. 역대정권의 연평균 인상률을 보면 김영삼 8.1%, 김대중 9.0%, 노무현 10.6%로 이명박 정권보다 훨씬 높았다.

이명박 정권이 출범 이래 최저임금 인상률을 역대 최저치를 유지하면서도 친서민이란 구호를 외쳤으니 그 허구성을 말하고도 남는다. 단속하지 않아 최저임금 위반이 많은데도 그것을 지급능력 부족이라고 호도했다. 더러 제도개선의 필요성을 논의하나 그보다는 저임노동자의 생계를 보장하려는 정책의지가 더 중요하다.


## 고물가 – 전세난이 등록금 투쟁 불렀다

등록금 1,000만원 시대의 대학생들은 불쌍하다. 부모들의 학창시절에도 고학생들이 있었다. 학자금을 스스로 벌어서 고생하며 학교에 다닌다고 해서 고학생이라고 불렀다. 그 때는 일거리가 주로 가정교사였다. 입주하는 경우 학자금도 벌지만 숙식이 해결되어 요즈음 학생들보다 덜 고달팠다.

지금은 가정교사가 거의 사라졌다. 중·고등학생들이 입시전문학원에 다니기 때문이다. 말이 아르바이트이지 대학생들이 할만 한 일거리가 별로 없다. 막노동 아니면 밤일, 허드렛일뿐이다. 밤새 학원 순례를 마친 고3들이 수업시간에는 엎드려 잔다지만 대학에도 조는 학생들이 수두룩하다. 막일, 밤일로 몸이 지친 탓이다.

비정규직 노동자들이 1년 내내 버는 돈이 1,000만원이 될까 말까 하다. 이런 판에 대학생들이 학자금, 생활비를 번다는 게 여간 어렵지 않다. 설혹 벌더라도 지방 출신의 경우 방세 내고 먹고 나면 남는 게 없다. 그 까닭에 적지 않은 대학생들이 휴학, 복학을 반복하다 졸업한다.

보통 월급쟁이라면 자녀 둘을 한꺼번에 대학에 보낼 수 없다. 아들이라면 군대에 보내고 딸이라면 번갈아 휴학해서 막일로 학비를 마련한다. 그 까닭에 입학 후 4년만에 졸업하는 학생들이 그리 많지 않다. 일에 치여 시간에 쫓기니 졸업도 취직도 걱정이 태산 같다. 부모의 도움으로 학비 걱정하지 않는 학생이라면 공부에 열중하고 소위 스펙도 열심히 쌓으니 취직이 훨씬 수월한 편이다.

대학등록금이 올라도 올라도 너무 올랐다. 통계청 자료를 보면 2001년 5월~2010년 5월 10년간 소비자물가가 36.4% 올랐다. 대학

등록금은 이보다 2배 전후로 인상됐다. 국공립대학교가 88.2%, 사립대학원이 82.1%나 뛰어 소비자물가보다 2배 이상 올랐다. 그 다음은 전문대학 70.9%, 국공립대학원 69.3%, 사립대학 63.3% 순으로 뛰었다.

전체교육물가 상승률 53.3%보다도 훨씬 높다. 이 기간 입시학원비가 대입종합반 74.0%, 고입종합반 65.1%로 크게 올랐다. 대학들이 입시학원 수준만큼 경쟁적으로 등록금을 올린 다는 소리다. 그래서 대학생들이 거리도 뛰어 나와 반값 등록금을 외쳤다. 그러나 돌아 온 것은 벌금폭탄 밖에 없다.

대학들이 생활협동조합이 운영하던 식당, 매점, 기숙사 등 편의-주거시설을 점차 재벌 계열사로 넘기고 있다. 이윤을 추구하는 상업자본에 경영을 위탁하니 물가가 비쌀 수 밖에 없다. 학교 인근 식당도 임대료가 비싸 가난한 학생들이 이용하기에는 너무 벅차다.

이런 판에 이명박 정권이 고환율 정책을 견지함으로써 수입물가 앙등에 따른 생활물가 폭등으로 대학생들의 생활이 더욱 궁핍해졌다. 정부통계를 인용할 필요도 없다. 학교부근에서도 5,000원 이하 밥을 찾기 어려워졌다. 도심지 보다 2,000~3,000원 가량 싸지만 값이 싼 만큼 내용이 부실하다. 밥값이 이렇게 비싸니 집안사정이 어려운 학생들은 라면 따위로 끼니를 때우는 실정이다.

전세대란이 대학가에도 직격탄을 날렸다. 지방 출신만이 하숙이나 자취하는 것이 아니다. 취직시험을 준비하느라 통학시간을 줄이려고 학교 부근에 둥지를 트는 학생들이 많다. 기숙사 들어가기는

하늘의 별따기다. 원룸은 이제 대학생들의 기거처가 아니다. 전세파
동에 밀려난 신혼부부들의 차지가 됐다.

학기가 바뀔 때마다 보증금과 월세를 올려달라는 바람에 대학가
를 떠나 더 싼 하숙집, 자취방, 고시원을 찾아 변두리로 변두리로 헤
매도 싼 방이 거의 없다. 뉴타운 개발로 옥탑방, 지하방이 많이 사라
졌기 때문이다. 학교에서 멀리 떨어진 곳에 방을 얻으면 교통비도
만만찮다. 다리 뻗고 내 몸 하나 누울 공간을 찾지 못한 그들은 지금
절망하고 있다.

대학생 신용불량자가 2007년 3,785명에 불과했다. 그런데 2011년
4월 무려 3만57명으로 7.94배나 늘어났다. 사회생활도 시작하기 전
에 신용불량자가 된 것이다. 이것은 경제정책 실패에 따라 나타난
물가폭등 – 전세대란의 한 단면이다. 또 대학 등록금이 많은 학부모
들의 부담능력을 넘어섰음을 말한다.

최저소득계층 보호를 위한 최저임금 인상에는 기업들이 부담능력
을 이유로 아주 인색하다. 그럼에도 역대 정권이 대학등록금 인상률
이 소비자물가 상승률을 훨씬 능가하도록 방치하여 등록금 1,000만
원 시대가 열렸다. 보통 월급쟁이 연봉을 5,000만원으로 치면 자녀
를 대학 보내기가 너무 벅차다. 연간 등록금 1,000만원에 교재값, 교
통비, 숙식비, 잡비 등 생활비를 1,000만원으로 잡으면 나머지 가족
은 생계를 꾸릴 형편이 안 된다.

이런 현실에서 이명박 집권세력의 입에서 나오는 말이 가관이다.
반값 등록금은 복지 포퓰리즘이니까 안 된다는 것이다. 성층권에서

호사하는 부자정권의 실세들에게야 허튼 소리로 들릴지 모를 일이다. 하지만 반값 등록금은 누가 먼저 꺼냈는지 묻지 않을 수 없다.

반값 등록금은 이명박 정권의 선거공약이었다. 대학생들의 요구가 꼭 반액으로 낮추라는 것은 아니다. 현실성 있게 낮추고 다양한 장학제도를 마련하라는 소리일 것이다. 경제정책 실패가 등록금 투쟁에 불을 붙였다는 사실을 각성해야 하나 그들은 들을 자세조차 갖지 않았다.


## 주택정책 실패가 불붙인 전세대란

세상은 마치 아무 일도 없다는 듯이 돌아가는 느낌이다. 하지만 걸핏하면 주택전세시장이 요동을 치는 바람에 도시의 세입자들이 피를 토하고 싶은 심정이다. 비수기인 한 겨울철에 전세가격이 폭등세를 보여 전체 가구의 40%가 넘는 무주택 세입자들이 더 싼 셋집을 찾아 이삿짐을 싸는 일이 해마다 반복된다. 셋집을 옮기지 않으면 또 빚을 내서라도 집세를 더 올려주어야 한다.

집을 옮기면 아이들 학교도 옮겨야 하니 집을 줄여서라도 주변에서 더 싼 셋집을 찾으려고 애쓰나 허탕이다. 서울 세입자들이 수도권으로 몰리면서 그곳의 집세도 밀어 올려 연쇄반응을 일으킨다. 젊은 부부들이 기거처를 원룸으로 옮기니 대학가의 하숙생들이 오갈 곳을 잃는다. 전세대란이 일어나면 전국적 현상으로 번져 무주택 세입자의 대이동이 시작된다.

전세 값이 2009년 초부터 오름세를 보이기 시작해 2011년 1월로 23개월째 뛰었다. 1월중 전국평균 상승률이 0.9%로서 2002년 이후 9년만에 최고치를 나타냈다. 전세난이 심화되는 배경에는 전세가 월세로 전환되는 추세도 큰 몫을 한다.

세입자는 전세금을 더 올려 줄 돈이 없고 집주인은 저금리 탓에 전세금을 은행에 맡기기보다 월세를 받는 게 훨씬 유리하다. 그 까닭에 전세가 전세난을 타고 빠르게 월세로 바뀌면서 집세를 올려달라는 요구가 늘어난다.

전세금 1억원을 월세로 돌리면 보통 월 100만원을 받는다. 전세보증금은 1억원인데 집주인이 5,000만원을 더 내라고 하는데 돈이 없다면 그 금액을 월세로 쳐준다. 보증금의 일부를 월세로 내는 이른바 반전세가 빠르게 확산되고 있는 것이다.

국민은행 자료에 따르면 2011년 1월 임대차 구성비가 전세 57%, 보증부전세<sup>반전세</sup> 40.2%, 월세<sup>사글세</sup> 2.8%이다. 얼마 전까지만 해도 전세금만 내면 살던 집인데 매달 생돈 수십만원을 월세로 내야 하니 세입자들이 죽을 맛이다.

어떤 정부정책도 과거의 실패에서 교훈을 배우는 자세가 중요하다. 정책실패는 다수의 국민에게 무차별적인 피해를 주기 때문이다. 그런데 이명박 정권의 독선적 국정운영은 그 같은 노력을 비웃는 듯했다. 김대중 정권의 부동산 정책의 실패는 값 비싼 교훈을 남겼으나 그것을 철저하게 무시한 것이다.

외환위기의 여파로 1998년 집값이 폭락하면서 전세 값도 25% 가량 떨어졌다. 김대중 정권은 경기부양을 겨냥해 부동산투기 억제책을 일거에 모두 풀어버렸다. 1999~2000년 집값이 급등하면서 집세도 덩달아 뛰었다. 이 상황에서 김대중 정권이 5만가구 규모의 서울 강남구, 강동구 5개 저밀도 아파트 단지에 재건축 허가를 내줘 전세파동을 촉발했다. 당시 전세수요가 폭발하면서 전세가격이 30% 이상 급등했다. 전세수요 증가에 대비한 대책을 마련하지 않았기 때문이었다.

이명박 정권은 정책실패의 교훈을 아랑곳하지 않고 2008년 출범하자마자 최소한의 수급예측도 없이 경기부양을 목적으로 19차례에 걸쳐 각종 건축규제를 완화했다. 그나마도 중-대형 아파트 위주의 공급정책을 펴는 바람에 소형물량의 공급부족으로 수급불균형을 더욱 심화시켰다. 여기에다 대규모 도심재생사업을 밀어붙였다.

2008년 4월 총선거에 출마한 한나라당 서울지역 후보들이 앞 다퉈 뉴타운 공약을 남발했고 그 덕택에 당선됐다. 유권자들도 달콤한 공약에 현혹되어 열심히 찍었다. 2009년 서울시 자료에 따르면 서울에서 추진되는 뉴타운, 재개발, 재건축 사업은 모두 247개 지역 23만가구가 넘을 정도였다. 사상최대의 전세대란은 필연적이었다. 그 탓에 2012년 4월 총선에서는 뉴타운 공약으로 딴 금배지들이 우수수 떨어졌다.

서울시 자료를 보면 멸실주택은 2007년 2만2,973가구, 2008년 1만8,098가구, 2009년 3만1,061가구, 2010년 4만8,689가구로 갈수록 높은 증가세를 보였다. 이에 반해 주택공급은 2010년을 빼고는 1만

가구 수준으로 멸실주택보다 훨씬 적었다. 2007년 1만2,145가구, 2008년 1만1,669가구, 2009년 1만1,074가구, 2010년 2만2,539가구였다.

수요와 공급의 차이에 따라 전세파동이 쉽게 예견되었다. 더 큰 문제는 단독주택이 밀집한 재개발 지역은 구조적으로 세입자 가구 수를 정확하게 파악할 수 없다는 점이다. 아파트와 달리 단독주택, 다가구주택, 다세대주택에는 옥탑방, 지하방, 단칸방이 있어 주택수보다 세입자수가 훨씬 많기도 하지만 그 규모를 파악할 길이 없다.

그런데 재개발을 밀어붙였으니 행정력이 파악한 규모보다 훨씬 많은 세입자들이 쏟아졌을 것이다. 당시 왕십리 뉴타운 지구의 경우 주민 4,275가구의 84.6%인 3,620가구가 세입자였다. 그런데 임대아파트는 909가구만 들어선다는 계획이었다. 경기도내 23개 뉴타운 지정지구의 평균 세입자 비율은 68.3%로서 도전체 평균 42%에 비해 훨씬 높았다. 이러니 뉴타운 개발이 전세대란의 진앙지가 될 수밖에 없었다.

무계획무분별한 뉴타운 정책에다 재개발, 재건축으로 멀쩡한 집을 마구 헐어내 세입자들이 몰려 나온다. 그런데 주택정책은 거꾸로 가면서 전세난을 더욱 부추긴다. 2009년 5월 재건축 아파트 임대주택 건설의무를 없애버렸다. 임대주택단지를 철거하고 분양 위주의 보금자리주택으로 바꾸었다. 2009년 9월 이후 국민임대주택단지에서 보금자리지구로 바뀐 곳이 전국적으로 31개에 달했다.

전세파동이 극성을 부리기 시작한 시점에 소형 아파트 공급규모를 줄이는 한편 임대주택 공급도 없애는 대책을 내놓았던 것이다. 건설업자 위주의 주택정책이 전세난에 불을 붙인 꼴이다. 엉터리 주택정책이 빈자의 소득을 부자에게 이전시키고 있다. 가난한 사람을 더욱 가난하게 만들고 부자를 더 부자로 만들면서 양극화를 더욱 부채질하고 있다.

2011년 들어 이명박 정권이 잇달아 내놓은 전세대책의 골자는 대출조건을 완화할 테니 은행 빚을 내서 집을 사라는 것이다. 전세금을 올려주느니 차라리 은행 빚을 조금 더 내서 집을 사면 전세수요가 줄어들 것이란 판단에서 나왔을 것이다. 이것은 주택경기 부양책이지 전세대책이 아니다. 2008년 9월 리만 브러더스 파산으로 발단된 세계적 금융위기로 인해 집값 폭락은 세계적 현상인데 주택경기 부양책을 동원한 것이다.

주택경기 침체기에는 주택매수세가 있더라도 집값이 더 떨어지기를 관망한다. 시세차익은커녕 시세차손을 볼 위험성이 있기 때문이다. 이런 상황에서 정부가 나서 은행대출을 미끼로 집을 사라고 꼬드긴들 관망세가 매수세로 돌아설 리 없다. 집값은 떨어지는데 은행 빚을 내서 집을 사면 그 손해를 어떻게 감당하는 것인가?

2011년 1월 전국 아파트 매매가격 대비 전세가격 비율이 57.3%로 2003년 이후 7년만에 가장 높았다. 하지만 2001년의 68.9%에 비해 한참 낮은 수준이었다. 서울의 전세비율이 5년만에 가장 높지만 44.8%이었다. 전세수요가 매수수요로 돌아설 시점이 아니라는 판단이 옳았다. 그런데 엉뚱한 대책이나 내놓았다.

가구수와 주택수를 비교하는 주택보급율이 2010년말 111.9%이다. 가구마다 집을 한 채씩 갖고도 남을 만큼 주택이 보급되었다는 뜻이다. 하지만 자기 집에 사는 자가점유율은 1995년 53.3%에서 2005년 55.6%로 미미한 증가에 그쳤고 2012년 현재 56~57%로 추산 된다.

주택보급율과 자가점유율의 차이는 주택을 복수로 소유한 가구가 많다는 뜻이다. 한 사람이 집을 여러 채 가지니 전체의 43~44%는 여전히 셋방살이에서 벗어나지 못한다. 그 중 상당수는 집을 사고 싶어도 돈이 없어서 집을 살 수 없는 처지다. 그래서 2년마다 전세파동이 되풀이되고 무주택자들이 유랑민처럼 싼 셋집을 찾아 헤맨다.

이런 현실에서 뉴타운을 개발한다고 셋방이 많은 부도심지를 마구 헐어냈다. 전세난을 막기 위한 장치인 소형 아파트 건설의무와 임대주택 의무건설 비율을 없애버렸고 임대주택단지도 없앴다. 전세대란이 날 수 밖에 없다.

막상 전세대란이 나자 빚 내서 집을 사라고 독려하는 따위를 전세대책이라고 내놓으니 전세대란이 숨을 죽일 리 없다. 주택정책을 근본적으로 뜯어고치지 않으면 전세대란은 반복된다. 12월 대통령 선거에서 주택정책 실패를 선거쟁점으로 삼아야 한다.


## 경제발전 가로막는 과중한 사교육비

'요람에서 무덤까지' 라는 말은 사회보장제도가 잘 발달되어 태어나서 죽을 때까지 국가가 모든 국민의 기본생활을 보장한다는 뜻으로 곧 잘 인용된다. 그런데 이 나라에서는 출생에서 사망까지 사교육비를 지출해야 한다는 뜻으로 통용될 만하다. 갓난아이 때부터 음악듣기, 영어듣기를 쫓아다녀야 한다. 영어열풍이 갈수록 드세져 서너 살짜리 유아들에게도 우리말보다 먼저 영어를 가르친다고 야단이다.

초등학생들도 하교 길에 이 학원, 저 학원에 들러 해질 무렵에야 집에 온다. 영어, 피아노, 태권도는 기본이다. 국제중학교 또는 예능계 중학교에 진학하려면 저학년부터 본격적인 과외공부가 시작된다. 예능계 중학교에 진학하려는 학생들은 고학년이 되면 학교에서도 아예 실기교습을 받으라고 장기간 결석과 조퇴를 눈 감아 준다.

중학교에 가도 마찬가지다. 일지감치 특목고에 진학하기로 마음먹은 중학생들은 학교공부는 뒷전에 두고 학원에 매달린다. 과학고와 외국어고가 우수한 학생들을 먼저 선발하니 대학입시에서 합격률이 좋은 것은 당연하다. 특목고가 설립목적과 달리 대학입시전문학교로 전락하다보니 입학경쟁이 치열하다. 그 까닭에 중학교도 고등학교 못지않게 과외열풍이 뜨겁다.

고등학교에 진학하면 그 날부터 과외전쟁이 시작된다. 입시전문학원에 들러 단과반, 종합반에서 밤을 샌다. 방학 때는 아예 집을 떠나 합숙과외를 하기도 한다. 입시가 임박해지면 '마무리', '찍기', '족집게' 과외라는 게 판을 친다. 과외비는 부르는 게 값이라고 한다. 예체능계 대학에 들어가려면 집 한 채는 날려야 한다는 소리가 나올 정도이다.

　부자만 과외공부를 시키는 게 아니다. 여러 조사를 종합해 보면 각급 학교의 재학생 가운데 90% 이상이 과외공부를 하거나 하는 것으로 파악된다. 빈곤층도 상당수가 자녀에게 과외공부를 시키는 것이 현실이다. 이런 판이니 보통 월급쟁이는 봉급의 절반 이상을 자녀 사교육비로 털어 넣는다.

　대학에 들어간다고 과외공부가 끝나는 것이 아니다. 2년제 대학생들은 4년제 대학에, 지방대 재학생이라면 수도권 대학에 편입하려고 편입학원에 다닌다. 대학을 나와도 일자리 얻기가 어려우니 취직을 위한 과외공부를 하느라 난리다. 마흔이 넘으면 직장에서 쫓겨나니 대학생들이 안정된 직장을 찾는다. 공무원이 단연 으뜸이다. 각종 공무원 채용시험에는 해를 거듭할수록 응시행렬이 길어진다. 경쟁률이 높아지면서 각종 학원이 성업 중이다. 교재도 터무니없이 비싸고 종류도 참으로 많다.

　자격증이 있으면 취직에 유리하다고 하니 저마다 학원에 다닌다. 이른바 '스펙 쌓기'다. 직장마다 토익, 토플 점수를 요구하니 영어학원은 언제나 붐비고, 컴퓨터학원은 기본이다. 영어로도 모자라 중국어 등 제2외국어를 배우기 위해 학원에 몰린다. 변리사, 감정평가사, 공인회계사, 공인중개사, 로스쿨 등등은 지원자가 많다보니 학원마다 만원이다.

　대학졸업 후에는 취업을 준비하느라, 늙어서는 일자리를 얻기 위한 자격증을 따려고 학원을 떠나지 못한다. 과도한 교육비로 인한 가계부담 증가가 출산율을 저하시키고 계층간의 빈부격차를 확대시킨다. 또 비생산적인 분야에 대한 과도한 지출로 인해 국가경제의 성장동력을 잠식한다.

한국은행의 자료에 따르면 2008년 4/4분기~2009년 1/4분기 가계의 교육비 지출액이 40조5,248억원으로 1년 전 같은 기간의 39조1,557억원보다 3.5% 증가했다. 이것을 2005년의 30조854억원과 비교하면 3년간 10조원 이상 늘어난 것이다. 이 시기에는 미국발 세계적 경제위기가 터져 국민생활이 어려워졌는데도 불구하고 교육비 지출이 오히려 증가했다는 뜻이다.

실질소득이 감소하고 있었는데도 다른 부문 지출을 줄이면서까지 교육비 지출을 늘렸다는 소리다. 실제 같은 기간 주류 및 담배 지출액이 0.5% 줄었는데 이것은 1971년 관련통계가 작성되기 시작한 이후 처음이다. 또 교통비 3.1%, 통신비 1.5%, 의류 및 신발 구입비 1.1% 등으로 감소했다.

한국은행 자료에 따르면 2008년 한국의 가계소비 중에서 교육비가 차지하는 비중은 7.3%이다. 이것은 2007년 기준 미국 2.6%의 2.8배, 일본 2.2%의 3.3배, 영국 1.4%의 5.2배나 많은 것이다. 또 2008년 기준 프랑스 0.8%, 독일 0.9%보다 9배나 높은 수준이다. 2009년 상반기에는 그 비중이 7.4%로 더욱 높아졌다. 2000년의 5.4%에 비해 2.0%p 증가한 것이다.

유학-연수비용까지 합치면 교육비 지출비중은 8.2%로 2000년의 5.8%보다 2.4%p 늘어났다. 교육비 지출 중에서 공교육비 비중은

2000년 3.5%에서 2009년 상반기 3.8%로 증가세가 미미한 편이다. 그런데 사교육비 비중은 1.9%에서 3.6%로 2배 가까이 늘어났다. 역대정권이 사교육비를 줄이겠다고 공약했지만 헛구호에 불과했다는 뜻이다.

교육비 지출증가는 치열한 입시경쟁 탓이 크지만 그 이전에 공교육이 부실하기 때문이다. OECD 경제협력개발기구 국가의 공교육비를 비교한 통계청 자료에 의하면 한국의 1인당 유아 교육비가 25개국 중에서 24위, 초등교육은 28개국 중에서 23위, 중등교육은 29개국 중에서 22위, 대학교육은 27개국 중에서 21위로 최하위권이다.

또 학업성취도가 기초수준 미달인 학생의 사교육 참여율이 미국이 69.9%, 일본이 53.1%인데 비해 한국은 29.2%에 불과하다. 반면에 학업성취도가 탁월한 학생의 사교육 참여율은 미국이 17.9%, 일본이 45.1%지만 한국은 83.7%에 달해 월등히 높다. 이것은 한국에서는 공부를 잘하는 학생일수록 대학입학을 위한 사교육 의존도가 높다는 뜻이다.

사교육비를 감당하기도 어렵지만 생활비가 모자라니 저마다 공돈 생길 일이 없나 하고 눈을 두리번거린다. 이것은 공공분야나 민간분야나 마찬가지다. 그 까닭에 한국사회의 부패원인을 과중한 교육비에서도 찾을 수 있다. 그런가 하면 과외비를 충당하려고 돈벌이에 나서는 주부들이 늘고 있다. 자녀교육을 뒷바라지하기 위해 파출부, 보모, 보험설계사, 우유배달, 신문배달을 마다하지 않는다.

가계가 이렇게 과중한 교육비를 부담해서는 국가가 발전역량을 발휘할 수 없다. 출산율 저하의 첫째 원인은 교육비 부담이다. 출산율 저하에 따른 노동력 감소는 내수성장을 둔화시키고 나아가 경제규모를 축소시킨다. 맞벌이를 해도 자녀 교육비를 대기 어려우니까 출산을 기피한다. 사교육비를 대다보면 내 집 마련도 어려워지고 문화여가생활을 포기해야 한다.

거기에 그치지 않고 빚을 내서 가계를 꾸려야 한다. 웬만한 가정은 자녀 둘만 대학교육을 시키고 나면 빈털터리가 되고 만다. 노후를 위한 저축은커녕 빚에 눌려 사는 형편이라 집마저 처분해야 할 처지다. 학벌이 출세를 보장하는 망국병이 중산층을 파괴하고 사회를 빈곤화시키는 한편 부패구조를 심화시킨다.

그런데 지난 반세기 동안 귀에 못이 박히도록 교육개혁이란 말을 들어왔지만 교재, 교복, 앨범, 수학여행 따위를 둘러싼 리베이트니 뒷돈거래니 하는 잡음조차 그치지 않는다. 이것은 공교육을 정상화하려는 정책적 의지가 없다는 뜻이다. 작더라도 학부모 부담을 줄여주도록 노력해야 한다.

국가적으로도 실질소득 감소에 따른 소비부진으로 내수산업이 진작되지 않는다. 교육관련산업은 경제적 파급효과가 미약하다. 조기유학-해외연수는 국제수지를 악화시킨다. 저축률 저하는 자본축적의 감소로 인해 성장둔화의 요인으로 작용한다.

무엇보다도 중산층을 붕괴시켜 사회 양극화를 촉진하다. 가계저축률이 1988년에만 해도 25.2%로 세계 1위였는데 2000년 들어 급격한 하락세를 나타내고 있다. 2010년 3.2%로 OECD 국가 중에서 최하위권을 나타낼 전망이었다.

그런데 이명박 정권이 자율과 경쟁의 교육정책을 주창하면서 사교육이 더욱 번창하고 있다. 강남 학원의 증가와 사교육 사업의 팽창이 그것을 말한다. 대형학원은 이미 학원이 아니고 기업 수준이며 주식시장에 상장된 사교육업체만도 18개나 된다.

공교육에 대한 투자확대를 통해 공교육을 정상화시켜야 한다. 역대정권의 경쟁위주의 교육정책은 중산층을 붕괴시키는 빈민화 정책이며 국가경제의 성장동력을 잠식하는 빈국화 정책이다.

핀란드 국가교육청장을 지낸 에르끼 아호는 경쟁력은 좋은 시민이 된 다음의 일이라고 역설했다. 학교는 훌륭한 시민이 되기 위한 교양을 가르치는 과정이라는 의미일 것이다. 핀란드는 이 같은 교육철학을 바탕에 둔 까닭에 학교에서는 등수 대신 각자의 수준에 맞게 설정된 목표를 얼마나 달성했는지를 성적표에 표시한다. 또 하위권 성적의 학생들에게는 예산을 1.5배 책정한다. 핀란드가 교육대국으로 평가받는 이유이다.

이에 비해 한국의 교육현실은 어떠한가? 정권이 바뀔 때 마다 교육정책에 손을 댔지만 번번이 실패로 끝나고 말았다. 교육에 대한 확고한 철학도 없이 자본-시장논리에 근거한 경쟁력과 효율성을 강조했기 때문이다. 그 결과 입시정책의 잦은 변화에 따라 공교육은 붕괴적 위기에, 사교육은 폭발적 성장으로 이어지고 있다.

입시정책의 빈번한 변화는 학부모와 학생을 불안과 혼란에 빠뜨린다. 반면에 돈 냄새를 동물적 후각으로 맡는 사교육 업체들은 정책변화에 민첩하게 적응해 급속한 성장세를 키워왔다. 지금처럼 대학입시제도가 복잡하고, 자주 바뀌는 상황에서는 공교육은 사교육을 도저히 이길 수 없다. 예산과 인력이 제한된 공교육으로서는 수시로 바뀌는 입시제도를 따라가기 어렵다. 이와 달리 사교육은 시장변화에 즉각적으로 대응해 학생특성에 맞춰 서비스를 제공하기 때문이다.

차기 대통령은 교육이야말로 국가의 백년대계라는 확고한 가치를 국민에게 제시하고, 이를 뒷받침하는 제도를 마련해야 한다. 그 핵심은 보편적 가치를 토대로 계층 이동을 자유롭게 하는 교육이 되어야 국민에게 희망을 줄 수 있다. 부모의 경제력에 따라 자식의 학교가 결정되어 계층이 세습화하는 사회는 미래가 어둡다. 경제민주화는 교육 바로 세우기에서부터 출발해야 한다.


## 식량주권 포기한 FTA, 농촌은 통곡한다

최근 몇 년 새 겨울이면 살을 에듯이 춥기도 했지만 눈도 엄청나게 많이 내렸다. 비닐하우스 작물이 얼어서 죽거나 폭설로 비닐하우스가 주저앉아 농사를 망쳤다. 2008년에는 겨울 내내 구제역이 번진다고 자식새끼처럼 애지중지 기르던 소, 돼지를 생매장하느라 지쳤는데 조류 인플루엔자까지 번져 닭, 오리를 산채로 파묻었다. 짐승조차 살기 어려운 땅이 되고 말았다.

그 농촌에 봄이 찾아 와도 무엇을 심어야 먹고 살지 막막하다. 쌀

농사는 흉년이 들어도  쌀값이 오히려 떨어져 벼농사를 지어야 할지 말지 망설여진다. 게다가 땅속에 파묻은 가축사체의 핏물이 지하수에 베어나 물도 못 마실 판이 되지 않나싶어 걱정이 태산이었다. 그런데 농촌, 농민을 하대하는 집권세력의 입놀림이 가슴을 미어지게 한다.

2009년 한 때 배추 값이 금값이라고 야단이었다. 전년에 이어 그 해 봄에도 배추파동이 일어났다. 2008년 11월에만 해도 10kg(3포기)에 6,500원까지 떨어졌던 배추 값이 그 즈음 1만6,500원으로 뛰었다. 개학과 더불어 학교급식 수요가 늘어나면 2만원까지 오를 기세였다.

2008년 가을 배추파동이 일어나 농가마다 재배면적을 늘렸건만 그 꼴이 됐다. 배추가 한파로 냉해를 입은 데다 폭설로 눈에 파묻혀 얼어 버리고 누렇게 썩었기 때문이었다. 배추가 흉작인데 무, 상추, 양배추인들 성할 리 없었다. 값이 아무리 올라봤자 농촌에는 아무 소용이 없었다. 팔래도 팔 게 없는 형편이었기 때문이다.

국토해양부 자료에 따르면 4대강 하천부지 전체규모는 5,425만 3,000㎡이다. 이곳에 주로 감자, 참외, 오이, 수박, 토마토, 파, 배추, 무 등 밭작물을 재배해 인근도시에 팔았다. 그런데 4대강 사업을 한답시고 밭작물을 키우던 하천부지를 마구 파헤쳤다. 4대강 주변 농지에 준설토를 산더미처럼 쌓아 놓았으니 그 만큼 재배면적이 줄어들었다.

이명박 정권 들어 걸핏하면 배추파동, 채소파동이 일어난 것은 그 때문이다. 신선 채소류는 저장성이 낮아 공급이 10%만 달려도 가격 파동이 일어나기 마련이니 당연한 일이다. 하천부지에 엽채류, 근채류, 양념류를 길러서 먹고 살던 농민들이 농사를 지으려고 해도 땅이 없어졌으니 손을 놓을 판이다.

국제곡물가격이 2008년 하반기 이후 가파른 상승세를 보였다. 이상기후로 인해 수확량이 감소한 탓이었다. 2008년 국내 쌀농사도 흉년이 들었는데 오히려 쌀값이 떨어지는 추세였다. 그 해 쌀 수확량이 폭풍, 호우, 일조량 부족으로 429만t에 불과했다. 이것은 1980년의 330만t 이후 가장 적은 물량이다. 그런데 쌀값이 하락세를 나타냈다. 쌀만 빼고 모든 생활물가가 뛰는 꼴이었다.

재고미가 남아돌기 때문이다. 2009년 3월 1일 쌀 재고량은 150만 9,000t으로 1994년 이래 가장 많은 규모이었다. 이것은 적정 재고량 72만t에 비해 2배 이상 많은 물량이었다. 이러니 2009년도 쌀농사를 지어봤자 쌀값을 제대로 받기는 틀렸던 것이다. 그래도 쌀농사 말고는 달리 지을 농사가 없으니 안타깝게도 농민들은 또 논으로 나갔다.

2010년 가을 구제역이란 날벼락이 내려친 농촌은 그 옛날의 그 곳이 아니었다. 가축이란 가축은 떼죽음을 당해 옛 모습은 온 데 간 데 없고 삭막하기 그지없었다. 구제역을 옮긴다고 주민들이 발길을 끊어 마을회관조차 설렁했다. 마을버스도 찾지 않았다. 그 때까지 전국적으로 생매장한 가축수가 무려 339만3,200마리나 되었다.

소 15만 마리, 돼지 323만2,000마리, 사슴 등 기타 1만1,200마리다. 닭, 오리도 540만 마리나 언 땅에 파묻었다. 경기도의 경우 전체 돼지의 72%를 생매장했다. 1,040개 농가가 키우던 돼지 165만3,000마리를 산채로 땅에 묻었던 것이다. 경기도내에서도 이천은 한우의 12.6%, 젖소의 25.1%, 돼지의 98.8%를 생매장했다. 단군 이래 최대의 구제역 재앙이었다.

당시 민주당이 공개한 자료에 따르면 2011년 3월 1일 현재 가축 매장지가 전국적으로 4,671곳이며 이 가운데 경기도가 2,042곳, 강원도가 445곳으로 전체의 절반을 차지했다. 비닐 한두 장을 깔고 가축을 생매장하고 그나마도 제대로 처리하지 않은 곳이 많았다.

당장 해빙기가 오면 가축의 사체가 썩으면서 생기는 가스의 압력으로 침출수가 새어나오고 악취가 풍기기 마련이었다. 봄이 채 오기도 전에 핏빛으로 물든 침출수가 흘러나오는 곳도 적지 않았다. 비가 오면 매장지가 무너지고 핏물이 지하수로 스며들고 하천으로 흘러가 식수원을 오염시킬 게 뻔했다. 지하수를 식수로 쓰는 마을에서는 식수공포에 시달리고 있었다.

농촌경제연구원의 자료를 보더라도 구제역 피해가 엄청났다. 일자리 4만7,000개나 사라질 판이었다. 축산업은 3만1,713개의 일자리가 없어질 만큼 직격탄을 맞았다. 그 타격은 연관산업에도 파급영향을 미쳐 도-소매 유통업 4,487개, 볏짚사료 3,407개, 운송업 1,501개, 사료업 1,226개 등의 고용감소가 생긴다는 것이었다.

사육단계는 물론이고 사료생산-공급과 관련한 분야, 그리고 도축 이후의 유통단계에서 일자리가 무더기로 없어진다는 소리였다. 축산업의 생산감소에 따라 국민경제에 미치는 생산유발 감소액이 4

조원대에 이른다는 전망이었다.

2009년 현재 축산업은 농림업 생산성의 38.3%를 차지했다. 그런데 종축種畜마저 생매장해 버렸으니 축산기반의 붕괴가 우려되는 상황이었다. 돼지의 경우 전국 종돈장 22곳, 돼지인공수정센터 2곳에서 17만4,800마리를 생매장했다. 씨가 마를 판이었다. 1997년 3월 대만에서도 구제역이 발생해 축산기반이 거의 무너지다시피 했다.

전체 돼지사육두수 1,068만 마리 가운데 40% 가까운 385만 마리를 생매장해 41조원 상당의 피해를 본 바 있다. 그 후 10년 이상 지났지만 대만은 아직도 축산기반이 회복되지 않았다. 대만의 사태가 남의 일이 아니었다. 이런 실정인데 외국산 육류수입이 급증했으니 축산기반의 완전한 회복은 기대하기 어려웠다.

그런데 구제역 파동을 틈타서 미국산 육류수입이 급증했다. 관세청 자료에 따르면 2009년 1월중 미국산 냉동 쇠고기가 1만580t, 5,277만9,000달러 어치 수입됐다. 이것은 구제역 파동 직전인 2010년 11월의 7,505t에 비해 40.97%나 증가한 것이다.

또 미국산 돼지고기는 1만261t, 2,628만달러 어치 수입됐다. 이것은 2010년 11월의 4,717t에 비해 무려 153.96%나 늘어난 것이었다. 이에 따라 미국산 쇠고기 수입실적이 광우병 반대 촛불시위 이후 처음으로 호주산을 제치고 1위로, 돼지고기도 미국산이 캐나다산을 밀어내고 1위로 올라섰다.

식량자급률이 25%수준인데 축산기반마저 붕괴위기에 처했다. 이런 상황인데 아무런 농업대책도 없이 이명박 정권은 전방위 FTA자유무역협정을 추진하고 있었다. 미국은 곡물과 육류를 포함해 세계최대의 식량수출국이다. 프랑스, 독일, 영국은 공업국이기 이전에 농업국이다. 호주도 대표적인 농업-축산국이다.

미국과의 FTA가 농민들의 극열한 반대에도 불구하고 발효되었다. 이에 앞서 유럽의회는 2009년 2월 17일 한-유럽연합 FTA 동의안을 처리했다. 호주와는 빠른 시일내에 FTA를 타결한다고 양국이 이미 합의한 상태였다. 한-미, 한-유럽연합에 이어 한-호주 FTA, 한-중국 FTA가 체결되면 값싼 수입 농축산물에 밀려 한국농업은 고사 위기에 처할 게 너무나 자명하다.

그런데 집권세력의 입놀림이 가관이었다. 2010년 구제역 파동 당시 농림수산식품부 장관 유정복과 한나라당 원내대표 김무성은 과학적 근거도 없이 구제역을 베트남에 다녀온 농민 탓으로 돌렸다. 한나라당 구제역대책특별위원장을 맡고 있던 최고위원 정운천은 침출수를 아무 것도 아니라는 듯이 퇴비로 활용하면 된다고 내뱉었다.

그는 농림수산식품부 장관으로서 미국산 쇠고기 수입확대에 앞장섰던 인사이다. 침출수는 가축사체의 썩은 물에다 석회, 살균제, 진정제, 병원균이 뒤범벅되어 독성물질에 가깝다는 사실을 알고나 한 말인지 모르겠다.

한국과 같은 좁은 국토에서는 축산업은 장려할 산업이 아니라는 것이 한나라당 원내대표 김무성의 말이었다. 세계최대의 돼지고기 수출국인 덴마크의 면적은 한반도의 1/5 밖에 안 된다는 사실을 알았는지 모르겠다. "다방농민이란 말이 있다. 모럴 해저드도덕적 해이를 어떻게 할 것인가, 투자했더니 그 돈이 엉뚱한 데로 갔다고 하더라" 한-미 FTA를 주도한 통상교섭본부장 김종훈의 말이었다.

"경찰이 백날 도둑을 지키면 뭐하나? 집주인이 도둑 잡을 마음이 없다"며 당시 기획재정부 장관 윤증현이 농민의 도덕적 해이를 질타했다. 정부의 농업지원금을 말하는지 정부보상금을 말하는지 몰라도 자금집행에 문제가 있다면 그것을 바로 잡는 것은 정부의 책임이다. 농민의 책임이 아니다.

정치적-경제적 강대국치고 농업국이 아닌 나라는 없다. 강대국들이 정부보조금을 통해 농업을 육성하는 이유는 식량을 다른 나라에 의존해서는 강대국이 될 수 없기 때문이다. 중국이 식량자급을 위해 농업발달에 매진하는 까닭도 바로 그것이다. 1989년 공산주의 붕괴의 근본원인도 식량난이었다.

식량자급률이 25%에 불과한 나라에서 식량은 남의 나라 농민에게 맡겨 수입해서 먹는 게 싸다고 떠벌린다. 집권세력이 농업포기-농민천시의 심각성을 망각하고 그 같은 발언의 무책임성을 예사로 아니 국가장래가 암울하다. 그들의 천박한 국가관-농업관에서 식량안보의 중요성에 관한 인식을 찾아볼 수 없다.

이상기후로 인해 세계적 식량파동이 현실로 다가오고 있다. 당장 2012년 때 이른 불볕더위가 기승을 부리는데 104년만에 가뭄이 들어 논밭이 쩍쩍 갈라져 대흉년을 예고하고 있다. 기후변화에 따라 식량위기가 언제든지 올 수 있다는 경고이다.

## 사상최대의 빈부격차, 주말 거리는 좌판행렬

지구촌을 강타한 2008년 9월 미국발 세계적 경제위기가 아직도 그 꼬리를 드러내지 않고 있다. 하지만 한국의 부유층은 처음부터 그 사정권에서 벗어나 무풍지대에 사는 느낌이다. 서울 강남에 몰렸다던 외제 승용차가 지방도시로 빠르게 보급되고 있다. 세계유명상표 매장으로 탈바꿈한 백화점은 대중품을 취급하는 대형매장과는 달리 판매가 늘고 있다.

부유층이 찾는 술집, 밥집, 골프장 등은 불황을 모른다. 이와 달리 빈곤층의 그늘은 갈수록 짙어진다. 황학동 벼룩시장이 동대문 운동장으로 옮겼으나 2008년 그곳이 헐리면서 다시 신설동 풍물시장으로 이전했다.

벼룩시장을 시설물로 집단화하면서 서울 시내에는 좌판시장이 한때 사라졌다. 그런데 이제는 주말이면 거리에 좌판을 펴고 잡동사니를 파는 행상들이 쏟아져 나온다. 주말이면 동대문에서 신설동까지 인도변을 따라 좌판 행렬이 이어진다. 신당역에서 청계천을 잇는 거리, 동묘 인근, 신설동 풍물시장 주변에도 커다란 좌판시장이 형성된다.

지난 몇 년 새 먹고 살기가 더 어려워지자 달라진 풍경이다. 더러 값깨나 나가는 물건도 있지만 주로 쓰다 버리거나 쓰다 남은 잡동사니를 판다. 다 팔아도 몇 만원, 몇 천원이 될까 말까싶다. 사는 사람보다 파는 사람이 더 많아 보인다. 그래도 하루 벌이를 하려고 여름날 뙤약볕이나 엄동설한에도 거리에서 손님을 기다린다.

정부통계를 보더라도 서민들의 절박한 삶이 그들을 거리로 내몰고 있음을 알만하다. 2009년 6월 자영업자가 1년 전에 비해 28만 7,000명이나 줄었다. 일손을 돕는 가족까지 합치면 34만7,000명이 일자리를 잃었다. 경기불황 탓도 크지만 유통재벌들이 기업형 슈퍼마켓을 통해 골목상권을 침탈하기 때문이다. 여기에다 2009년 5월 임시직 8만9,000명, 일용직 13만8,000명 감소하는 등 취약계층의 고용사정이 크게 악화됐다.

2009년 2/4분기 대학졸업 실업자가 34만3,000명으로 1년 전에 비해 6만4,000명이 늘어났다. 그 중 20대가 17만9,000명, 30대가 9만7,000명, 40대가 5만1,000명이다. 30, 40대의 상당수는 구조조정에 밀려 퇴직했을 가능성이 크다. 20대 실업자는 기업들이 신규인력 채용을 기피하면서 크게 증가한 탓이다. 취업난으로 인해 사실상 구직활동을 포기한 20대가 24만5,000명이나 되는데 이 또한 2008년에 비해 5만5,000명이나 늘어난 것이다.

비정규직법은 그냥 두면 큰 문제가 없었을 것이다. 기업의 능력에 따라 비정규직 노동자를 정규직으로 전환하면 그만이었다. 그런데 이명박 정권이 나서 100만명 해고대란설을 유포하면서 계약기간을 2년에서 4년으로 연장한다고 난리를 피운 바람에 고용시장을 더욱 악화시켰다. 그것도 고용안정에 힘써야할 공기업이 앞장섰다. 공기업 선진화 시책에 따라 인건비를 절감한다며 비정규직을 무더기로 해고했던 것이다. 해고가 선진화라니 고용안정을 기대하기 어려운 정권이다.

불황의 여파로 빈곤층의 삶이 더욱 궁핍해지고 있다. 2009년 1/4분기 하위 10%의 월평균 소득이 45만6,487원으로 2008년 동기에 비해 7만4328원이나 줄었다. 그 중 절반 가까운 20만원은 정부 등에서 나온 지원금인데 그나마 2008년보다 3만7,097원이나 준 것이다. 일해서 번 돈은 고작 13만5,000원에 불과했다. 반면에 지출은 2008년보다 10만1,109원이 감소했지만 126만6,478원이나 되어 심각한 적자를 나타냈다.

도시노동자의 소득격차도 갈수록 벌어진다. 2009년 1/4분기 상위 10%의 월평균 소득은 1,023만7,410원으로 2008년 같은 기간에 비해 3.4% 증가했다. 반면에 하위 10%의 소득은 95만9,338원으로 오히려 9.7%나 감소했다. 이에 따라 상위 10%와 하위 10%의 소득격차는 2008년의 9.32배에서 사상최대인 10.67배로 더욱 벌어졌다. 감세혜택이 주로 고소득층에 돌아갔기 때문이다.

자영업 폐업과 대량해고로 인해 가계가 무너진다. 법원의 개인파산 심사가 까다로워졌지만 2009년 들어 신청건수가 높은 증가세를 나타났다. 1월 7,928건, 2월 9,132건, 3월 1만892건 등이었다. 신용회복위원회에 신청한 금융기관 개인채무조정도 급증세를 보였다. 3개월 이상 연체로 인한 신청이 2009년 1/4분기에 2만4,004건이나 되었다. 이것은 2008년 같은 기간에 비해 55%나 늘어난 것이다.

빈부격차를 나타내는 지니계수가 2008년 0.325로 1990년 조사를 시작한 이래 최고치를 나타냈다. 취약계층에 대한 재정지출은 소득 재분배의 기능을 갖는다. 그런데 재정지출을 줄였으니 2009년에는 그 격차가 더욱 벌어졌을 것이다. 입으로만 아무리 민생을 외쳐봤자 소용이 없다. 정책방향을 바꾸어야 한다. 사회안전망을 확충하고 비정규직을 축소하고 세제도 역진성<sup>逆進性</sup>을 완화하는 방향으로 간접세제를 고쳐야 한다.

## 시한폭탄 가계부채 1,000조원 허리가 휜다

가계부채 1,000조원이 언제 폭발할지 모를 시한폭탄의 모습으로 다가오고 있다. 2012년 들어 유로존 재정위기가 고조되면서 세계경제가 침체국면에 빠졌다. 주택거래가 끊겨 주택담보대출의 연체율이 가파른 상승세를 보이고 있다. 경기침체가 가속화하면서 은행 빚을 낸 자영업자들의 상환능력도 빠르게 떨어지고 있다. 생활에 쪼들린 일반 대출자들도 은행 빚을 갚을 길이 막막하다. 당장은 빚을 내서 은행 빚을 갚지만 언제까지 갈지 모를 일이다.

이명박 정권 들어 가계부채가 급증하고 있다. 2011년말 가계부채가 912조8,810억원에 달했다. 2007년의 665조2,950억원에 비해 4년간 무려 37.2%인 247조5860억원이나 증가한 것이다. 빚 갚을 능력을 보여주는 가처분소득 대비 금융부채비율이 2010년 103.4%에서 2011년에는 109.6%로 1년 새 6.2%p나 높아졌다.

가계부채나 다름없는 자영업자 대출잔액이 2011년말 102조8,000억원에 달했다. 사실상 가계부채가 1,000조원을 넘어섰다는 뜻이다. 은행 빚에 몰려 비은행 금융회사에서 고리의 빚을 조달하는 바람에 제2금융권 대출이 급증하고 있다. 적금-보험 해지도 부쩍 늘어나고 있다. 생명보험의 경우 매달 50만명이 2개월 이상 연체하거나 계약을 해지하는 형편이다.

가계부채의 1/3을 차지하는 주택담보대출이 뇌관이다. 2012년 1/4분기 주택담보대출은 306조5,000억원에 이른다. 이 중에서 원금을 갚지 않고 이자만 내는 대출이 전체의 76.8%인 235조4000억원에 달한다. 그런데 또 이 중에서 42%에 해당하는 128조원이 분할상환대출의 거치기간이 끝나거나 일시상환대출의 만기가 돌아오고 있다. 늦어도 2013년부터는 이자와 함께 원금을 갚거나 원금을 일시에 상환해야 한다는 뜻이다. 물가는 뛰고 소득은 줄고 실업이 늘어나니 연체율이 더욱 높아질 판이다.

통계청의 '2011년 가계금융조사'를 분석한 자료에 따르면 이자만 내던 가구가 원금상환에 들어가면 소득 중에서 원리금 상환에 쓰이는 비율이 평균 49.1%에 달한다. 원금을 갚기 시작하면 번 돈의 절반은 은행 빚 갚는 데 써야한다는 뜻이다.

2012년 5월 은행의 주택담보대출 연체율이 0.85%로 4월보다 0.06%p나 뛰어올랐다. 이것은 5개월 연속 오른 것으로 2006년 10월의 0.94% 이후 5년 7개월 만에 최고치다. 앞으로 연체율이 가파른 상승세를 보일 것을 예고한 것이다.

주택담보대출의 불씨는 집단대출이다. 집단대출은 은행이 신규아파트의 입주자들을 상대로 분양가의 일정액을 융자해 주는 것을 말한다. 상당수가 투자이득을 노렸기 때문에 집값이 떨어지거나 팔리지 않으면 연체위험이 커지기 마련이다.

그 집단대출이 2012년 4월 102조원으로 주택담보대출의 33.5%에 이른다. 2012년 5월 연체율이 전체 주택담보대출의 2배나 되는 1.71%이다. 집단대출 아파트의 분양가가 주변 시세보다 30% 이상 높은 아파트가 58.7%나 되어 연체급증이 우려된다.

가계부채의 또 다른 뇌관은 자영업자이다. 한국금융연구원은 자영업자 부채를 전체 가계부채의 1/3 수준인 320억원으로 추산한다. 심각한 문제는 생계형 자영업자가 많다는 점이다. 자영업자는 2011년말 560만명에 달했다. 그 중에서 179만명이 소득수준 하위 20%에 해당하는 생계형 자영업자이다.

삼성경제연구소에 따르면 2009년 생계형 자영업 종사자의 개인소득은 707만5,000원에 불과하다. 빚 갚을 여력이 없다는 뜻이나 다름없다. 하지만 금융당국은 대책은커녕 실태도 파악하지 못하고 있는 실정이다.

가계부채 구조가 50대 이상 고연령화하는 문제도 심각하다. 그 비율이 2011년말 46.4%로 2003년의 33.2%보다 13.2%p나 높아졌다. 이것은 같은 기간 50대 이상 인구비율 증가폭 8.0%보다 훨씬 높다. 이들은 대부분이 2005~2007년 부동산 투기가 극성을 부리던 시기에 아파트를 비싸게 사서 은행에 담보로 맡기고 대출을 받았다. 집값이 떨어지는 가운데 퇴직시기가 앞당겨져 상환능력이 위태로워졌다는 점이 심각하다.

이보다 더 위험한 문제는 3군데 이상 금융회사에 빚을 진 다중채

무자가 182만명으로 4년 새 30만명 이상 늘어났다는 점이다. 2012년 4월 연체율이 4.15%로서 2010년의 2.41%에 비해 2배 가까이 높아졌다. 이것은 전체 주택담보대출 연체율에 비해 무려 4.9배나 높은 것으로 이미 위험신호를 울리고 있다. 다중채무자의 연체는 전체 금융계에 연쇄반응을 일으킨다는 점에서 그 충격파가 심각하게 우려된다.

부동산 투기의 후유증이 스페인 경제를 삼켰다. 일본의 '잃어버린 10년'도 미국의 '서브프라임 모기지<sup>비우량주택담보대출</sup>' 사태도 부동산 값 폭락이 도화선이 되었다. 스페인 사태가 강 건너의 불이 아니다. 많은 국민들이 은행 빚에 눌려 신음하고 있으나 이명박 정권 말기와 맞물려 위기관리능력이 보이지 않는다.


## 경제민주화 실패의 역사를 되돌아보자

1987년 체제 이후 25년간은 경제민주화 실패의 역사이다. 헌법 119조 2항은 경제민주화를 분명히 규정하고 있다. 그런데 집권세력이 정책적 기반이 미약하다보니 이 나라에서 가장 보수적 세력인 관료집단에 의존해왔다. 관료집단은 속성상 지위와 권한에 변동을 가져오는 변화를 거부한다.

개혁의 객체를 개혁의 주체로 삼으니 기득권층 위주의 경제－사회 질서가 더욱 공고해질 수 밖에 없다. 그 바람에 역대정권이 시장주의와 규제완화에 근거한 신자유주의를 경제발전의 묘약처럼 신봉하여 정권이 아무리 바뀌더라도 정책방향에는 대차가 없다.

정치군벌이 무력으로 정권을 장악하는 데는 성공했지만 국가경영에는 무지했다. 그 까닭에 정치군벌은 관료집단을 차용세력으로 발탁하여 그들의 경험과 지식을 국가운영에 활용했다. 결국 관료집단이 이 나라에서 가장 막강한 영향력을 행사하는 거대한 세력으로 자리 잡았다.

6월 항쟁 이후 5년 주기로 집권세력이 바뀌지만 정책기능을 창출할 능력이 없다보니 군사정권의 전철을 그대로 답습하고 있다. 그 결과 관료집단의 권한이 극도로 강화되어 전형적인 행정국가에서나 볼 수 있는 '보이지 않는 정당 invisible party'로 군림하고 있다.

선거에 의해 집권세력이 바뀌지만 최후의 권력을 장악하는 세력은 바로 관료집단이다. 5년마다 선거에 의해 집권정당은 바뀌지만 실질적인 집권세력인 관료집단은 바뀌지 않는다. 집권정당은 5년 유한의 권력이지만 관료집단은 영원한 집권세력이다. 그 까닭에 1987년 체제 이후 25년간 어떠한 정책실패에 대해서도 관료집단은 책임진 적이 없다.

IMF 사태로 국가경제가 파탄 난 상황에서도 관료집단은 무풍지대에서 경제경찰의 모습을 하고 그 권세를 자랑했다. 그 고통과 시련은 고스란히 국민의 몫으로 떠넘기고 말았다. 그 상당한 원인은 국회에 있다. 한국정당은 기본적으로 정책기능이 없기 때문에 국회가 감시-견제기능을 포기한 상태나 다름없다.

규제완화와 정부조직은 표리관계에 있다. 지난 25년간 역대정권이 지속적으로 규제완화를 추진해왔다. 그 대상은 주로 사회적-경제적 약자를 보호하기 위한 규제이다. 규제완화를 통해 정부개입이 축소되었다면 정부조직도 그 만큼 축소되어야 한다.

그런데 정부조직은 오히려 비대해졌다. 행정조직에 비용개념이 도입되지 않았다는 뜻이나 다름없다. 방만한 조직운영에서 발생하는 예산낭비에 대해 사회적으로 논의된 적조차 없다. 그러니 관료사회에는 부처이기주의가 득세하고 무사안일주의와 보신주의가 팽배하여 정책실패에 대한 책임의식이 없다.

경제민주화가 시대정신으로 떠올랐다. 이것은 계층-지역-부문 간의 발전격차를 그냥 두고서는 국가가 발전역량을 발휘할 수 없는 임계점에 달했다는 뜻을 말한다. 한국사회가 지닌 최대의 난제인 양극화의 간극을 좁히기 위해서는 과거정권의 정책실패를 되돌아보는 지혜가 소중하다.

# 제2장

군벌독재 절반의 종식

# 김영삼-김대중의 분열과 협력

## 영구집권 노린 박정희의 마지막 선거

1971년 대통령 선거는 정치사적으로 중요한 의미를 갖는다. 여촌야도라는 투표행태에도 불구하고 후보자의 연고지역에 따라 지지도가 집중되는 현상을 나타냈다. 지역적 대립구도의 시발점이 되었다는 뜻이다. 또 정황적으로 판단하면 조직적인 관권선거-금권선거임에도 불구하고 박빙의 표차를 나타냈다.

이것은 당선자 박정희가 확고한 장기집권체제인 유신체제를 도입하는 계기가 되었다. 선거를 통해서는 장기집권을 획책하기 어렵다고 판단했던 것이다. 또한 중요한 점은 양김체제의 출발점이라는 의미를 갖는다. 정치적 경쟁자이자 협력자인 김영삼-김대중을 거점으로 하는 정치체제는 민주화 투쟁의 중심축인 동시에 영남-호남이란 지역적 대립구조의 고착점이 되었다.

1960년 3·15 부정선거에 항거하여 일어난 4·19 혁명에 따라 그 해 8월 장면 내각이 출범했다. 자유당 독재체제에 의해 억압됐던 혁명적 열기는 장면 내각 출범 이후 민주화의 욕구로 분출됐다. 집권 9개월간 시위는 하루도 멈출 줄 몰랐고 급기야 대학생들에 의해 의사당이 점거되는 사태로까지 발생했다.

그런 상황임에도 불구하고 집권당인 민주당은 신·구파의 갈등이 증폭되면서 결국 분당사태로까지 갔고 이에 따라 정치불안이 더욱 고조됐다. 이 같은 사회적 혼란을 빌미로 1961년 5월 16일 박정희 일당이 주도한 군부 쿠데타에 의해 장면 정권이 붕괴하고 말았다. 박정희 일당은 대의민주주의를 부정하고 국가재건최고회의를 설치하여 직접 군사통치를 실시했다.

박정희는 민정이양이란 약속을 파기하고 군정연장을 획책했다. 하지만 국내의 반대여론도 만만찮았고 미국의 반대가 크자 포기했다. 그 대신 헌법개정을 추진했다. 1962년 12월 17일 권력구조를 내각책임제에서 대통령 중심제로 바꾸는 헌법개정을 국민투표를 통해 확정한 것이다. 이 헌법에 따라 세 차례의 대통령 선거가 실시됐다.

1963년 10월 15일 5대 대통령 선거에서 박정희는 윤보선에게 불과 15만여 표차로 당선되었다. 윤보선의 패인은 야권의 후보난립이었다. 다른 야권 후보의 득표가 83만여표에 달했다는 점이 그것을 말한다. 박정희가 대도시에서는 패배했지만 농촌에서는 압도적 지지를 얻었다. 이른바 여촌야도란 투표행태다. 이것은 행정력을 동원한 조직적인 관권선거이자 대대적으로 선거자금을 살포한 금권선거임을 말하는 대목이다.

1967년 5월 3일 실시된 6대 대통령 선거 역시 박정희와 윤보선의 대결이었다. 4년전에 비해 박정희가 약진한 선거였다. 박정희와 윤보선과의 표차가 1963년 15만여표에서 1967년 116만여표로 늘어났다. 또한 박정희의 지지율이 대도시에서 크게 상승했다. 4년 전에 비해 서울이 30.2%에서 45.2%로, 부산이 48.2%에서 64.2%로 크게 증가했다.

박정희는 광주, 전주, 수원을 제외한 전 도청소재지에서 승리했다. 1963년의 여촌야도와는 다른 양상을 나타낸 것이다. 경제성장에 따른 도시지역의 소득증대가 작용한 측면이 크다. 또한 야권분열에 따른 반작용도 큰 요인이었다. 이 선거도 관권선거-금권선거가 횡행했음은 말할 나위가 없다.


## 숙명의 대결 40대 기수론

박정희는 7대 국회의원 선거가 끝난 지 일주일만인 1967년 6월 16일 특별담화를 통해 선거의 타락상에 대해 정부도 분개하고 규탄한다고 밝혔다. 박정희는 선거부정을 이유로 공화당 당선자 8명을 제명하고 관련 공무원을 직위해제했다. 비판여론을 희석하고 민심을 수습하려는 의도이지만 부정선거를 사실상 인정한 대목이다.

재집권 2년차에 들어서자 박정희는 장기집권의 마각을 드러내기 시작했다. 그것은 대통령 3선연임 개헌이었다. 헌법 제69조 3항의

김영삼 의원이 '40대 기수론'을 제창하며 신민당 대통령 후보 출마를 선언하고 있다. (1969. 11. 8)

'대통령은 1차에 한하여 중임할 수 있다'는 조항을 '대통령의 계속 재임은 3기에 한한다'로 바꾸겠다는 것이었다. 이승만의 3선 개헌 악몽을 떠올려 반발은 즉각적이었고 전국적이었다. 대규모 학생시위가 일어났고 제헌절인 7월 17일에는 '3선개헌반대 투쟁위원회'가 결성되었다.

반대운동이 확산되자 1969년 9월 14일 공화당은 대통령 3선연임 헌법개정안을 날치기했다. 새벽 2시 회의장소를 국회 본회의장에서 국회 제3별관으로 옮기고 이 사실을 야당 의원들에게는 통고조차 하지 않고 불법적인 통과절차를 밟았던 것이다. 이 개헌안은 또한 대통령 탄핵 발의와 통과에 필요한 정족수를 각각 국회의원 50인, 전체의원의 2/3로 늘렸다.

이 개헌안은 1969년 10월 17일 국민투표에 부쳐졌다. 공화당은 '안정이냐 혼란이냐' 로 지지를 호소했고 야당인 신민당은 '장기집권을 막아야 한다' 로 반대운동을 펴며 국민을 설득했다. 결과는 찬성률 65.1%의 통과였다. 투표율은 77.1%였다. 반대운동에도 불구하고 높은 투표율을 나타낸 것은 조직적인 관권개입 때문이었다. 국민투표 반대는 곧 반정부활동으로 몰릴 만큼 공포분위기가 팽배했었다.

당시 야당인 신민당은 재야세력과 합세해 3선개헌 저지투쟁을 벌였으나 무위로 끝나고 말았다. 국민투표를 통해 개헌안이 확정되자 신민당은 전열을 가다듬고 1971년 예정된 대통령 선거와 국회의원 선거에 참여하는 방침을 굳혔다. 원내총무였던 40대 초반의 김영삼이 예상을 깨고 대통령 선거 출마를 선언하고 나섰다. 이른바 '40대 기수론' 의 서막이었다. 신민당 당수 유진산은 젖비린내 난다는 뜻의 '구상유취 口尙乳臭' 란 한마디로 애써 무시했다.

그러나 김대중, 이철승이 가세함으로서 40대 기수론은 현실화되었다. 김영삼이 유진산의 공개적인 지지를 이끌어냄으로서 그의 승리가 점쳐졌다. 하지만 정일형의 지지를 등에 업은 김대중이 1차 투표에서 김영삼의 과반득표를 저지함으로써 2차 투표 진출에 성공했다. 김대중은 결선투표에서 이철승 지지세력을 규합해 승리를 쟁취했다. 신민당이 김대중을 후보로 결정함으로써 운명적인 박정희와의 대결이 확정되었다. 이 사건은 장차 한국 정치사에서 양김의 분열과 협력 시대를 여는 분수령이 되었다.

1971년 4월 27일 실시된 대통령 선거에서 박정희는 김대중을 94

'40대 기수론'을 내세운 김영삼 후보를 극적으로 따돌리고 1970년 9월 29일 신민당 대통령 후보로 선출된 김대중 후보의 환호하는 모습

만표로 누르고 3선 연임에 성공했다. 하지만 서울, 부산 등 대도시에서 박정희의 득표율이 크게 하락했다. 1967년 대통령 선거 때 서울에서 45.2% 득표했지만 1971년에는 득표율이 40.0%로 떨어졌다. 부산에서는 64.2%에서 55.7%로 하락폭이 더 컸다.

이것은 상대적으로 소득-교육수준이 높은 계층의 3선 연임에 대한 거부반응을 나타낸 것으로 풀이된다. 또한 여촌야도의 투표성향이 옅어지면서 지역연고의 투표성향이 짙어지는 경향을 나타내기 시작했다.

박정희는 경북 75.6%, 경남 73.4%로 영남지역에서 압도적 지지를 얻었다. 하지만 호남지역에서는 전남 34.4%, 전북 35.5%로 지지율이 영남지역에 비해 절반 수준으로 떨어졌다. 반면에 김대중은 경북 23.3%, 경남 25.6%로 영남지역에서는 낮은 득표율을 얻었지만 전남 62.8%, 전북 62.55로 호남지역에서 높은 지지를 획득했다.

과거 선거에 비해 후보자의 연고지역에 따라 지방색이 더욱 뚜렷해져 호남 푸대접론이 상당히 주효했음 말해준다. 산업화 과정에서 호남지역이 상대적으로 소외되었고 그 불만이 투표성향으로 나타났던 것이다.

표면적으로는 박정희의 무난한 승리로 보였지만 3선 연임에 따른 후유증이 컸고 부정선거에 대한 시비 또한 그치지 않았다. 유세 중에 김대중은 3선 개헌을 박정희의 장기집권을 위한 음모라고 규정하고 맹렬하게 비난했다. 박정희가 영구집권을 목적으로 총통제를 획책할 것이라는 경고였다.

김대중은 이번에 정권교체를 이룩하지 못하면 이 대통령 선거가 마지막 선거가 될 것이라고 주장했다. 이듬해 박정희가 영구집권을 골격으로 하는 유신체제를 도입한 것을 보면 김대중이 박정희의 불순한 의도를 이미 파악하고 있었다는 판단이 가능하다.

대도시에서 박정희 지지율의 하락은 3선 개헌이라는 절차적 민주주의의 후퇴가 부른 민심이반이었다. 공약측면에서 보면 박정희는 '중단 없는 전진', '안정'을 역설했다. 그런데 김대중은 남북한의 비정치적 교류, 미국-소련-중국-일본 4대국의 안전보장, 향토예비군 폐지, 지방자치제 실시, 부유세-특별세 신설을 공약했다. 김대중은 이 공약으로 훗날 빨갱이 논쟁에 시달렸지만 오늘날 본다면 그의 혜안을 읽을 수 있다.

  신민당 일각에서는 그 해 5월 25일 실시될 예정이었던 국회의원 선거를 앞두고 대통령 선거 과정에 드러난 선거부정을 감안할 때 총선 참여는 무의미하다며 선거 자체를 거부하자는 주장이 제기되었다. 재야인사들도 이에 강력하게 동조했다. 김대중은 이에 동조하는 입장이었다. 대학생들은 교련반대 시위를 벌였으며 일부 학생들은 신민당사로 몰려가 총선거부를 요구하기도 했다. 하지만 신민당 지도부는 격론 끝에 선거참여를 최종적으로 결정했다.

  이 선거에서 공화당이 47.8%, 신민당이 43.5%를 득표하여 표차가 4.3%에 불과했다. 영남 후보, 호남 후보가 나왔던 대통령 선거와는 달리 지방색이 뚜렷하게 나타나지 않았다. 공화당과 신민당의 지역별 의석점유율도 큰 차이를 보이지 않았다.

  하지만 여촌야도의 현상은 분명하게 나타났다. 도시지역에서는 후보와의 연고성이 적다는 점에서 장기집권에 대한 우려가 표로 반영된 것이란 분석이 지배적이었다. 영구집권을 기도하던 박정희의 입장에서는 대선, 총선에서 나타난 투표성향이 국민의 참여를 봉쇄하는 유신체제의 도입을 결심하는 촉진제가 되었을 것이다.

# 유신체제 대이은 신군부의 등장

## 12·12 군사반란과 5·18 광주민주항쟁

1979년 10월 26일 박정희를 겨냥한 궁정동에서 울린 한 발의 총성은 종신 대통령제인 유신체제에 종언을 고하는 듯했다. 대통령 권한대행은 맡은 최규하는 이튿 날 제주도를 제외한 전국에 비상계엄령을 선포하고 육군참모총장 정승화를 계엄사령관에 임명했다. 이어 군은 정승화가 주축이 되어 정치적 중립을 선언하는 한편 합법적인 절차에 따른 정치일정을 고수하고 유신헌법을 폐기하기로 결정했다.

최규하는 과도정부임을 들어 대통령의 잔여임기를 채우지 않겠다고 천명했다. 조속한 시일 내에 국민여론을 수렴해서 헌법개정과 선거실시를 통해 평화적으로 정권을 이양하겠다고 밝혔던 것이다. 또한 1979년 12월 7일 대통령 긴급조치 9호를 해제하고 김대중을 포함한

68명의 긴급조치 위반자를 석방했다. 1980년 2월 29일에는 유신체제에 항거한 재야인사 687명에 대한 특별사면과 복권조치를 취했다.

한편 국회는 1979년 11월 26일 헌법개정 특별위원회를 여야의원 28명으로 구성하여 공청회를 개최하고 조문화 작업에 들어갔다. 공화당은 소장파 의원들을 중심으로 부패인사 척결을 요구하는 정풍운동을 전개했다. 신민당은 향후 대통령 선거에 나설 후보 단일화를 둘러싸고 김영삼과 김대중이 첨예한 대립양상을 보였다. 총재 김영삼은 당권을 장악하고 있는 상황에서 재야세력을 영입하여 신민당 중심으로 대통령 후보를 결정하자는 입장이었다.

김대중은 입장이 달랐다. 그는 신당을 만들어 후보로 나서는 것이 유리한다는 판단이었다. 그는 1972년 지병 치료차 일본으로 건너가 체류 중이었다. 10월 유신이 나자 귀국을 포기하고 해외에서 반유신 운동을 벌이고 있었다. 1973년 8월 8일 그가 일본 도쿄의 한 호텔에서 중앙정보부 요원에 의해 납치되어 서울로 압송되는 사건이 일어났다. 이른바 '김대중 납치사건'이다.

그 후 김대중은 가택연금 중이었고 1976년 3·1절 기념미사에서 구국선언(일명 명동사건)을 발표했다는 빌미로 대통령 긴급조치 9호 위반으로 구속되었고 이듬해 3월 진주교도소에 수감되었다. 박정희는 1978년 12월 그를 형집행정지로 석방하고 가택에 연금했다. 그러나 그는 1979년 3월 1일 '민주주의 민족통일을 위한 국민연합'을 결성하고 윤보선, 함석헌 등과 함께 공동의장을 맡았다.

한편 군부는 박정희 살해사건을 수습하는 과정에서 계엄사령관 정승화와 보안사령관 전두환 사이에 갈등이 표면화되기 시작했다. 전두환을 중심으로 하는 신군부는 1979년 12월 12일 최규하의 재가를 받지 않고 대규모의 병력을 동원해 정승화를 강제로 연행했다. 이른바 12·12 군사반란이다. 이 사건을 계기로 전두환은 군내부의 반대세력을 제거하고 군부를 완전히 장악했다. 언제든지 사회혼란을 빌미로 정치무대의 전면에 나설 태세를 갖추고 있었던 것이다.

대학가에서는 민주화 요구가 분출했다. 학생회가 부활되자 초기에는 재단비리 척결을 주장하는 등 학내 민주화를 요구하다 점차 정치적 양상을 띠기 시작했다. 당시 '안개정국'이란 표현처럼 군부가 말하는 정권이양은 신뢰성을 담보하지 못하고 있었다. 정국이 미묘하게 돌아가자 대학생들은 계엄령 해제, 군부의 정치개입 반대, 신속한 정권이양을 요구하기에 이르렀고 행동양상도 갈수록 과격해졌다.

석유파동의 후유증으로 물가 폭등세가 이어지자 생존권 보장을 요구하는 노동계의 농성, 파업도 속출했다. 정국의 혼란상이 군부에게 정치개입의 빌미를 줄까 우려한 김영삼과 김대중은 1980년 5월 16일 회합을 갖고 대학생들에게 자제를 호소했다.

신군부는 기다렸다는 듯이 5월 17일 비상계엄령을 전국으로 확대했다. 신군부는 계엄령 확대를 최규하에게 건의하고 국무회의장에 병력을 배치했다. 공포분위기를 조성해 신군부의 요구를 관철시키기 위한 것이었다. 신군부는 계엄령 전국 확대와 함께 계엄포고 10호를 발령했다. 일련의 조치를 통해 국권찬탈을 위한 정지작업에 나섰던 것이다.

정치활동 일체금지, 집회 및 시위 금지, 정치적 발언 일체금지, 언론·출판·보도·방송에 대한 사전검열, 대학교 휴교, 직장이탈, 태업 및 파업행위 금지, 유언비어 날조 및 유포 금지 등이 그것이었다.

이를 위반하면 영장 없이 체포·구금·수색해 처벌했다. 또 국회와 정당을 해산하고 국회와 중앙당사에 계엄군을 배치해 출입을 금지했다. 국권찬탈에 장애가 될 인물인 김영삼, 김대중, 김종필 등 정치인들을 체포하거나 가택에 연금했다. 또한 전국적으로 시위주동자 예비검속에 나서 재야인사와 대학 학생회 간부 등 2,699명을 체포했다.

신군부의 국권찬탈 움직임에 대한 국민적 저항은 날로 드세졌다. 신군부는 1980년 5월 18일 광주를 피바다로 만들었다. 민주항쟁에 나선 무고한 시민들을 폭도로 규정하고 군대를 동원하여 유혈진압을 감행했던 것이다. 이어 5월 31일 신군부는 국가보위비상대책위원회를 발족했다.

그 산하 실질적 실행기구로 국가보위비상대책상임위원회를 설치하고 위원장에 중앙정보부부장서리 겸 보안사령관 전두환이 취임했다. 전두환을 중심으로 하는 신군부가 실질적으로 국가의 입법-행정-사법 3권을 장악했던 것이다. 이어서 신군부는 언론인 800여명을 강제로 해직하고 언론사 통·폐합을 단행했다.

## 국권찬탈 전두환의 무단통치

대통령으로서 모든 권한이 박탈된 최규하는 8월 16일 대통령직에서 사임했다. 국무총리 서리 박충훈이 대통령 권한대행을 맡았다. 당시 유신헌법은 대통령 궐위시에는 3개월 이내에 대통령을 선출하도록 규정하고 있었다. 유신헌법과 통일주체국민회의법에 따라 11월 16일까지 대통령 선거를 실시해야 하는 상황이었다.

전두환은 8월 5일 대장으로 승진한 다음 8월 22일 전역하고 단독으로 대통령 선거에 등록했다. 현실적으로 전두환 말고는 누구도 출마할 수 없는 상황이었다. 8월 27일 서울 장충체육관에서 실시된 대통령 선거에서 전두환은 99.4% 투표율에 기권 한 표를 제외한 2,524표를 얻어 11대 대통령에 당선되었다.

11대 대통령 전두환의 임기는 그의 당선일인 8월 27일부터 개시하여 전임 박정희의 잔여임기인 1984년 12월 26일까지였다. 하지만 전두환은 1980년 9월 1일 취임식에서 10월 중에 유신헌법 개정을 위한 국민투표를 실시하고 1981년 6월말까지 개정 헌법에 의해 선거를 실시하겠다고 밝혔다. 이것은 전두환이 헌법개정을 통해 12대 대통령에 출마하겠다는 의지의 표명이었다.

전두환은 유신헌법의 대통령 간선제에 대한 국민적 반감을 상쇄하기 위한 수단을 강구했다. 임기 7년, 단임으로 제한함으로써 장기집권 방지와 정권교체의 제도화라는 명분을 내세웠던 것이다. 이렇게 만들어진 제5공화국 헌법은 1980년 10월 22일 국민투표를 통해 확정되었다.

전두환은 비상계엄령을 선포하여 모든 정치활동을 금지시켰다. 언론검열과 행정력 동원을 통해 공포 분위기를 조성한 다음 국민투표를 실시했다. 그 뿐만 아니라 국민투표에 대한 찬반의견 개진과 행위를 일체 금지했다. 하지만 국무총리 남덕우 비롯한 모든 행정조직이 나서 찬성운동을 벌였고 검찰은 반대운동을 단속했다. 투표 당일에는 공무원과 통·반장을 동원해 투표를 독려했다.

언론은 개정헌법이 대통령의 장기집권을 방지하고 평화적 정권교체를 위한 제도적 장치를 마련했으며 국민의 기본권을 신장하고 복지국가를 지향한다고 연일 나팔을 불었다. 사실상 언론이 헌법홍보의 선봉역을 맡았던 것이다. 투표결과는 투표율 95.5%, 찬성률 92.9%였다.

이 헌법에 따라 전두환은 기존의 정당과 국회를 해산했다. 이에 따라 국가보위입법위원회가 그 권한을 대행했다. 국가보위입법위원회가 대통령을 간선제로 뽑는 대통령선거법을 제정했다. 선거의 주체를 통일주체국민회의에서 대통령 선거인단으로 명칭만 변경하였을 뿐이지 선출방식은 유신헌법과 유사했다.

또 정치풍토 쇄신을 빌미로 특별조치법을 제정하여 기존 정치인 567명에 대한 정치활동을 1988년 6월 30일까지 일체 금지하는 조치를 취했다. 이것은 기존 정당과 정치인의 활동을 보장하면 신군부의 권력기반을 유지하기 어렵다고 판단했기 때문이다.

이어서 정당법을 개정해 창당요건을 완화했다. 이것은 친정권적 인사의 정계진출을 도와 다당제를 유지하기 위한 조치였다. 친위세력을 야당에 포진시킴으로써 의회를 장악하기 위한 포석이었다. 12대 대통령 선거는 1981년 2월 25일 실시됐다. 정당추천을 받아 등록한 후보는 민주정의당 전두환 말고도 민주한국당 유치송, 한국국민당 김종철, 민권당 김의택 등이 있었다. 전두환이 선거인단의 90.2%라는 압도적 지지를 얻어 10대 대통령에 당선되었다.

대통령 선거를 실시한지 불과 한 달만인 1981년 3월 25일 11대 국회의원 선거를 실시했다. 선거제도는 중선거구제를 그대로 유지해 한 선거구에서 두 명을 뽑았다. 중선거구를 유지한 이유는 야당성향이 강한 도시지역에서 민주정의당 후보를 야당 후보와 함께 동반 당선시키기 위한 정치적 술수였다. 또 여당성향이 강한 농촌지역에서는 민정당 후보의 복수당선이 가능하다고 판단했기 때문이었다.

전체의원을 276명으로 10대 국회보다 45명을 늘리고 전국구 의석을 부활해 전체의석의 2/3을 제1당에 우선적으로 배정했다. 나머지는 의석비율에 따라 배정하도록 했다. 민주정의당을 제1당으로 만들기 위한 술책이었다.

신군부는 공명선거를 강조했지만 통·반장과 공무원을 동원한 관권선거였고 금품이 난무한 금권선거였음을 말할 나위가 없었다. 선거결과는 민주정의당이 92개 선거구에서 90명이 당선되었는데 그 중 1위 당선자가 86명이나 되었다. 이에 따라 전국구 의석 61석을 확보해 151석의 제1당이 되었다.

민주한국당은 81석을 얻어 제1야당이 되었으며 한국국민당은 25석을 차지해 원내교섭단체를 구성했다. 민주정의당이 다수의석을 차지해 제1당이 되었지만 득표율은 35.6%에 불과했다. 공포분위기를 조성하고 관권선거-금권선거가 획책했음에도 불구하고 득표율이 저조했다는 사실은 무언의 국민적 저항이 컸음을 암시하는 대목이었다.

정통성과 합법성이 결여된 전두환 정권의 강압적 무단통치는 부단한 시민적 저항에 직면해야만 했다. 특히 대학가는 상시적인 반정부 시위로 진통을 겪어 정상적인 수업이 이뤄지지 않았다. 전경의 최루탄 난사로 인해 학업은 사실상 포기상태였다.

대학가 일대는 시위가 그치는 날이 없다시피 했고 인근 주민들은 최루탄 가스로 말미암아 호흡곤란을 호소할 정도였다. 국회가 제 기능을 발휘해 국민의 정치적-사회적 불만을 흡수함으로써 정치-사회안정을 도모해야 했다. 하지만 당시 민정당 2중대라고 혹평을 받던 민한당한테서는 그 같은 역할을 기대하기 어려웠다.


## 나라 훔친 도당정치와 시민저항

전두환의 무단통치에 대한 불만은 집단적 의사표현으로 연결되어 시국불안은 항시 폭발직전의 상태였다. 전두환 정권은 정의사회 구현을 정치구호로 내세웠지만 한낱 헛구호에 불과했다. 집권세력의 권력형 부정-비리사건이 잇따라 터져 아무런 소구력을 갖지 못했다. 표면적으로 나타났던 이철희-장영자 사건, 명성사건, 영동개발진흥 사건. 정래혁 사건 등이 전두환 정권의 부패상을 말하고도 남았다.

박정희-전두환 군사정권의 통치행태를 보면 전형적인 도당정치盜黨政治, kleptocracy였다. 전두환 정권은 박정희 정권보다 더욱 극악했다. 나라를 훔치고도 모자라 정치권력을 이용해 부정축재에 탐닉했다. 국민을 억압하고 축재한 정치군벌의 추종세력 또한 권세가 막강했다.

기업경영에도 간섭하여 경쟁자를 제거해주고 그 대가를 받았다. 공사입찰에도 개입해 입찰가격을 조작하고 낙찰자를 임의로 결정했다. 특정기업에 독점권을 허용하고 거액대출을 알선해 주기도 했다. 수의계약 형식으로 국책사업을 발주하기도 했다.

뇌물을 받고 조세-금융특혜도 베풀었다. 말을 잘 듣지 않는다는 평계로 재벌그룹을 강제로 해체하기도 했다. 국제그룹이 그 대표적 예다. 부실기업을 정리하면서도 특정재벌에 부실기업을 헐값에 나눠주는 특혜를 베풀었다. 이른바 정치실세들은 국책사업, 관급공사, 신규사업, 거액대출과 관련해 뇌물을 받았고 그것은 널리 알려진 사실이었다.

또 정치자금이란 명목으로 정기적으로 재벌기업한테서 상납을 받았다. 전두환-노태우가 청와대에 금고를 차려놓고 앉아서 재벌총수로부터 거액을 상납 받아 수천억원씩 축재한 사실이 나중에 김영삼 정권에 의해 밝혀졌다.

정통성-합법성이 결여된 전두환 정권은 일련의 권력형 부정비리 사건이 터지면서 도덕성마저 상실했다. 이에 따라 일방적인 강압통치로는 최소한의 지지기반도 확보하기 어렵다고 판단하고 1983년 들어서는 유화조치를 취하기 시작했다. 여기에는 미국의 설득도 상당히 주효했던 것으로 분석된다.

광주민주항쟁 진압을 위한 신군부의 군대동원에 미국이 동의한 정황이 드러나면서 미국이 고조되는 반미감정을 무마할 필요성을 느꼈을 것이다. 88올림픽을 유치했지만 성공적인 개최를 위해서는 민심수습이 중요하다는 신군부의 판단도 있었을 것이다. 이와 함께 1988년 올림픽은 1980년, 1984년 올림픽의 전례를 되풀이 말아야 한다는 국제사회의 압력도 작용했다.

1980년 모스크바 올림픽에는 65개국이 소련의 아프가니스탄 침공에 항의해 불참했다. 1984년 LA 올림픽도 소련과 동구권 국가들의 불참으로 반쪽 올림픽이 되고 말았다. 정권에 대한 국민적 저항이 증폭되는 상황에서 1985년 2월로 예정된 국회의원 선거에서 안정의석을 확보하기 어렵다는 분석도 작용했을 것이다.

이 같은 판단에 따라 국민의 정치적 불만을 어느 정도 해소하기 위해 정치활동 규제대상 정치인에 대한 해금조치와 함께 학원 자율화 조치가 나왔던 것으로 풀이된다. 유화조치의 핵심은 피규제 정치인에 대한 해금과 학원자율화였다. 1983년 2월 25일 1차적으로 피규제 정치인 250명에 대한 해금을 단행했다.

전두환은 1984년 1월 17일 신년국정연설을 통해 평화적 정권교체를 강조하며 나머지 정치인에 대한 해금도 시사했다. 이어서 2월 25일 정치인 202명에 대한 2차 해금, 11월 30일 84명에 대한 3차 해금이 나왔다. 그러나 김영삼, 김대중, 김종필을 비롯한 정치인 14명에 대해서는 12대 국회의원 선거가 끝난 다음 1985년 3월 6일 마지막으로 정치해금을 단행했다.

이것은 유력한 정치인의 총선 참여를 봉쇄함으로써 예상되는 선명야당의 돌풍을 차단하려는 의도였다. 또 단계적 해금조치를 통해 야당분열을 획책하여 다당제를 고착화하려는 의도였다. 하지만 정치상황은 전두환 정권의 의도대로 돌아가지 않았다.

1983년 5월이 접어들자 5·18 광주민중항쟁 3주기를 맞아 대학가에는 전두환 정권에 대한 저항 움직임이 더욱 본격화되기 시작했다. 가택연금 상태에 있던 김영삼은 그 해 5월18일~6월 9일 단식투쟁을 벌였고 민심이 더욱 동요하면서 정치-사회불안이 더욱 고조되었다.

전두환 정권은 학원자율화 조치의 일환으로 1983년 12월 6일 해직교수 복직, 제적학생 복학을 허용하는 한편 대학 구내에 주둔하던 경찰병력을 철수키로 했다. 제적되었던 운동권 학생들이 복학함에 따라 1984년 3월부터 대학교별로 학원자율화추진위원회가 구성되었고 학생회도 부활되었다.

이와 함께 대학생의 전국적인 조직인 전국학생총연합이 결성되었다. 이 조직에는 42개 대학이 참여했다. 또 극소수이지만 해직기자들도 산발적으로 복직되었다. 언론인의 경우 구체적인 복직조치는 없었고 언론사 차원에서 극히 제한된 인원만 구제하는 형식을 취했다. 정권 차원에서 언론인을 해직하지 않았다는 점을 부각시키려는 의도였다.

전두환 정권의 이 같은 유화책은 민심무마를 노린 고육책이기도

하지만 단계적으로 해금을 단행함으로써 야권분열을 겨냥한 다각적인 포석이었다. 실제로 김영삼계는 12대 국회의원 선거에 적극적인 참여를 주장했고 반면에 김대중계는 소극적이었다. 김대중계가 반대노선에 치우쳤던 것은 김대중이 미국에 체류 중이었기 때문이었다.

하지만 전두환의 유화책은 오히려 정반대의 결과는 나타났다. 선명야당 신한민주당 창당의 계기를 제공해줬고 대학생들이 저항운동의 전면에 나서는 구심점을 형성하는 터전을 마련해준 셈이었다.


## 민주화의 거점 민추협 결성

전두환 정권이 노린 다단계 해금을 통한 분할통치는 사실상 민주화추진협의회의 결성으로 좌절되고 말았다. 광주민주항쟁 4주기인 1984년 5월 18일 해금 정치인들이 민추협의 발족을 선언하고 재야세력 규합에 나섰다.

민추협은 김영삼계상도동계와 김대중계동교동계가 중심이 되어 운영되었으며 양김이 공동의장을 맡았다. 민추협은 발족선언문을 통해 민주주의의 실현은 국민 모두에게 주어진 사명이며 오직 국민의 투쟁을 통해서만 이룩할 수 있다고 강조했다.

이것은 신군부에 대한 전면적인 도전장이었다. 민추협은 신군부의 패권유지를 위해 도입된 선거제도와 비민주적 법률 개정을 요구했다. 민추협은 1984년 6월 14일 결성대회를 갖고 정식으로 출범했다.

양김측이 계파를 초월해 운영하기로 합의함에 따라 재야세력의 적극적인 지지를 이끌어냈다. 민추협 결성을 계기로 '80년 서울의 봄' 당시 분열됐던 양김이 재결합함으로써 민주화 운동의 구심점으로 부상했던 것이다. 또한 선명야당 신한민주당의 모태가 되었다.

민추협 결성에 따라 신군부의 패권정당제가 도전을 받자 민정당은 야권통합 저지에 나섰다. 단계적 해금 자체가 단일정당으로의 규합을 막으려는 술수였고 3김의 정치활동을 총선 이후까지 묶은 것도 야권통합의 구심력을 차단하려는 의도였다.

야권분열책의 일환으로 민한당, 국민당에 대한 재정지원을 강화했다. 제1야당인 민한당은 1984년 전년에 비해 2배 이상의 후원금을 받았다. 민한당에 자금을 집중적으로 지원함으로써 민추협 중심의 신당 출현을 저지하기 위한 전략이었다.

한편 민추협은 총선참여를 놓고 김영삼의 총선참여파와 김대중의 총선불참파의 대립으로 분열조짐을 보였다. 여기에다 대학가와 재야인사들이 총선참여를 반대하여 분열양상은 더욱 심화됐다.

총선반대파는 총선참여는 결과적으로 전두환 체제의 인정을 의미하며 총선거부야 말로 진정한 민주화투쟁이라는 주장을 내세웠다. 하지만 양측은 민주화 운동의 대변세력이 절실히 필요한 상황이고 군사정권을 종식시키기 위해서는 선거투쟁이 가장 효과적이라는 합의점을 어렵게 도출해 냈다.

이에 따라 민추협은 1984년 12월 11일 김영삼, 김대중, 김상현 3인의 명의로 총선참여와 신당창당을 공식적으로 선언했다. 최대한 많은 민주인사의 참여를 독려한다는 뜻에서 문호를 활짝 열었다. 민추협과 비민추협의 참여비율을 50 대 50으로 개방한 것이 그것이었다.

여기에서 민추협 50은 김영삼계와 김대중계를 합한 것이고 비민추협 50은 이철승계, 신도환계, 김재광계를 합친 세력이다. 복잡한 계파구조를 극복하고 통합신당 창당에 박차를 가할 수 있었던 것은 군사독재 종식이라는 국민적 열망이 워낙 뜨거웠기 때문이다.

창당 전일 정치사적인 의미를 갖는 사건이 일어났다. 1984년 12월 19일 서석재, 박관용, 홍사덕 등 민한당 의원 8명이 탈당과 동시에 신당참여를 선언했던 것이다 이것은 어용정당 민한당의 붕괴를 예고했다는 점에서 중대한 의미를 갖는다.

신당의 당명은 신한민주당으로 결정하고 약칭을 신민당으로 채택했다. 이것은 박정희의 유신체제에 대항해 투쟁했고 전두환에 의해 강제로 해산된 신민당을 승계한다는 뜻을 지녔다.


## 신군부에 직격탄 신민당 돌풍

1984년 12월 20일 신민당 발기인대회에는 118명이 참석해 이민우를 창당준비위원장으로 선출했다. 그리고 5개항의 결의문과 국민에게 드리는 글을 채택했다. 발기인들은 결의문을 통해 정치풍토쇄신법 폐지와 김영삼, 김대중 등 모든 정치활동 피규제자의 전면적인 해금을 요구했다. 또 신민당이 모든 민주세력의 집결체이며 민주회복의 중심세력이라는 점을 강조했다.

신민당 발기인대회에 김영삼, 김대중이 참석하지 못했다. 김영삼은 정치활동 피규제자라는 이유로 가택에 연금되었고 김대중은 미국에 망명 중이어서 참석할 수 없었다. 김대중은 5·18광주민주항쟁 당시 감옥에서 있었다.

그런데 김대중은 그 해 9월 계엄사령부 군법회의에서 이른바 '김대중 내란음모사건'을 주동한 혐의로 사형선고를 받았다. 이어 1981년 1월 대법원이 사형선고를 확정했다. 이에 대해 미국, 일본, 독일, 프랑스 등지의 교포들과 각국의 양심적 지식인, 문화인, 정치인들이 그의 구명운동에 나섰다.

신군부는 그의 형량을 무기징역으로 감형하고 1982년 12월 미국으로의 망명을 허용했다. 미국으로 건너간 그는 한국인권문제연구소를 열고 활동하다 1985년 제12대 총선거를 앞두고 전격적으로 귀국했다. 김영삼, 김대중은 정치전면에 나서지 못했지만 그의 대리인들이 민추협을 결성하고 양김을 공동의장으로 추대했다. 이로써 양김이 40대 기수론 이후 분열과 대립의 시대를 끝내고 군사정권 종식을 위해 협력의 시대를 열었다.

신민당은 1985년 1월 18일 창당대회를 열고 이민우를 총재로 선출했다. 이민우는 인사말을 통해 독재가 민주를 위장하고 불의가 정의로 행세하는 기만 속에 대변적 역할을 담당해야 할 정당들은 들러리로 전락하고 말았고 이것이 정치현실이라고 개탄했다. 이어 그는 신민당은 국민의 여망인 민주화를 위해 창당한 것이라고 강조했다.

한편 전두환 정권은 신민당이 창당대회를 갖은 이튼 날 인 1985년 1월 18일 국무회의를 열고 12대 국회의원 선거일을 2월 12일로 결정했다. 전두환 정권이 선거일을 기습적으로 확정한 것은 신민당이 총선체제를 정비하기 이전에 기선을 제압하려는 의도였다.

신민당은 기회균등과 자유경쟁을 무시한 조기총선의 철회를 주장했지만 민정당이 그 같은 요구를 들어 줄 리가 없었다. 1월 28일 후부자 등록을 마감한 결과 지역구는 정당추천 411명, 무소속 29명 등 모두 440명으로서 전국 평균 2.4 대 1의 경쟁률을 보였다.

전두환 정권 출범 이후 두 번째 국회의원 선거인 12대 총선거에서 민정당, 민한당은 전국 92개 선거구에 1명씩 92명을 공천했지만 신민당은 두 곳의 복수공천을 포함해 93명을 공천했다. 계파간의 이해를 조정하기 어려웠기 때문이었다.

12대 총선은 선명야당의 출현에 따라 11대 총선과 판이한 양상을 보였다. 하지만 민정당은 11대 총선과 마찬가지로 '혼란 속 후퇴가 아닌 안정 속 번영' 이란 선거전략을 내세웠다. 정치환경의 변화에도 불구하고 선거전략을 그대로 답습했던 것이다. 경제적 업적을 토대로 승기를 잡는다는 안이한 판단이었다.

반면에 선명야당의 기치를 들고 나온 신민당은 전두환 정권체제의 금기영역에 과감하게 도전했다. 군사독재, 광주민주항쟁, 대통령 직선제, 이순자의 금융부정 등등 전두환의 성역을 깨기 시작했던 것이다.

신민당이 전두환 정권의 정통성 문제와 대통령 직선제 개헌을 본격적으로 제기함으로써 총선이 전두환 정권에 대한 국민심판의 성격을 띠게 되었다. 이에 따라 선명경쟁이 상승작용을 일으켜 민한당도 전두환 정권의 실정과 비리를 강도 높게 비판하고 나섰다.

민정당의 2중대라고 조롱받던 어용정당 민한당은 사실상 신군부가 구획한 구도 내에서만 정치활동을 허용 받았다. 그런데 그 한계를 벗어나 행동함으로써 민한당에도 변화가 일어났다. 이에 따라 선거에 대한 국민적 관심도 고조되었다.

1985년 2월 12일 실시된 12대 국회의원 선거에서 전체 유권자의 84.6%가 투표에 참여했다. 11대 국회의원 선거에 비해 투표율이 6.2%p나 상승한 것으로서 5·16 군사 쿠데타 이후 가장 높았다. 11대 총선 당시 어용야당-관제야당을 지지하기보다는 차라리 기권을 선택했던 유권자들이 12대 총선에서는 선명야당 신민당을 지지하기 위해 투표장으로 나갔기 때문이다.

선거결과는 민정당이 35.3%의 득표율을 올려 제1당이 되었으며 신민당은 29.3%를 득표하여 제2당이 되었다. 이어 민한당이 19.7%의 득표율을 올렸다. 의석분포는 184개 지역구 의원 중에서 민정당이 87석, 신민당이 50석, 민한당이 26석을 차지했다. 전국구 의석은 92석 중에서 민정당이 61석, 신민당이 17석, 민한당이 9석을 배정받았다.

이로써 전체의석 276석 중에 민정당이 148석, 신민당이 67석, 민한당이 35석, 국민당이 20석을 차지했다. 민정당과 신민당의 득표율 차이는 6%에 불과했지만 의석에서는 81석이나 차이가 났다. 이것은 선거법이 민정당을 제1당을 만들기 위해 국민의 대표성을 철저하게 왜곡한 비민주적 악법임을 말해준다.

12대 총선에서 민정당이 표면적으로는 제1당을 고수함으로써 승리한 선거였으나 실질적으로는 패배한 선거였다. 그 첫째 이유는 선거관련법과 제도가 민정당에 절대적으로 유리했다는 점이다. 그보다도 관권동원과 금품살포를 통한 타락-부정선거였다는 점도 이유로 들 수 있다.

11대 총선에서 민정당은 대부분의 대도시에서 1위로 당선됐다. 전국적으로 보더라도 11대 총선에서는 민정당이 92개 지역구 가운데 90명이 당선되었고 이 중에 1위 당선자가 86명이나 되었다. 그런데 12대 총선에서 민정당은 87명이 당선되었지만 1위 당선자는 61명에 불과했다.

신민당은 서울, 부산, 인천, 대전, 광주, 등 대도시에서 후보자 전원이 당선됨으로써 제1야당으로 부상했다. 이 선거결과에 대해 신민당은 12대 총선은 사상 유례 없는 부정-불법선거였지만 민중의 민주화 열망을 막을 수 없어 신민당이 승리했다고 자축했다. 2·12 총선은 진실로 투표를 통한 위대한 민중혁명이라는 주장이었다.

창당 한 달만에 선거체제도 정비하지 못한 상태에서 관권개입과 금품살포가 난무한 가운데 치러진 선거에서 신민당의 약진은 그야말로 '신당돌풍'이었다. 당시 언론은 '선거혁명', '총선민의'라는 수사로 국민적 열망을 묘사했다.

민한당이 35석을 획득하여 제3당의 자리라도 굳혔지만 그것도 한

순간이었다. 야권통합이 논의되는 사이에 민한당 당선자들이 앞 다
퉈 탈당을 감행해 신민당에 입당하는 바람에 민한당은 단 3명이 잔
존하는 군소정당으로 전락하고 말았다. 전두환 정권의 분할통치 근
간인 다당체제가 붕괴된 것이다. 이에 따라 신군부를 중심으로 하는
집권세력인 민정당과 강력한 대항세력으로 부상한 선명야당 신민당
과의 양당체제가 구축되었다.

이것은 정통성-합법성이 결여된 전두환 정권에 대한 강력한 도전
이었다. 다시 말해 군사독재체제에 대한 민주-민중투쟁이 전두환
체제의 위기를 경고하는 한편 민주주의로 전환을 예고하는 중대한
계기가 되었다.

# 양김이 만든 노태우

## 16년 만의 대선, 양김의 동시출마

박정희-전두환 군사정권은 1972년 유신헌법과 1980년 제5공화국 헌법을 통해 국민의 대통령 선출권을 빼앗아 그들만의 선거방식으로 '체육관 대통령'을 뽑았었다. 국민으로부터 민주적 정당성을 부여받지 못했던 군사정권은 국민의 기본권마저 유린하며 강압통치를 일삼았다.

1980년 신군부의 국권찬탈 이후만 보더라도 국민의 민주화 열망은 갈수록 강렬해졌고, 이는 1987년 6월 항쟁을 통해 대통령 직선제를 쟁취했다. 이로써 국민은 대통령을 직접 선출할 수 있게 되었다. 하지만 김대중, 김영삼의 분열은 군사독재 종식과 민주정부 수립을 바라는 국민적 열망을 저버렸다.

민주화 운동의 양축이었던 김영삼과 김대중은 일생의 경쟁관계였다. 두 사람은 성격, 기질, 출신, 성장배경, 교육환경이 극명하게 대비를 이루었다. 멸치어장을 하던 거제도 부잣집의 장손으로 자란 김영삼은 장택상 국회부의장의 비서관으로 정계에 입문했다. 제3대 총선거에서 자유당 후보로 출마해 최연소 의원으로 당선되어 국회에 입성했다. 이승만 정권의 사사오입 개헌 이후에 자유당에서 탈당해 야당 정치인의 길을 걷기 시작했다.

반면에 빈한한 집안의 출신이었던 김대중은 제4대, 제5대 총선거 당시 강원도 인제에서 출마했으나 낙선하고, 재-보궐 선거에서 당선되었다. 하지만 5·16 군사 쿠데타로 인해 국회가 해산되는 바람에 의정활동을 하지 못했다. 제6대 총선거 때는 목포에서 당선되어 국회에 진출하였다. 김영삼에 비해 힘겹게 정계에 입문한 그였다. 김영삼은 대변인, 원내총무 등을 맡으며 승승장구했지만, 김대중은 상대적으로 대중의 이목을 끌진 못한 편이었다.

김영삼은 결단력이 돋보이는 '승부사' 적 기질이 강했던 것에 비해, 김대중은 치밀함을 갖춘 '전략가' 적인 면모를 갖추고 있었다. 그 까닭인지 김영삼은 때론 돌출행동을 일삼는 예측하기 힘든 정객으로 인식되곤 했고, 김대중은 도무지 속을 알 수 없는 노회한 정객으로 비춰지기도 했다.

빈번하게 말실수를 하곤 했던 김영삼과 달리 김대중은 좀처럼 구설수에 오르지 않는 신중함을 보이곤 했다. 한편, 장고 끝에 실기하는 경우가 있던 김대중에 비해 김영삼은 타이밍을 잡는 데 있어서 탁월한 감각을 자랑하곤 했다.

이처럼 여러모로 상반되었던 두 사람의 첫 경쟁은 1968년 신민당 원내 총무 경선이었다. 김영삼의 승리로 양김의 대립은 싱겁게 끝났다. 1971년 대통령 선거를 앞두고 김영삼과 김대중은 이철승 등과 함께 40대 기수론을 내세웠고, 신민당 대통령 후보 경선에 나섰다. 1차 투표에서는 김영삼이 앞섰으나, 결선투표에서 김대중이 승리함으로써 40대 대통령 후보자가 되었다.

김대중이 신민당 대통령 후보자로 확정되자 이에 반발하여 당시 민주당의 구파 출신인 윤보선 등이 1971년 1월 6일 신민당을 탈당했다. 이와 달리 같은 구파였던 김영삼은 경선결과에 승복하고 김대중의 선거운동을 지원했다. 김대중은 당시로서는 파격적이었던 향토예비군 폐지, 4대국 평화보장, 지방자치제 실시, 남북대화, 노사위원회 구성 등을 선거공약으로 내걸었다.

하지만 김대중은 539만표를 얻는 데 그쳐 634만표를 득표한 박정희에게 패배하고 말았다. 그 후 김영삼-김대중은 박정희의 유신시대와 전두환의 5공화국 시대를 맞아 협력관계를 유지하며 민주화 운동을 이끌었다. 하지만 민주화 이후에는 '대통령'을 놓고 치열한 경쟁관계와 첨예한 대립관계를 형성했다.

6월 항쟁 이후 1987년 12월 대통령 선거를 앞두고 신민당의 김대중-김영삼은 자신들의 계보 의원 74명과 함께 탈당해 통일민주당을 창당했다. 양김 단일화에 대해 많은 국민들과 민주화 운동진영의 요구는 열화와 같았다. 하지만 김대중과 김영삼의 셈법은 달랐다.

김대중은 노태우, 김대중, 김영삼, 김종필 4자 대결에서 영남지역의 표는 분열되지만 자신은 수도권과 호남의 지지를 얻을 수 있어 승리할 수 있다고 확신했다. 이른바 4자필승론이다. 반면에 김영삼은 김대중에 비해 자신이 중도층의 거부감이 덜하고 인구가 많은 영남지역의 지지가 절대적으로 우세하기 때문에 김대중의 지지만 얻는다면 승리할 수 있다고 장담했다.

대통령후보 공천을 놓고 김대중과 김영삼은 치열하게 대립했고, 결국 통일민주당은 김대중의 평화민주당과 김영삼의 통일민주당으로 갈라섰다. 이후 평화민주당과 통일민주당은 1987년 제13대 대통령 선거와 1988년 제13대 국회의원 선거에서 경쟁을 거듭하였고, 제13대 국회 전반기에는 양당이 협력과 경쟁을 반복했다.


## 양김의 분열, 노태우의 어부지리

1987년 12월 16일 실시된 대통령 선거에는 모두 8명의 후보가 출마했다. 그 중에서도 '1노 3김'이라고 지칭되던 민주정의당의 노태우, 통일민주당의 김영삼, 평화민주당의 김대중, 신민주공화당의 김종필 등 4명의 경쟁구도로 선거전이 전개되었다. 노태우는 대구·경북, 김영삼은 부산·경남, 김대중은 호남, 김종필은 충청을 지지기반으로 삼았다.

유력후보들이 자신의 연고지를 중심으로 지지를 호소함에 따라 대통령 선거는 지역대결로 치달았다. 노태우는 호남지역 유세에서 달걀과 돌 세례를 받아 유세를 중단하는 사태가 발생하기도 했다.

1971년 이후 16년 만에 실시된 대통령 직선제 선거는 사상 유례 없는 지역감정을 촉발했다.

선거 중반에 들어서 김영삼이 12·12 군사반란을 주도했던 신군부에 의해 체포되어 강제로 전역됐던 당시 육군참모총장 정승화를 영입하면서 여론조사 지지율이 40%를 넘어서기도 했다. 그러나 선거를 불과 며칠 앞두고 대한항공 858편 폭파사건이 터지고 선거일 전날 용의자 김현희가 서울로 압송되었다. 그 바람에 선거판세가 집권당인 민정당의 노태우에게 유리하게 돌아섰다.

양김의 분열에다 KAL기 폭파가 겹쳐 노태우가 36.6%의 득표율로 당선되었다. 김영삼과 김대중은 각각 28%, 27%의 득표율을 얻는 데 머물렀다. 대구-경북 지역에서 노태우는 68.5%의 득표율을 올렸다. 반면에 김영삼은 자신의 연고지역인 부산-경남에서 간신히 과반의 득표율을 넘는 데 그쳤다. 그만큼 노태우가 영남지역에서 폭넓게 지지를 받았던 것이다.

또한 노태우는 충북에서도 46.9%의 지지를 얻어 13.5%의 득표에 그친 김종필을 3배 가까이 압도하였다. 반면에 김대중은 호남지역에서 몰표를 얻었고, 서울에서만 노태우와 김영삼을 앞섰을 뿐이었다. 양김의 분열과 이에 따른 철저한 지역투표의 결과가 신군부의 재집권을 길을 열었다. 이 점에서 김영삼-김대중은 군사정권 연장의 조력자라는 비판에서 자유로울 수 없다.

# 지역주의를 등에 업은 3김 할거시대

## 양김의 재통합 무산

1987년 6월 민주항쟁의 결실로 헌법개정을 통해 대통령 직선제를 쟁취했다. 하지만 양김의 후보 단일화의 실패로 김영삼-김대중이 대통령 후보로 나서고 여기에 유신잔당 김종필도 입후보했다. 양김의 분열로 표가 분산된데 더하여 김종필의 출마가 표를 잠식함으로써 신군부의 수괴인 노태우가 1987년 대통령 선거에서 승리를 거두었다.

3김의 정립鼎立으로 민주화가 미완의 결실로 끝났다. 다시 말해 국민의 염원인 민주적 민간정부의 수립이 수포로 돌아간 것이다. 양김의 분열은 수권의 실패로만 끝나지 않은데 문제의 심각성이 있다.

실제 김영삼과 김대중의 득표율을 합하면 55.1%이었다. 만약 후보단일화가 성사되었다면 민주화 세력의 집권이 가능했다는 뜻이다. 양김의 후보 단일화 실패는 3김의 지역연고에 따라 지역주의가 더욱 구획화되고 고착화됨으로써 지역간의 대립양상이 더욱 첨예해졌다.

3김의 연고지역에 따라 김영삼-영남, 김대중-호남, 김종필-충청으로 3분할됨으로써 3김 할거시대가 열렸던 것이다. 1987년 12월 대통령 선거에 이어 1988년 4월 총선을 거치면서 3김의 지역연고에 따른 지역갈등이 더욱 증폭되기 시작했다.

1987년 대통령 선거에서 양김의 분열에 따른 민주진영의 집권실패에 대한 국민적 비판이 제13대 총선을 앞두고 다시 고조되었다. 1987년 10월 29일 공포된 제6공화국 헌법 부칙 3조는 헌법 공포일로부터 6개월 이내에 국회의원 선거를 실시하도록 규정하고 있었다.

따라서 13대 국회의원 선거는 1988년 4월 26일 실시키로 예정되어 있었다. 이에 따라 다시 통합 논의가 개시되었다. 국민적 여망을 저버린데 대한 부담감도 있었지만 양김 진영의 위기의식이 크게 작용했기 때문이었다.

먼저 통일민주당이 통합작업에 나섰다. 1988년 2월 8일 김영삼이 기자회견을 열고 야당통합을 성사시키기 위해 통일민주당 총재직을 사퇴하고 평당원으로 백의종군하겠다고 밝혔다. 이틀 후인 2월 10일 김영삼의 통일민주당은 야권단일화 추진위원회를, 김대중의 평화민주당은 야권통합 추진위원회를 구성했다.

2월 11일~13일 양당은 합동회의를 열고 야권통합과 소선거구제를 포함한 4개항에 대해 원칙적으로 합의했다. 2월 23일 회동을 갖

고 소선거구를 다시 확인하는 한편 통합추진기구를 조속히 가동한
다는 3개항을 합의했다. 이로써 양당은 3월 3일 임시전당대회를 열
어 통합을 결의하고 150명씩 수임기구를 구성했다.

그러나 양당은 지도체제의 문제로 난항을 겪으며 통합대회는 개
최조차 하지 못했다. 평민당은 통합신당의 지도체제로 양김의 공동
대표제를 주장했다. 반면에 민주당은 제3의 인물이 주도하는 단일지
도체제를 내세우는 한편 김대중의 2선 후퇴를 주장했기 때문이다.
논의가 평행선을 달리는 사이 민정당은 3월 8일 새벽 2시 국회에서
단독으로 소선거구제를 주요 골자로 하는 국회의원 선거법을 기습
상정하여 7분만에 통과시켰다.

날치기 통과이지만 논의의 대상이었던 선거구제 문제가 해소됨으
로써 김대중 거취의 문제만 남았다. 의외의 사태가 일어나자 김대중
은 3월 9일 기자회견을 갖고 양당통합 이전에 퇴진의사가 없음을 분
명히 밝혔다. 이튿 날인 3월 10일 민주당은 김명윤 총재권한대행의
성명을 통해 김대중의 퇴진이 없는 야권통합은 무의미하며 이에 따
라 통합추진을 포기한다고 선언했다. 사태가 악화되자 김대중은 3월
17일 총재직 사퇴를 발표했다.

다음 날인 3월 18일 민주당, 평민당, 한겨레민주당(가칭) 등 3당의
통합대표 전체회의를 열고 6인소위원회를 구성하고 통합논의를 재
개하기로 했다. 그런데 돌발사태가 발생했다. 3월 19일 6인소위원
회 회의장에 청년, 학생 200여명이 난입하여 물리력을 행사하며 민
주당을 비난하는 사건이 일어났던 것이다. 민주당은 그 배후로 평민

당을 지목하고 사과를 요구했으며 평민당은 부인했다. 결국 민주당은 협상결렬을 공식으로 선언했다. 이로써 야권통합은 무산되고 말았다.

## 3김 반쪽정당의 군벌 심판론

야권통합에 앞서 1988년 1월 13일 민정당의 노태우는 민주당의 김영삼을 만나 국회의원선거법 개정을 위한 협상기구를 설치하기로 합의했다. 당시 선거법개정의 주요쟁점은 선거구 조정이었다. 민정당은 1구 1~4명을 뽑는 혼합선거구제를 당론으로 확정한 상태였다.

그러자 민주당은 소선거구인 기존의 당론을 바꿔 2~4명을 선출하는 중선거구제로 바꾸었다. 김영삼의 판단은 야권의 분열상태에서는 소선거구제가 야권후보의 난립으로 인해 불리하다는 것이었다. 반면에 평민당은 소선거구제를 고수했다. 평민당의 일각에서는 당선 가능성이 높은 중선거구제를 건의했다. 그러나 김대중은 여당과 동반당선을 기대하는 것은 유신시대의 사고방식이라며 반대했다.

1988년 2월 23일 김영삼-김대중의 야권통합 논의를 위한 회동에서는 김영삼은 김대중이 주장하는 소선거구제를 수용했다. 야권통합 성사를 위한 양보라는 것이 민주당 측의 주장이었다. 민주당과 평민당이 소선구제에 합의하자 민정당이 기존의 당론인 혼합선거구제를 골자로 하는 선거법 개정안을 폐기하고 소선거구제를 1988년 3월 8일 날치기 통과시켰던 것이다.

민정당은 소선거구제 제안설명을 통해 지역대표성과 인구비례성을 존중하는 1구1인제를 채택하여 민주정치 발전을 구현하고자 한다고 밝혔다 이에 대해 민주당과 평민당은 소선거구제를 합의했음에도 불구하고 기습적인 수법으로 처리한 선거법은 무효하고 주장했다. 한편 민정당 내에서도 반발이 컸다. 소선거구를 통해서는 승산이 어렵다고 판단한 서울, 부산, 호남출신 의원들이 강하게 반대했던 것이다.

그럼에도 민정당이 소선구제로 전환한 것은 야권의 분열상태에서 꼭 불리하지만 않다고 판단했던 것같다. 지역구에서 제1당을 고수할 수 있기 때문에 설혹 지역구에서 절반 이하의 의석을 얻더라도 전국구 의석을 50% 배정 받을 수 있다고 계산했을 것이다. 13대 대통령 선거의 득표율인 노태우 36.6%, 김영삼 28.0%, 김대중 27.1%를 근거로 그 같이 판단했을 가능성이 크다.

선거법 개정에 따라 소선거구가 채택됨으로써 지역구는 1인2인제의 92개 선거구에서 1구1인제의 224개 선거구로 늘어났고 전국구 75석을 합쳐 국회의원수는 276명에서 299명으로 늘어났다. 전국구 의석은 지역구 의석 5석 이상 획득한 정당에 배분하되, 제1당의 지역구 의석이 50% 미만 일 경우 전국구 의석 1/2을 배분하고 그 밖의 경우 지역구 의석비율에 따라 배분하기로 규정되어 있었다.

1988년 4월 26일 실시될 13대 총선에 대비해 각 정당이 공천을 마친 결과 지역당의 구도가 확연하게 드러났다. 노태우의 민정당은 224개 전체 지역구에 후보자를 냈다. 하지만 김영삼의 민주당은 호남지역에서, 김대중의 평민당은 영남지역과 충청지역에서 후보자를 내지 못했다. 김종필의 신민주공화당도 호남지역에 거의 공천하지 못했다. 대통령 선거에서 나타난 지역구도가 그대로 재현된 셈이다.

이에 따라 선거결과도 민주 대 반민주의 대립구도인 13대 국회의원 선거와는 달리 배타적 지역주의를 예고했다. 선거운동 과정에서도 여당인 민정당은 안정의석 확보를 역설하는 한편 전국적 지지를 호소했다. 하지만 야당은 견제세력의 필요성을 강조하면서도 당선이 확실한 연고지역에 운동역량을 집중하는 선거전략을 구사했다. 민주당은 호남지역에서 선거운동을 포기했고 평민당도 서울과 호남에서 집중적인 선거운동을 폈다. 공화당도 충청지역에 당력을 집중했다.

하지만 야당은 전두환의 폭압통치에 집중적인 포화를 퍼부어 노태우 정권이 전두환 정권과는 본질적으로 차이가 없음을 부각시켰다. 마침 선거를 한 달 앞둔 시점에 이른바 새마을운동본부 비리사건이 터졌다. 전두환의 친동생이자 새마을운동중앙본부장인 전경환이 횡령 및 탈세혐의로 구속된 사건이다.

사건은 1988년 3월 15일 새마을운동중앙본부 직원 600여명이 진상규명을 요구하며 농성을 벌이면서 발단했다. 야당들은 즉각적인 수사를 촉구했고 검찰은 수사개시 열흘 만에 결과를 발표하고 전경환을 구속했다.

이 발표에 따르면 전경환은 각종 공금 73억6,000만원을 횡령하여 상가매입 등에 사용했고 새마을신문사의 법인세 10여억원을 포탈했다. 또 각종 이권에 개입하거나 알선하여 그 대가로 4억1,000만원을 챙긴 사실도 드러났다. 전경환의 전횡은 익히 알려진 사실이라 야권은 이 사건을 정치적 쟁점으로 부각시키는 데 주력했다.

전두환과 노태우는 같은 뿌리라 민정당이 다수당이 되면 전두환 정권의 비리를 척결하지 못한다며 민정당의 원죄론을 폈다. 그러자 민정당도 전두환 정권과의 단절성과 차별성을 부각시키려는 전략을 구사하기 시작했다.


## 의정 사상 최초의 여소야대

1987년 6월 항쟁 이후 첫 국회의원 선거인 13대 총선의 결과는 1953년 이래 첫 여소야대 국회로서 헌정사상 최초나 다름없었다. 집권당인 민주정의당은 125석을 확보하는 데 그쳐 전체 의석 점유율이 41.8%에 불과했다. 반면에 평화민주당, 통일민주당, 신민주공화당 야3당의 의석 점유율은 60%에 육박했다. 헌정사상 유례가 없었던 여당의 참패였다.

당시 국민들의 민주화에 대한 강한 열망을 감안하면 여소야대의 등장은 어찌 보면 당연했다. 대통령 선거에서 노태우의 당선은 야권 난립에 따른 분표의 효과에 힘 얻었다. 대통령 선거에서는 전국적인

6월 항쟁 승리로 석방직후 행진하고 있는 김대중과
김영삼(1987. 7. 16)

최고득표자가 당선된다. 국회의원 선거에서는 각 선거구에서 최고
득표자가 당선된다. 이 때문에 제13대 대통령 선거에서 당선자 노태
우의 낮은 득표율을 고려하면 여소야대는 예상된 결과였다.

13대 총선거에서는 75.8%의 투표율을 나타냈다. 이것은 신민당이
신당돌풍을 일으킨 1985년 12대 총선의 투표율 84.6%에 비해 8.8%p
낮아진 것이다. 그 원인은 대통령 직선제를 통해 군정종식이란 국민
적 염원이 어느 정도 해소되었다는 점을 들 수 있다. 또 양김 분열과
대선 패배에도 불구하고 반복된 분열에 대한 정치적 혐오감이 상당
히 작용한 것으로 분석된다. 야당분열의 따른 선거결과는 예상을 크

게 벗어나지 않았던 것이다.

정당별로 득표율을 보면 민정당 34.0%, 민주당 23.8%, 평민당 19.3%, 공화당 15.6%, 한겨레민주당 1.3%였다. 민정당이 지역구에서 87명이 당선되고 전국구에서 38명을 배분받아 125명의 의석을 차지해 제1당의 지위를 확보했다. 민정당의 득표율 34.0%는 12대 총선의 35.2%와 큰 차이가 없었으나 의석수는 23석이나 줄었다. 이것은 전국구 의석이 17석이 줄고 배분방식도 제1당의 몫이 전체의 2/3에서 1/2로 줄었기 때문이다.

득표율에서는 민주당이 23.8%로 평민당의 19.3%를 앞섰으나 의석수는 역전되었다. 평민당은 지역구 54명, 전국구 38명을 당선시켜 전체 의석 70석을 획득하여 제1야당이 되었다. 그런데 민주당은 지역구 46명, 전국구 13명을 당선시켜 전체의석을 59명을 차지하는데 그쳤다. 공화당은 지역구 20명, 전국구 8명 등 35명의 의원을 확보해 원내교섭단체를 구성했다. 지역연고가 없는 한겨레민주당은 전남 신안군에서 1명을 당선시켰으나 평민당에 입당함으로써 원외정당으로 전락하고 말았다.

각 정당의 지역별 득표율을 보면 3김의 연고지역과 경쟁지역에서 극단적인 대조현상을 나타냈다. 민정당은 연고지역인 대구-경북에서 49.9%란 높은 득표율을 보였지만 다른 지역에서도 비교적 고른 득표율을 올렸다. 서울-경기-인천 30.3%, 부산-경남 36.1%, 광주-전남-전북 23.0%, 충남 30.2%, 강원-충북-제주 42.5%가 그것이다.

평민당은 광주-전남-전북에서 69.1%란 압도적으로 높은 득표율을 올리고 서울-인천-경기에서 다른 정당과 비슷한 수준인 22.3%의 득표율을 얻었다. 반면에 다른 지역에서는 득표율이 미미한 수준이었다. 부산-경남 1.5%, 대구-경북 0.8%, 충남 3.8%, 강원-충북-제주 3.2%였다.

민주당은 연고지역인 부산-경남에서 역시 높은 45.7%의 득표율을 얻었고 같은 영남지역인 대구-경북에서 26.0%를 득표했다. 나머지 지역은 서울-인천-경기 23.7%, 강원-충북-제주 20.1%, 충남 15.0%를 득표했으나 광주-전남-전북에서의 득표율은 0.9%에 불과했다. 공화당이 역시 연고지역인 충남의 득표율이 46.5%로 단연 높았으며 강원-충북-제주 23.2%, 서울-인천-경기 16.7%, 대구-경북 14.9%, 부산-경남 8.6%, 광주-전남-전북 1.6%의 분포를 나타냈다.

연고지역을 영남권, 호남권, 충청권으로 나눈다면 대체로 국민의 2/3 이상이 출신지역에 쫓아 맹목적적으로 투표권을 행사했다는 분석이 나온다. 이것은 제13대 대통령 선거와 제13대 국회의원 선거를 통해 지역주의가 더욱 고착화되었음을 말한다. 이에 따라 3김은 연고지역의 맹주로 군림하면서 한국정치사에 막강한 영향력을 행사하게 되었다.

집권당인 민정당이 125석을 획득하여 제1당이 되었지만 과반수 의석을 확보하는데 실패함으로써 여소야대의 분점정부<sup>divided government</sup>가 출현하게 되었다. 이것은 1954년 3대 국회 이후 처음 있는 일로 정치적으로 중대한 의미를 갖는다. 여소야대의 국회는 개원문제부터 진통을 겪었다. 집권당인 민정당이 제1당이지만 과반의석을 확보하지 못함으로써 의장단과 상임위원장단의 정당별 배분문제를 놓고 각 정당의 이해가 엇갈렸다.

여기에다 야당들이 개원과 함께 과거청산을 위한 6개 특별위원회를 구성하자고 요구하고 나서 국회는 개원도 하기 전에 난항을 거듭했다. 이에 대해 민정당이 먼저 국회를 열어 원구성을 마친 다음 별도의 국회를 열어 특별위원회를 구성하자고 제안했고 야당들이 받아들임으로써 1988년 5월 30일에야 국회를 개원할 수 있었다.

진통 끝에 국회의장으로 선출된 김재순은 4당 병립의 분포야말로 한국정치사에서 대화와 타협정치의 확고한 전통을 세우게 된 황금분할이라고 말하고 원만한 국회운영을 당부했다. 하지만 여야관계는 긴장의 연속이었다. 상임위원장 배분은 국회법을 고쳐 종래의 13개에서 16개로 늘려 민정당, 평민당, 민주당, 공화당이 7:4:3:2로 나누는데 겨우 합의했다.


## 김대중의 밀월, 김영삼의 반격

하지만 과거청산을 위한 특별위원회 구성을 놓고는 진통이 계속 이어졌다. 1988년 5월 18일 김대중, 김영삼, 김종필은 회동을 갖고 제5공화국 비리조사 특별위원회, 광주사태 진상규명 특별위원회, 비민주악법 개폐특별위원회, 양대 선거 부정조사 특별위원회, 지역감정 해소 특별위원회, 국회법 개정특별위원회 등 6개 특별위원회를 구성하기로 합의했다.

위원회 구성에서 최대의 쟁점은 전두환, 최규하에 대한 조사였다. 여야의 첨예한 대립과정에서 정기승 대법원장 임명동의안이 부결되는 사태가 발생했다. 대법원장 임명동의안이 국회에서 부결되기는 사법사상 처음이라는 점에서 노태우 정권에게는 치명적 타격이었다.

야3당은 대법원장 임명동의안 부결에 이어 노태우 정권에 또 한번의 타격을 가했다. 야3당은 국정감사 및 조사에 관한 법률안과 증언-감정 등에 관한 법률 개정안을 통과시켰다. 민정당의 반대에도 불구하고 2개 법안이 통과되자 노태우는 거부권을 행사했다. 하지만 야당이 대통령의 거부권을 번복하려면 의결정족수인 2/3에 미달하기 때문에 두 법은 폐기될 운명에 처했다. 이에 따라 여야는 협상을 통해 쟁점을 부분적으로 수정해 1988년 7월 23일 만장일치로 통과시켰다.

이어 8월 3일 야3당이 제안한 전두환 등 16명에 대한 출국정지 요청안이 통과되었다. 민정당은 의사일정에 없던 안건을 기습적으로 제의, 처리하려고 한다며 반발해 표결에 불참했다. 여당이 불참한 가운데 야당만으로 안건을 처리한 것은 의정 사상 처음 있는 일로서 앞으로 국회운영의 파란을 예고하는 사건이었다.

야3당의 공조체제에 따라 민정당은 각종 특별위원회에서도 끌려다닐 수 밖에 없는 상황이었다. 여소야대 말고도 노태우와 민정당

에게는 또 다른 정치적 부담이 기다리고 있었다. 그것은 중간평가
였다.

노태우는 1987년 12월 12일 유세에서 대통령에 당선되면 중간평
가를 받겠다고 공약했다. 야당은 이 공약을 실천하라고 압박하기 시
작했다. 3김은 1989년 3월 4일 회동을 갖고 국민투표 형식으로 대통
령의 신임을 묻는 중간평가를 실시한다는 입장을 확인했다. 그 시기
는 5공청산과 민주화 실현 등 국민이 평가할 만 한 실적을 올린 다음
으로 정리했다. 만약 이런 가시적인 실적이 없는 상태에서 노태우가
중간평가를 실시한다면 정권퇴진 투쟁을 전개한다고 다짐했다.

그런데 며칠 만에 사태는 거꾸로 돌아갔다. 1989년 3월 10일 노태
우와 김대중이 회동을 갖고 중간평가를 유보한다고 전격적으로 합
의했다. 노태우는 이를 근거로 3월 20일 중간평가 유보를 선언했다.
또 그로부터 3개월이 지난 뒤 노태우는 중간평가를 실시하지 않겠다
는 뜻을 분명히 밝혔다. 이처럼 민정당과 평민당의 제휴로 인해 중
간평가는 물 건너가고 말았다.

중간평가가 사실상 무산되었지만 민정당이 여소야대의 한계를 극
복하기는 여전히 어려움이 컸다. 국회운영뿐만 아니라 사회 각계에
서 민주화 욕구가 분출함에 따라 국정장악 능력이 현저하게 저하되
었다. 노태우의 민정당은 어떤 형태로든지 야당과의 전략적 제휴를
통해 국회의 안정적인 운영이 절실했다.

한편 김영삼의 민주당은 제2야당으로서 입지의 한계를 절감하고
있었다. 특히 숙명적인 경쟁관계인 김대중의 평민당과의 관계설정

이 중요한 과제였다. 노태우와 김대중이 중간평가 유보를 합의함으로써 제1야당인 평민당이 정국운영의 주도권을 장악했다고 판단했기 때문이다. 김영삼은 앞으로도 노태우과 김대중이 사안에 따라 협력관계를 설정해 나가면 민주당의 입지는 더욱 좁아진다는 위기감을 느끼게 되었다. 이에 따라 김영삼은 예상 밖의 선택으로 선회한다.

# 제3장

## 1990년대 체제와 지역주의

# 군벌과의 동침 3당합당

## 민주 – 반민주 세력의 야합

대선주자였던 1노 3김이 지역연고에 근거한다는 점에서 4당체제는 지역간의 갈등을 심화시키는 심각한 문제를 안고 있었다. 연고지역은 물론이고 서울을 포함한 수도권에서도 출신지역에 따라 투표권을 행사하는 경향이 더욱 심해져 지역감정이 점차 대립양상을 띠기 시작했다. 정치를 떠나서 직장에서도 보이지 않는 지역감정이 대인관계에 영향을 주기 시작했다.

3김이 경쟁관계에 있었다는 점에서 야3당의 협력관계는 근본적으로 한계가 있었다. 이에 더해 5공 청산을 둘러싸고 눈에 보이지 않는 지역간의 마찰이 고조되었다. 대학가에서는 시위와 농성이 빈번하게 일어나고 재벌기업의 노사분규가 분출하면서 이로 인한 경제불안이 겹치면서 정치불안이 가중되었다.

이에 따라 정계개편의 필요성이 대두되었다. 집권당인 민정당 일각에서는 연립정부 수립, 내각책임제 도입이 조심스럽게 거론되고 있었다. 그러나 당시로서는 내각책임제는 개헌문제가 따르기 때문에 실현성이 없었다. 하지만 노태우도 3김도 어떤 형태이든지 정계개편의 필요성을 절감하고 있었다. 야당의 입장에서도 다음 대통령 선거를 의식해 정국 주도권을 확보하는 차원에서도 정계개편의 필요성을 느끼고 있었던 것이다.

이 같은 정치-사회불안을 반영하여 1989년 10월 정기국회에서는 4당구도로 인해 파생되는 문제점에 대한 지적이 나오기 시작했다. 민정당에서는 4당구도가 정치화합과 경제발전, 사회안정에 기여할 것으로 기대했으나 갈등과 대립만 고조되고 있다는 주장이 나오기 시작했다. 야3당도 4당구도에 대한 국민불만을 인정하면서 정계구조의 변화가 필요하다는 쪽으로 입장이 바뀌었다. 13대 국회 개원 초기에 대화와 타협을 통해 민주주의의 실현을 강조하던 입장과는 크게 달라진 모습이었다.

그러더니 1990년 들어 한국정당사에 일대 변혁이 일어났다. 1월 22일 노태우, 김영삼, 김종필이 청와대에서 회담을 갖고 민주정의당-통일민주당-신민주공화당의 합당을 전격적으로 선언했다. 이른바 3당합당이다. 2월 9일 당명을 민주자유당으로 하고 김영삼과 김종필을 공동대표로 선출함으로써 개헌선인 원내의석 2/3이 넘는 216석의 거대여당이 태어났다.

이로써 13대 국회가 출범한지 채 2년도 되지 않아 여소야대의 정당판도가 압도적 거대여당의 탄생으로 바뀌었다. 1990년 3당합당은 1987년 민주화 이전까지 확립되었던 전통적인 야당세력 중에서 영남지역을 근거로 하는 통일민주당이 신군부의 계승자인 민주정의당과, 유신잔당인 신민주공화당과 합세하는 역사적 사건이었다. 이로 인해 한국의 정치사에는 큰 변혁이 일어났다.

합당문제에 대해 김영삼은 후일 5공 청산이 여야 합의에 의해 일단락남에 따라 미래를 내다보는 정계개편이 필요하다고 판단했고 그 대상으로 민정당을 생각했다고 밝힌 바 있다. 그는 1990년 1월 5일 4당체제는 국민에게 불안만 가중시키고 나라의 장래를 불확실하게 만들고 있음으로 바로잡아야 한다고 역설했다.

이어 1990년 1월 12일 노태우와 김영삼이 회동한 자리에서 노태우는 정책연합을 제의했다. 이에 대해 김영삼은 정책연합은 또 다른 정국불안의 요인이 될 수 있다며 합당을 주장했다. 김영삼은 지역주의에 근거한 4당체제는 국민에게 정치불안과 불확실성만 안겨준다면서 구국적 차원에서 정계개편을 주장하고 노태우가 합당에 동의한 것으로 알려졌다.

1990년 1월 22일 노태우, 김영삼, 김종필 3자는 회동을 갖고 9시간 논의 끝에 3당합당에 합의하고 5개항의 합의사항을 공동으로 발표했다. 노태우는 여소야대에 의한 정국불안을 돌파하고 정국운영의 주도권을 장악하려는 의도에서 3당합당에 동의했을 것이다. 김영삼은 4당체제로는 차기 대선에서도 성공할 가능성이 낮다는 판단에 따라 3당합당이란 모험을 결행했을 것이다. 김종필은 제3야당으로

서는 정치적 존재감을 부각시키기 어렵다고 보고 3당합당에 동의했
을 것으로 분석된다.


## 맹목적인 지역주의 고착

3당합당에 대해 그 주역인 김영삼은 구국의 결단이었다고 자평했
다. 반면에 김영삼의 정치적 경쟁자였던 김대중은 3당합당에 대해
1989년 12월 노태우가 자신에게 합당을 제의했지만 국민적 동의 없
이 여당에 갈 수 없다며 거부했다고 주장했다. 김영삼은 1987년 대
선에서는 2위로 낙선했으나, 1988년 총선거에서는 통일민주당이 제
2야당으로 밀려나자 특유의 정치적 결단을 내린 것으로 분석된다.

김영삼은 4당체제가 지속될 경우 1992년 대통령 선거에서 양김이
여당후보를 상대로 승산이 없고, 결국 양김에게 후보를 단일화하라
는 요구가 1987년과 마찬가지로 반복되면 제2야당 총재로서는 유리
한 고지를 점령하기 어렵다고 판단했을 것이다. 김영삼의 정치공학
적 계산에 입각한 3당합당은 민주화 세력이 타도의 대상으로 삼았
던 군벌과 동침한 꼴이 되어 국민적 공분을 샀다. 오로지 정치적 야
심만을 성취하기 위해 정치적 야합을 선택했다는 비난을 받았던 것
이다.

3당합당은 단순히 정치적 야합만으로 볼 수만 없는 또 다른 심각
한 문제가 있다. 3당합당은 대구-경북의 민주정의당, 부산-경남의
통일민주당, 충청권의 신민주공화당이 통합함으로써 지역구도를 더

욱 고착화시키는 결과를 초래했다는 점이다.

3당합당이 지역감정을 얼마나 악화시켰는지는 1985년 제12대 국회의원 선거결과를 참고해 볼 필요가 있다. 당시 김영삼과 김대중이 이끌며 정통야당을 표방했던 신한민주당과 집권여당 민주정의당의 의석수를 보자면, 〈표 1〉과 같이 두 당이 지역적으로 고른 분포를 나타내고 있었다.

〈표 1〉 제12대 국회의원 총선거 결과 *

| 지 역 | 민주정의당 | 신한민주당 | 기타정당 및 무소속 | 계 |
|---|---|---|---|---|
| 서 울 | 13 | 14 | 1 | 28 |
| 인 천 | 2 | 2 | 0 | 4 |
| 경 기 | 10 | 4 | 6 | 20 |
| 강 원 | 6 | | 6 | 12 |
| 충 남 | 8 | 4 | 4 | 16 |
| 충 북 | 4 | 2 | 3 | 8 |
| 전 남 | 11 | 5 | 6 | 22 |
| 전 북 | 7 | 2 | 5 | 14 |
| 부 산 | 3 | 6 | 3 | 12 |
| 경 남 | 10 | 5 | 5 | 20 |
| 대 구 | 2 | 2 | 2 | 6 |
| 경 북 | 10 | 4 | 6 | 20 |
| 제 주 | 1 | | 1 | 2 |
| 계 | 87 | 50 | 47 | 184 |

1985년 총선거를 앞두고 양김이 주도하여 창당했던 신한민주당은

---

* 중앙선거관리위원회 역대선거정보 http://www.nec.go.kr/sinfo/index.html 참조.

서울에서 과반의석을 차지하며 돌풍을 일으켰다. 기존의 민주한국당을 누르고 제1야당이 되었다. 당시 선거결과를 보면 민주정의당은 전남-전북에서 각각 과반수 의석을 차지했다. 하지만 민정당이 부산에서는 신한민주당이 차지한 6석의 절반에 불과한 3석을 차지하는 데 그쳤다.

이와 같은 결과는 1985년 총선거 당시만 해도 5·18 광주민주항쟁의 실체적 진실이 거의 알려지지 않았기 때문에 호남지역에서 민주정의당이 상당한 수준의 득표가 가능했을 것이다. 부산-경남에서 신민당이 괄목할 만한 득표율을 올린 것은 김영삼이 선거유세를 주도했기 때문이었다.

이 같은 다양한 정치적 이유와 별개로 치더라도 1985년 총선거와 3당합당 이후 1992년 총선거 결과를 비교해 보면 3당합당이 지역주의 고착화에 얼마나 악영향을 미쳤는지 알 수 있다. 3당합당으로 말미암아 맹목적으로 지역연고에 따라 투표권을 행사하는 '1990년 정치체제'가 등장하게 된 것이다.

3당합당에 따라 지역주의가 고착화함에 따라 부산-경남지역에 기반을 둔 민주화 세력이 1992년 총선에서 몰락해 버렸다. 3당합당에 합류하지 않은 노무현, 김정길, 김광일 등의 낙선이 그것이다. 이에 따라 민주화 세력의 주도권은 호남에 기반을 둔 김대중 중심의 정치세력으로 넘어갔다.

## 김대중의 고립, 정주영의 정계진출

3당합당에 대한 반발은 즉각적이었다. 김대중은 2월 27일 국회교섭단체 연설을 통해 3당합당은 반민주적, 반국가적, 반역사적 정치 쿠데타라고 규정한 다음 무효라고 주장했다. 이와 함께 국회해산과 함께 총선실시를 제안했다.

통일민주당 내부에서도 반발이 적지 않았다. 소속의원 이기택, 김정길, 노무현이 3당합당은 밀실야합이라고 신랄하게 비난했다. 이기택은 친일파가 이승만의 권력창출에 합세함으로써 친일파가 졸지에 독립투사로 둔갑했던 현대사의 비극을 다시 보는 듯하다며 비판의 강도를 높였다. 이기택은 신당 창당에 나서 무소속 의원 박종찬, 이철 등과 함께 6월 15일 당명을 '민주당'으로 하는 신당창당대회를 열고 총재로 선출됐다. 현역의원 8명이 참여한 이른바 '꼬마민주당'의 탄생이다.

'꼬마 민주당'이 출범하면서 평민당과의 양당통합이 논의되었으나 이 또한 순조롭지 못했다. 당의 지도체제를 둘러싸고 이견을 좁히지 못했던 것이다. 급기야 1990년 6월 28일 재야단체인 범민주통합 수권정당 추진회의가 야권통합을 위한 중재에 나섰다. 하지만 10월 22일 협상결렬과 함께 추진회의도 해체되고 말았다.

1991년 들어 친평민당계 재야인사들이 독자적인 신당 창당작업에 나서 3월 23일 신민주연합 창당발기인대회를 열고 창당준비위원장에 이우정을 선출했다. 곧 이어 신민주연합은 평민당과의 합당하는 절차를 거쳐 4월 9일 통합정당대회를 개최했다. 당명을 신민주연합당<sup>약칭 신민당</sup>으로 정하고 김대중을 총재로 선출했다.

신민당 창당은 김대중의 입장에서 평민당은 호남당의 이미지가 너무 강해 영남과 중부권에 교두보를 확보하려는 의도로 풀이되었다. 또 꼬마 민주당과의 통합과정에서 최대한의 지분을 이끌어내려는 고육책이기도 했다. 1년 이상 끌던 꼬마 민주당과의 통합은 1991년 9월 10일에야 결실을 보게 되었다.

이 날 김대중과 이기택은 기자회견을 갖고 통합을 선언했다. 당명을 당초 민주당으로 한다고 발표했으나 정당사에 민주당이란 당명이 너무 많아 혼선을 준다는 여론에 따라 통합민주당으로 부르기로 했다. 지도체제는 양측이 최고위원을 동수로 하는 집단지도체제로 하되 김대중, 이기택을 공동대표로 했다. 또 중앙당의 당직배분은 양측이 6:4의 비율로 하기로 했다.

9월 11일 신민당 의원 67명과 민주당 의원 7명의 명의로 국회에 교섭단체를 등록했다. 이로써 4당체제는 4년만에 다시 양당체제로 재정립되었다. 그러나 박찬종, 김광일은 합당은 김대중 1인지배체제에 흡수통합되는 것이라고 비난하고 합류를 거부했다. 난항을 거듭하던 양당의 합당이 성사된 배경에는 1991년 6월 20일 실시된 지방선거에서 야당이 참패한 데 있었다.

정당공천이 허용하지 않았던 구·시·군의회 의원선거와 달리 시·도의회 의원선거는 정당공천이 허용되었기 때문에 정당별 득표율과 당선자가 파악되었다. 민자당은 40.6%의 득표율을 올려 전체 의석 866명 중에서 564명의 당선자를 냈다.

의석비율로는 득표율보다 훨씬 높은 65.1%였다. 신민당은 21.9%를 득표했으나 당선자는 165명에 불과해 의석비율이 19.1%에 머물렀다. 민주당은 14.3%를 득표하고도 당선자를 21명 밖에 내지 못했다. 의석비율이 2.4%에 불과했던 것이다.

지역별로 정당별 당선자를 보면 민자당은 호남지역에서는 148석 중에서 단1석을 획득하는데 그쳤다. 호남을 제외한 나머지 지역은 718석 중에서 563석을 차지해 78.4%의 점유율을 올렸다. 신민당은 전체 당선자의 83.0%인 137명이 호남에서 나왔다. 비호남 야당으로 인식되었던 꼬마 민주당은 호남은 물론이고 영남에서도 참패했다.

이것은 1노3김의 연고지역에 따라 표가 그대로 나왔다는 뜻이다. 지역주의에 의존하지 않고는 정치적 입지가 불가능하다는 의미이기도 했다. 거대여당 민자당의 압승은 김대중, 이기택 모두에게 공멸의 위기감을 안겨주었던 것이다. 야권이 분열상태에서 그냥 가면 14대 총선에서도 야권의 패배는 필연적이라는 위기의식이 작용하여 두 정당이 합당하게 된 것이다.

의정사상 최초의 여소야대의 4당구도는 3당합당의 빌미를 줬고 이어 14대 총선을 앞두고 신민당과 꼬마 민주당의 합당을 이끌어내 양당구도가 정착되는 듯했다. 그런데 1992년 새해 벽두에 정주영의 통일국민당이 출현함으로써 정국은 새로운 국면을 맞게 되었다. 1월 3일 현대그룹 명예회장 정주영이 경영일선에서 퇴진하고 정계에 진출하겠다는 의사를 천명했다.

그는 정치참여의 동기를 민자당이 나라를 어지럽게 만들어 놓아

또 다시 민자당에 정권을 맡길 수 없다는 판단에 따라 현실정치에
투신하게 되었다고 정계 진출의 변을 밝혔다. 이어 통일국민당 창당
위원회를 결성하고 본격적인 창당작업에 들어갔다.

정주영은 1월 10일 창당발기문에서 통일국민당의 창당이념은 합
리주의, 민주주의, 공개주의, 책임주의이며 금융실명제와 토지공개
념 등의 정책을 추진해 경제정의를 구현하겠다고 강조했다. 2월 7일
연세대학교 교수를 지낸 김동길이 주축이 된 새한당창당 준비위원
회와 통합했다.

이어 2월 8일 중앙당 창당대회를 개최하고 당명을 국민당으로 하
기로 했다. 그리고 정주영을 대표최고위원, 김동길, 김광일을 최고
위원에 각각 선출했다. 이로써 민자당과 민주당의 양당체제는 개막
과 거의 동시에 종막을 내리고 3월에 치러질 총선에 대비한 3당 경
쟁체제로 들어갔다.


## '한 지붕 세 가족' 민자당 참패

1992년 3월 24일 실시된 제14대 국회의원 선거는 전국평균 71.9%
의 투표율을 보였다. 이는 1988년 제13대 국회의원 투표율 75.8%보
다 3.9%p 감소한 것으로서 제헌 국회의원 선거 이후 가장 낮은 투표
율이었다.

민자당은 38.5%의 득표를 얻어 지역구에서 116명, 전국구에서 33
명이 당선되어 149석의 의석을 확보했다. 1990년 3당합당에 따른 의

석 216석에 비해 67석이나 감소한 것이었다. 2/3의 의석을 확보했던 거대여당이 과반수의 의석을 얻은 데 실패한 것이었다.

민주당은 29.2%의 득표율을 올려 지역구 75명, 전국구 22명을 당선시킴으로써 개헌저지선에 육박하는 97석을 확보했다. 정주영의 국민당은 지역구 의원만으로도 원내교섭단체를 구성하는 24석을 확득했다. 득표율 10.5%에 따른 전국구 배분의석 7석을 포함하여 31석의 제3당이 되었다.

정당별 의석비율을 보면 민자당 49.8%, 민주당 32.4%, 국민당 10.4%였다. 이로써 제13대 총선에 이어 제14대 총선에서 의정사상 두 번째로 여소야대의 국회가 등장했다. 당시 언론은 민자당 '참패', 민주당 '선전', 국민당 '약진'이란 표현으로 14대 총선의 판세를 분석했다.

제14대 총선의 가장 큰 특징은 지역주의가 더욱 고착화되었다는 점이다. 민자당은 광주. 전남, 제주를 제외한 12개 시·도에서 당선자를 내서 지역별 의석분포가 가장 넓었다. 노태우의 연고지역인 대구-경북에서는 32석 중에서 68.8%인 22석을 차지했다. 김영삼의 연고지역인 부산-경남에서는 39석 중에서 79.5%인 31석을 획득했다. 김종필의 연고지역인 대전-충남에서는 영남지역에 비해 응집력이 낮았다. 대전에서 5석 중에서 1석, 충남에서는 14석 중에서 7석을 차지했으며 충북에서는 9석 중에서 6석을 획득했다.

민자당은 '계파별 득표분담제'란 득표전략을 추진하여 지역감정에 호소했다. 김영삼은 부산-경남을, 김종필은 충청권을, 박태준은 대구-경북을 분담해 해당지역 정당연설회에 참석, 민자당 후보의 지지를 호소했던 것이다. 반면에 김대중의 연고지역인 광주-전남에서는 단 1석도 획득하지 못했고 다만 전북에서 14석중 2석을 차지했다. 전북의 2석은 민주당이 부산-경남-대구-경북에서 단 1석도 얻지 못했다는 점을 고려하면 이례적이었다.

민주당이 민자당 다음으로 전국적 의석분포를 보였으나 역시 부산-경남-대구-경북에서 전멸했다. 연고지역인 광주-전남-전북에서는 전체의석 39석 중에서 37석을 차지해 94.9%의 점유율을 올렸다. 지역연고성이 옅은 것으로 보이던 국민당은 강원 14석 중에서 4석, 경남 23석 중에서 3석을 얻었다. 정주영의 고향이 강원도이고 현대그룹의 계열공장들이 경남에 밀집되어 있다는 점에서 지역성이 작용했다는 분석이 가능하다.

13대 국회의원 선거에서는 여소야대의 분점정부가 태어났다. 그 여소야대의 분점정부가 3당합당에 따라 여대야소의 단점정부로 바뀌었다. 그런데 14대 총선에서 국민은 다시 여소야대를 선택했다. 민자당 참패의 원인은 다각적 분석이 가능하다. 국민의 뜻을 무시하고 태어난 거대여당에 대한 견제심리를 첫째 원인으로 꼽을 수 있다. 그 다음 '한 지붕 세 가족'이란 표현이 말하듯이 계파간의 갈등과 대립도 큰 패인의 하나였다.

군사정권에 뿌리를 둔 민정계와 공화계, 그리고 민주화 세력이 주축인 민주계의 화학적 융합을 단시일 내에 기대하기 어려웠다. 계파간의 대립구조는 내각제 각서 파동을 통해 극명하게 나타났다. 1990

년 10월 25일 노태우, 김영삼, 김종필 3인이 자필로 서명한 내각제 개헌 합의각서가 언론에 보도되어 민자당은 한 때 분당위기로까지 갔다.

결론적으로 말하면 전당대회를 앞두고 민정계와 공화계는 의원내각제를 당의 공식입장으로 확인하려고 했고 민주계는 현실성이 없다고 반대한 데서 발단했다. 김영삼은 3당통합 과정에서 내각제를 반대했고 다만 그 같은 형식이 필요하다고 해서 단순히 서명했을 뿐이라고 주장했다. 그래서 더 이상 논의되지 않았으며 단지 3계파의 융합을 위해 서명했다는 것이다.

그러나 민자당 강령 제1조에 '의회와 내각이 함께 국민에게 책임지는 의회민주주의를 구현'한다는 구절이 있다. 이 대목을 본다면 김영삼의 주장을 액면대로 받아들이기 어렵다. 그 까닭에 계파간의 갈등은 점차 노골화되었다. 민정계와 공화계는 서명까지 한 정치적 합의를 파기하려고 든다며 민주계를 공격하면서 내각제를 공론화하려고 움직였다.

이에 대해 후일 박태준은 대통령제는 책임정치를 구현하는데 문제가 있다는 공통의 인식을 바탕으로 민자당이 탄생했다고 주장했다. 김영삼은 합당의 목적은 내각책임제가 아니라는 점을 강조하는 한편 각서공개는 공작정치라고 맞서면서 당무를 거부하며 분당도 불사한다는 뜻을 밝혔다.

사태가 급박하게 돌아가자 노태우가 나섰다. 내각제 포기의사를 김영삼에게 전달했던 것이다. 이로써 각서파동이 표면적으로는 일

단락됐다. 하지만 각서파동은 계파간의 갈등과 불신을 더욱 증폭시켰다. 특히 당권과 대권을 둘러싼 암투가 치열해지면서 총선에 당력을 집중할 수 없었다. 민자당의 패인은 내부의 분열과 대립이 가장 컸다.

김대중과 이기택의 합당에 따른 민주당의 탄생도 민자당의 패인으로 작용했다. 김대중의 연고지역인 호남에서의 민주당의 압승은 예상대로였다. 그런데 민주당이 서울과 중부권에서도 약진했다. 서울의 전체 의석 44석 중에서 25석을 획득했으며 중부권에서도 13석을 차지했다. 13대 총선에서 평민당이 강원, 충북, 충남지역에서 전멸했다는 사실과 비교하면 지역정당의 한계를 상당히 탈피한 셈이었다. 이것은 곧 민자당의 지지기반을 잠식했다는 의미이기도 했다.

국민당의 출현 또한 민자당의 패인으로 작용했다. 국민당이 민자당의 지지기반인 대구, 경북, 경남, 충청, 강원에서 의석을 확보했다는 사실이 그것을 말했다. 신생 국민당의 선전이 여소야대의 정치판도를 구축하는데 일조한 것이다.

하지만 민자당은 선거가 끝나자마자 원내 안정의석 확보를 위해 무소속과 야당의원 영입에 나섰다. 경북의 무소속 당선자 2명과 강원의 무소속 당선자 1명 등 무소속 당선자 10명을 입당시키는데 성공했다. 이로써 민자당은 제14대 개원일인 1992년 6월 29일 이전에 159석을 확보하여 다시 여대야소의 단점정부를 다시 구성하게 되었다.

선거기간 중에 관권개입 - 금품살포 사건이 잇달아 터졌다. 이 또한 민자당의 패인으로 작용했다. 민자당이 대학생 선거동원조직인 한맥청년회를 만들어 연설회장 등에 동원하고 일당을 지급했다는 사실이 언론보도를 통해 밝혀졌다. 민자당은 조직의 존재 자체는 시인했지만 일당지급은 부인했다. 하지만 언론이 입수한 자료는 한맥청년회가 30여 차례 동원되었으며 1인당 일당 2만원씩 지급한 사실이 적시되어 있었다.

여기에 국가안전기획부 직원의 선거개입사건이 일어났다. 선거를 3일 앞둔 3월 21일 서울 강남구 개포동 주공 1단지에서 안기부 직원 4명이 민주당 후보 홍사덕의 사생활을 비난하는 흑색선전물을 우편함에 투입하다 민주당 선거운동원들한테 들켜 구속되는 사건이 발생했던 것이다.

이어 3월 22일 밤 육군 제9사단 소속 이지문 중위가 기자회견을 통해 군부재자 투표과정에 부정이 있었다고 폭로하는 사건이 일어났다. 그는 지휘관의 정신교육, 공공연한 공개투표, 기무부대의 사전검열이 있었다고 주장했다. 민주당과 국민당은 일제히 공정한 감시하에 군부재자 투표를 실시하라고 요구하는 한편 선거종반의 최대쟁점으로 부각시켰다.

# 노태우의 성공과 실패

## 토지공개념–금융실명제 기득권층의 반발로 무산

노태우 정권은 선거에 의해 탄생했지만 따진다면 전두환 정권과
는 이란성 쌍생아라고 볼 수 있다. 이 태생적 한계는 집권 초기 전두
환 정권과의 단절이라는 멍에를 안겨주었다. 대통령 선거 득표율
36.6%, 여소야대의 국회의석 분포는 지지기반 확충이라는 정치적
과제마저 던져주었다. 군사독재정권과는 다른 면모를 보여야만 전
두환 정권의 망령에서 벗어날 수 있었던 것이다.

노태우는 선거라는 절차를 거쳤지만 그 자신이 신군부의 수괴라
는 점에서 군벌체제의 절반의 종식을 의미한다. 이에 따라 군사독재
체제에서 내재화됐던 정치적–경제적 불만이 일시에 폭발했다. 거의
모든 사회분야에서 비민주적 체제의 해체를 주장하는 시위–집회가
터져 나와 하루도 조용할 날이 없었다. 노태우는 신군부 방식의 강

압통치로는 사태를 개선하기보다는 악화시킬 것이라고 판단했던 것 같다.

노태우는 산업의 현장, 생활의 터전에서 분출하는 소외계층의 욕구를 진정시키기 위해 형평, 복지, 분배를 강조했다. 지역-계층간에 첨예하게 노정되는 갈등과 반목의 극복은 시대적 요청이기도 했다. 노태우 정권은 토지공개념과 금융실명제를 양축으로 하는 경제정의를 내세워 제도개혁을 시도했다. 소외계층을 중심으로 지지기반을 확충해 나간다는 전략이었다.

1980년대 후반 들어 3저호황의 여파로 부동산 투기가 광풍을 일으키고 있었다. 노태우는 택지초과소유부담금제, 개발이익환수제, 토지초과이득세를 골자로 하는 토지공개념을 도입했다. 토지를 일종의 공공재로 본다는 취지였다. 기득권층의 드센 반발과 저항을 불러일으켰음은 물론이다.

토지공개념을 실현하여 부동산 투기를 억제하겠다는 입법취지는 훌륭했다. 하지만 정책의지를 지나치게 강조한 나머지 법조문에 감정이 넘쳐났다. 그 결과 제도상의 불합리성-불형평성이 산재해 있었고 운영상에도 임의성-자의성이 개입되어 적지 않은 부작용과 역효과를 낳았다. 헌재의 위헌판결을 받아 그 취지조차 살리자 못하고 사실상 사장되고 말았다. 택지초과소유부담금제는 서울시와 광역시에서 가구당 200평 이상 택지소유자에게 주택부속토지는 공시지가의 7%, 나대지는 11%에 해당하는 세금을 부과하는 제도이다. 이 제도는 국민재산권을 침해한다는 이유로 1999년 헌법재판소에 의해 위헌 판결을 받았다.

개발이익환수제는 택지개발사업, 관광단지 조성 등 29개 개발사업을 시행하는 사업자에게 개발이익의 25%에 해당하는 개발부담금을 부과하는 제도이다. 이 제도는 아직 존속하나 기업의 부담을 덜어준다는 이유로 비수도권은 2002년부터, 수도권은 2004년부터 부담금 부과를 중지한 상태다.

토지초과이득세는 유휴지 등의 소유자에 대해 3년 단위로 전국평균 지가상승률의 150%를 웃도는 지가상승분에 대해 30~50%의 세금을 물리는 제도였다. 땅값이 급등한 지역에 대해서는 1년 단위로 미리 과세한 후 3년 단위로 정기과세시 정산토록 했다. 이 제도도 미실현이득에 대한 과세가 문제가 되어 1994년 7월 헌재의 헌법불합치 판결을 받아 1998년 12월 폐지됐다.

박정희 정권은 1962년 가명-무기명에 의한 금융거래를 허용하는 조치를 취해왔다. 저축증대를 통해 산업자본을 조달한다는 명목이었다. 그 결과 제도금융이 지하경제의 온상이 되어 버렸다. 그 극단적인 폐해가 1982년 전두환 정권 치하에서 터진 '이철희-장영자 어음사취사건'으로 표출되었다. 집권명분으로 사회정의 구현을 내세웠던 전두환 정권이 도덕적으로 치명타를 받자 1983년 7월 1일부터 금융실명제를 실시하겠다고 천명했다.

그러나 정치자금 조달에 차질을 빚을 것으로 내다본 민정당이 드세게 반발했다. 또 비자금 조성이 어려울 것으로 예상되자 재계가 여기에 가세했다. 정-재계가 하나가 되어 검은 돈의 거래가 봉쇄될

것을 우려해 조직적으로 저항했던 것이다. 결국 1982년 정기국회는 '금융실명거래에 관한 법률'이 제정했지만 5년 후 실시한다는 단서를 달고 사실상 사장되어 버렸다.

그런데 1987년 12월 대통령 선거를 앞두고 바로 그 민정당이 선거공약으로 다시 금융실명제를 들고 나왔다. 지지기반이 취약했던 노태우는 분출하는 소외계층의 불만을 진정시키려고 경제정의의 기치를 들고 다시 금융실명제 부활을 시도했다. 1989년 4월 11일 재무부에 '금융실명거래 실시준비단'을 설치하고 현판식까지 가졌다. 목표시한을 1991년으로 잡았다.

그런데 기득권층의 저항은 의외로 완강했다. 3당합당으로 태어난 거대여당 민자당이 바로 그 진앙지였다. 과거정권에서 권세를 누렸던 인사들이 소위 '총체적 위기론'을 내세워 개혁파를 맹공했다. 기득권층은 재계의 금력을 등에 업고 노태우가 내세운 경제정의의 정책방향을 역전시키는데 성공했다. 1990년 3·17 개각이 바로 그것이었다.

개혁파를 제거하고 권력전면에 부상한 이른바 성장파가 금융실명제를 생매장하기가 바쁘게 1990년 4·4 경기부양책을 내놓았다. 1986~1988년 있었던 3저호황의 여열이 당시에도 뜨거워 소화전이 필요한데 발화전을 동원한 격이었다. 경기순환의 측면에서 보면 1988~1989년은 과열경기를 조정해야 할 시기로 보는 게 옳았다. 그런데 반대정책을 썼으니 노태우가 내세웠던 경제정의가 방향타를 잃고 표류하게 된 것은 당연한 귀결이었다.

개혁포기에 대한 비판여론이 비등하자 노태우는 그 무마용으로 속죄양이 필요했다. 초법적 발상인 1990년 5·8조치가 재벌의 비업무용 부동산을 과녁으로 겨냥했다. 재벌기업의 비업무용 부동산 강제매각 및 신규취득 금지조치가 그것이었다. 당시 '총체적 위기'로 표현되던 부동산투기의 주범으로 재벌기업의 부동산 과다보유를 지목했던 것이다.

49개 재벌그룹이 보유했던 비업무용 부동산 5,700여만평과 금융기관의 과다보유 부동산을 강제로 매각하도록 했다. 또 생산활동과 직접적인 관련이 없는 부동산의 신규매입을 금지시켰다. 정책방향-취지의 타당성은 인정되나 기준도 애매하고 법적 뒷받침이 없다보니 근본적인 한계를 갖고 있었다.

재계의 반발에도 불구하고 집권세력의 의지는 의외로 견고했다. 5·8조치의 과오는 정부에 대한 신뢰의 위기를 유발했다는 점이다. 경제정책의 불가측성은 기업의 투지심리를 위축시켜 10년만에 최저성장이라는 경기침체를 초래하는 데 결정적 역할을 했다고 볼 수 있다. 이와 함께 재벌기업의 부동산 사재기에 제동을 걸었다는 긍정적 평가가 있는 것도 사실이다.


## 물가폭등 – 주가폭락 부른 5개 신도시 졸속추진

1986~1988년 저금리, 저달러, 저유가에 힘입은 3저호황은 부동산 경기의 주기로 볼 때 사상최대의 부동산 투기를 잉태하고 있었

다. 여기에다 13대 대통령 선거 기간 중에는 엄청난 선거자금을 살포했고, 또 선거공약으로 지역개발 공약을 남발했다. 불난 데 기름을 붓는 격이어서 부동산 투기는 더욱 기승을 부렸다.

노태우 정권 출범을 전후하여 2~3년 사이에 전국의 땅값이 상업용지, 택지, 임야, 농지를 가리지 않고, 지역적으로는 수도권, 서해안, 동해안을 불문하고 무차별적으로 급등했다. 집값도 폭등했다. 강남 고급아파트의 경우 평당 700만원으로 뛰었다. 아파트 한 평 값이 집 없는 서민의 전세 값과 맞먹는 수준으로 올랐던 것이다. 당시 평당 분양가는 134만원이었다. 분배의 정의를 강조하던 노태우 정권으로서는 당황하지 않을 수 없었다.

부동산만 투기광풍을 일으킨 것이 아니었다. 주식시장도 과열되어 돈 놓고 돈 먹는 금융투기의 장세로 변했다. 1986년 초에만 해도 160선에 불과하던 종합주가지수가 3년여만인 1989년 5월에는 950선으로 6배나 뛰었다. 이에 따라 상장주식 시가총액도 6조6,000억원에서 73조3,000억원으로 무려 67조원이나 늘어났다.

돈 있는 사람은 너나없이 부동산 시장으로, 주식시장으로 뛰어들어 온 나라가 투기판을 닮아갔다. 투기광풍은 물가앙등→노사분규→임금인상→물가앙등→노사분규의 악순환으로 이어져 산업현장 곳곳에서 격렬한 노사분규가 일어났다. 또 소외계층의 집단행동을 유발하여 계층-부문간의 갈등과 반목은 더욱 증폭되어 온 나라가 소연했다.

온갖 부동산 투기억제책을 내놓았으나 효험이 없자 노태우 정권은 맞불작전으로 5개 신도시(분당·일산·평촌·중동·산본)에 200만호 건설계획을 급조했다. 물량작전은 어느 정도 주효하여 투기의 큰 불길은 잡았다. 그런데 분당시범단지 견본주택 공개 첫날 무려 20만명의 인파가 몰려 당시의 투기열풍을 짐작케 했다. 경쟁률이 살인적이어서 최고 170대 1이었고 평균 경쟁률이 47.8대 1을 나타냈다.

200만호 건설계획을 조기에 달성한다고 무리하게 밀어붙인 바람에 이에 따른 부작용-후유증이 참으로 엄청났다. 건설기간 내내 각종 건자재 수요가 폭발하여 해외에서 저급품을 마구잡이로 수입했다. 그래도 건자재 공급난이 풀리지 않아 웃돈을 주고도 물량을 확보하지 못해 건설업체들이 공사를 중단하기 일쑤였다. 여기에 인력난마저 겹쳐 시공순서를 뒤바꿔 부실공사가 양산됐다.

중국산 시멘트는 레미콘으로 적합하지 않을 만큼 품질이 조악했다. 남미산, 터키산 철근은 강도가 낮은데다 오랜 항해로 해수에 침수되어 부식상태가 심했다. 평상시 같으면 건자재로 쓸 수 없는 불량품이었다. 모래마저 모자라 바다모래를 미쳐 세척하지 않은 채 사용해 부실공사를 둘러싼 시비가 곳곳에서 그치지 않았다.

수년간 지속된 자재난-인력난은 물가앙등→인금상승으로 이어졌다. 웃돈을 주고도 못 사던 자재난은 진정되었지만 가격하락 경직성에 따라 한 번 올라간 물가는 내릴 줄 몰랐다. 입주민의 불만 또한 심각한 수준이었다. 졸속-급조계획을 고지점령식으로 밀어붙인 바람에 날림-부실공사에 따라 신도시 곳곳에서 갈라지고 터지고 샌다고 난리가 났었다.

자재난-인력난은 물가앙등으로 연결되어 고스란히 국민부담으로 돌아갔다. 물가앙등-임금상승만이 문제가 아니었다. 한정된 자원에 대한 배분을 고려하지 않은 채 단시일 내에 철근콘크리트 구조물의 물량공세를 취함으로써 여기서 발생한 국가적 낭비가 심대했다. 86아시안게임, 88서울올림픽에 이어 200만호 주택건설, 대전 엑스포가 맞물려 사회간접자본에 대한 투자가 집중적으로 이뤄졌다.

그 탓에 철근콘크리트 구조물이 건국 이래 최대규모로 양산되었다. 제염되지 않은 바다모래, 해수에 침수된 수입철근, 접착력이 낮은 수입시멘트가 복합적으로 작용하여 국가미래의 근간이 되는 철근콘크리트 구조물의 내구력과 내하력에 심각한 문제가 제기됐던 것이다.

신도시 건설공사의 강행은 네 자리 시대를 개막한다는 증시마저 좌초시켰다. 시중자금이 신도시로 몰리니 증시는 온갖 부양책을 마다하고 침체의 늪에 빠져 헤어날질 못했다. 정계-재계는 증시침체의 원인을 금융실명제 탓으로 돌리고 난리를 쳤다. 노태우 정권이 증시부양책의 일환으로 금융실명제 실시를 포기했지만 전혀 효험이 없었다.

급기야 1989년 12월 12일 새벽 무슨 군사작전이라도 벌이듯이 경제부총리, 한국은행 총재를 배제한 채 밀실에서 급조한 증시부양책을 재무부 장관이 발표했다. 증시를 살린다며 은행으로 하여금 2조 7,000억원을 투자신탁회사에 강제로 대출하도록 해서 주식을 사라고 강압했던 것이다. 이것이 이른바 12·12 조치였다.

시장경제의 원리를 무시하고 중앙은행의 발권력을 동원하여 인위적으로 주가를 조정하겠다는 초법적 조치는 결국 실패로 끝나고 말았다. 2년 반 후 5조6,000억원으로 불어난 부채를 한국은행 특별융자로 탕감해주고 도산위기에 놓인 투자신탁회사를 구조해야만 했다. 당시만 해도 금융자금을 동원해 주가를 인위적으로 조정-통제하기에는 시장규모가 너무 커져있었던 것이다.

증시활성화를 위해 중앙은행의 발권력을 동원하여 투신사의 이자를 탕감한다는 발상은 상상조차 하기 어려운 일이었다. 다른 문제를 떠나서도 특융금리 3%와 통화채금리 13%의 이자차익만큼은 분명한 금융특혜였다. 당시 농촌경제가 시장개방으로 위기상황에 놓여 있었지만 노태우 정권은 추곡수매에 대해서는 아주 인색했다. 하지만 주식투자에 따른 손실보전비용으로 2조9,000억원이란 거액을 지원했다.

당시 국제수지가 크게 악화되고 있었다. 가장 큰 원인은 급속한 시장개방이었다. 그 중에서도 농업부문이 심각했다. 농촌경제가 1989년부터 본격적으로 개방되기 시작하여 식량자급률이 34.4%로 급락했다. 식량의 65%를 해외에서 조달하다보니 1992년 1~11월 농림수산물 수입액이 65억5,000만 달러로 늘어나 이 부문 무역적자만도 39억4,000만 달러에 달했다.

5개 신도시 건설이 주택공급 확대에 따른 주택가격 안정에는 기여했지만 급조계획을 군사작전식으로 밀어붙인 결과가 낳은 후유증-부작용은 고스란히 국민에게 돌아갔다. 특히 물가폭등은 많은 국민

들에게 많은 고통을 안겨줬다. 증시부양을 위한 한은특융도 따지면
국민부담이었다.

## 득표용 고속철 – 새만금 날림 국책사업 남발

1989년 11월 베를린 장벽이 무너지고 그것을 기점으로 소비에트
연방공화국과 동구권에서 공산주의가 붕괴되었다. 1985년 소련에서
대통령 고르바쵸프의 등장은 공산주의의 대변혁을 예고했다. 그가
대내적으로는 개혁 perostorica 과 대내적으로는 개방 glasnost 을 주창하면
서 철의 장막이 걷히기 시작했던 것이다.

이에 따라 노태우 정권도 집권 초기부터 북방외교, 북방경제로 요
란했다. 방향은 옳았지만 성과에 급급한 나머지 시장에 대한 면밀한
조사도 없이 시끄럽기만 했다. 당시 많은 기업인들이 정부의 정책에
편승해 북방국가들을 드나들면서 합작투자니 뭐니 해서 금맥이라도
잡은 듯이 부산했지만 성과는 미미했다.

정권 차원에서 소련과 동구권 국가에게 경협자금을 지원하면서까
지 외교관계를 수립했다. 소련에는 30억달러의 차관을 줬지만 아직
까지도 미수금이 남아있는 실정이다. 소련이 해체된 이후 러시아가
채무를 승계했지만 상환을 미루고 있는 것이다.

당시 외채가 420억달러에 달했다. 그 시점의 외환사정을 고려한
다면 그 같은 거액의 차관까지 주면서 수교를 서둘 이유가 없었다.
공산체제가 하루아침에 붕괴되었지만 시장경제는 하루아침에 도입

되지 않는 사실을 묵과했던 것이다. 당시 구공산국가들은 공통적으로 심각한 생필품난을 겪었지만 구매력이 없어 한국상품을 수입할 여력이 없었다.

노태우 정권은 돈을 주고 수교修交를 사는 한편 국민경제에 막대한 부담을 주는 대형 날림 국책공사도 남발했다. 그 대표적인 예가 경부고속전철과 새만금 사업이다. 사업의 타당성–경제성과 함께 환경영향을 따지지 않고 정치적 판단에 따라 막대한 재정투입이 필요한 대형사업 잇달아 확정했던 것이다.

그것도 대통령 선거를 앞두고 득표전략으로 급조했다. 노태우 정권은 1989년 불쑥 공사비 5조8,462억원을 들여 1998년까지 경부고속철도를 건설하겠다고 발표했다. 건설계획을 날림으로 만든 바람에 착공 후에 노선을 변경했다. 당초에는 대구 이남의 노선이 대구~밀양~부산을 잇는 직선이었다. 그런데 1992년 대구~경주~부산으로 바꾸었다. 이것은 경주, 포항, 울산 지역의 표를 노린 득표전략이었다.

여기서도 말썽이 터졌다. 경주 도심을 통과하면 문화재를 훼손한다는 반대여론에 밀려 경주 우회로 바꾸었다. 이어 1992년 4월 천안~대전 구간에서 부랴부랴 착공식을 가졌다. 땅 한 평도 매입하지 않은 채 하천부지에서 첫 삽을 떴다. 국책사업을 그해 12월 대통령 선거를 겨냥한 득표수단으로 이용했던 것이다.

착공한지 1년 반이 지난 1993년 6월 김영삼 정권이 건설계획을 대폭 수정했다. 완공시한을 당초보다 4년이나 늦은 2002년으로 미루고 공사비도 2배 가까이 증액했다. 그 이후에도 알게 모르게 완공기한과 공사비가 늘어났다. 2004년 4월 국회의원 선거를 앞두고 경부고속철도가 개통됐다고 떠들었지만 그것은 부분개통이었다.

경부고속철도 1단계공사는 409.8km인데 광명~대구 238.6km는 고속철로로 달리고 나머지 서울~광명과 대구~부산은 기존철로를 전철화해서 운행하는 반쪽짜리 고속철도였다. 동대구~경주~울산~부산을 연결하는 이른바 2단계 구간은 169.5km이다.

그런데 그 중에서 128.5km인 동대구~부산 구간을 2010년 11월 1일 서둘러 개통했다. 이 또한 정치적 행사여서 G-20 정상회담을 겨냥한 것이다. 나머지 대전~대구 도심구간 41km는 2014년에 가서야 완공될 예정이라고 한다.

1989년 노태우 정권은 고속철도 건설계획을 발표할 당시 완공시기를 1998년이라고 밝혔다. 그런데 공사가 지연되자 김영삼 정권이 건설계획을 수정해서 4년 늦은 2002년에 공사가 끝난다고 발표했다. 그런데 그 완공시기를 10년이나 넘긴 2012년까지도 공사가 끝나지 않고 있는 것이다. 당초 건설계획을 발표한지 25년, 착공하지 22년이 지나서야 완공된다는 이야기다.

당초 공사비도 5조8,462억원이 들어가면 완공된다고 했다. 그러더니 완공시기와 공사비가 수시로 늘어나더니 2010년 전구간을 완공하려면 당초보다 3배 이상 많은 18조4,358억원을 투입해야 한다는 발표가 나왔었다. 이제는 공사가 완전히 끝내려면 공사비가 당초보다 무려 3.5배 이상 늘어난 20조7282억원이나 들어간다고 한다.

결과적으로 보면 선거를 앞두고 득표용으로 공사비와 공사기간을 주먹구구로 산정했다는 소리 밖에 안 된다. 단군 이래 최대의 국책사업을 이렇게 엉터리로 계산해서 추진함으로써 국가경제에 막대한 낭비를 초래했지만 어느 누구도 책임진 사람이 없다.

고속철도는 평지에 적합하다. 그런데 경부고속철도는 전구간의 70% 이상이 터널과 교량을 통과한다. 터널공사를 하다가 대규모 폐갱도를 만나 공사를 중단하거나 노선을 변경하기도 했다. 교량상판 설계에서 결함이 발견되어 공사를 멈추기도 했다. 정밀지질조사도 하지 않고 설계도면도 없이 공사를 벌려 예기치 못한 사건들이 숱하게 일어났다. 천성산 터널공사를 둘러싼 환경파괴 논란도 그 까닭에 발생했던 것이다.

1987년 12월 당시 민정당 대통령 후보 노태우는 느닷없이 새만금사업을 발표했다. 바다에 방조제를 쌓아 대규모 농업용 간척지를 조성하겠다는 계획이었다. 이 또한 호남지역 득표전략이었다. '호남 푸대접론'이 선거쟁점으로 떠오르자 공약을 급조했던 것이다. 경제적-기술적 타당성은 물론이고 환경파괴, 자연훼손에 대한 검토도 여론수렴도 없이 서둘러 발표하여 공사과정에 많은 논란과 함께 말썽이 일어났다.

노태우 정권은 1991년 8월에야 공사를 개시했다. 공사착공시한 또한 1992년 12월 대통령 선거를 겨냥한 것이었다. 득표를 노린 정치적 포석이었다. 새만금 사업도 대역사이다. 바다를 막아서 길이 33.9㎞의 방조제를 축조하여 간척지를 조성하는 공사이다. 김영삼

집권 당시인 1996년 7월 시화호의 수질오염이 심각한 환경문제로 대두되면서 새만금 공사가 도마에 올랐다. 새만금도 시화호와 같은 꼴이 되지 않겠느냐는 여론이 비등했다.

이이 앞서 1993년 12월 우루과이 라운드가 타결되었고 1994년 1월 WTO세계무역기구가 출범하면서 쌀 시장이 부분적으로 개방되었다. 여기에다 식생활 변화에 따라 쌀 소비량이 줄면서 쌀이 남아돌자 농지 효용성에 대해서도 의문이 제기됐다. 차라리 갯벌을 그냥 두는 게 경제적 이득이 크다는 논란이 일어났던 것이다.

환경단체의 반발이 드세져 1999년 5월부터 2년간 방조제 공사가 중단되는 사태까지 일어났다. 관민공동조사를 위한 것이었다. 하지만 결론이 나지 않았다. 환경단체가 매립허가 취소소송을 제기함으로써 그 공방은 법정으로 넘어갔다. 2005년 2월 서울행정법원이 환경단체의 손을 들어주었다. 하지만 노무현 정권은 공사를 강행한다며 이에 맞서는 사태까지 일어났다. 당시로는 공사를 중단할 수도 없는 상황이었다.

노태우 정권이 새만금 사업을 추진할 당시 총사업비를 8,200억원, 공사마무리 시기를 2012년으로 예상했었다. 그런데 사업을 추진하는 과정에서 사업중지, 공사중지 가처분에 의해 두 차례나 사업이 중단되는 사태가 일어났다. 여기에다 어업보상비 4,400억원이 추가되었고 방조제 유실로 777억원의 손실이 발생하면서 사업비가 1조 3,000억원으로 증가했다. 이 사업비도 2002년에는 당초보다 2.5배에 가까운 3조489억원으로 늘어났다.

2010년 4월 새만금 방조제가 완공됐다. 1991년 첫 삽을 뜬지 19년 만의 일이었다. 완공된 다음에도 일부 구간이 유실되어 말썽을 빚기도 했다. 1998년 감사원이 감사를 통해 공사완료 예정시기인 2011년까지 추정공사비는 농지조성을 위한 비용이 5조9,530억원(외곽공사비 2조2,930억원, 내부개발비 3조6,600억원)에 달한다고 밝힌 바 있다.

또 감사원은 전라북도가 바라는 대로 용도를 변경해서 복합산업단지로 조성할 경우 28조5,529억원(외곽공사비 2조2,930억원, 내부개발비 26조2,599억원)이 소요된다고 결론을 내리기도 했다. 완공시기도 2020년이니 2030년이니 하는데 그 막대한 재원을 과연 조달할 수 있을지 의문이다.

결국 선거전략으로 대형 국책사업을 날림으로 추진함으로써 공사과정에서 많은 시행착오과 부실공사가 반복적으로 발생했고 그 과정에서 국가경제에 막대한 손실을 안겨줬다. 국책사업이라면 경제적-환경적 타당성을 검토하고 재원조달계획을 세우고 투자의 우선순위를 따져야 한다. 그런데 선거전략으로 이용하는 바람에 국민부담만 가중시켰다.

# 제4장

## 신자유주의와 양극화 사회

# 김영삼의 군벌체제 청산

## 김영삼의 민정계 제압, 대통령 후보 쟁취

제14대 대통령 선거는 1992년 12월 18일로 예정되어 있었다. 이 선거는 신군부의 전두환-노태우가 대통령을 역임한 다음에 실시된 다는 점에서 결과에 관계없이 진정한 의미의 민간정부 탄생이라는 뜻을 지녔다. 18년간의 박정희, 12년간의 전두환-노태우의 군사통치를 실질적으로 종식하는 의미를 가졌던 것이다.

이 점에서 14대 대통령 선거는 정치적 정통성을 확보하는 상징적 의미가 컸다. 따라서 13대 대통령 선거와는 달리 30년간 이 나라를 지배해온 군벌이 정치의 현장에서 밀려남에 따라 민주 대 반민주의 대결구도는 형성되지 않았다.

그 대신 지역감정, 인물대결, 금권선거, 이념논쟁 등이 선거쟁점으로 떠올라 정책대결이 실종한 선거였다. 또 14대 국회의원 선거가

치러진지 9개월 만에 실시된다는 점에서 총선거의 여파도 컸다. 국회 원구성에서 밀리면 대통령 선거에서 불리하다는 판단에 따라 여야는 첨예하게 대립했다.

마침내 1992년 8월 11일 민자당 대표 김영삼과 민주당 대표 김대중이 회동을 갖고 정치관계법 심의위원회를 여야 각각 9명씩 18명으로 구성하기로 합의했다. 이로써 파행을 거듭하던 국회는 임기가 개시된지 125일이 지난 1992년 10월 2일에야 17개 상임위원회를 구성함으로써 원구성을 마무리했다. 이로써 국회의 전무후무한 개원 휴업의 막을 내렸다.

민자당 내에서 14대 총선 패배에 대한 책임론이 제기되자 김영삼은 선거가 끝난지 사흘만인 1992년 3월 27일 대통령 후보 지명을 위한 전당대회에 후보로 나서겠다고 선언했다. 국면전환을 노린 그의 전략은 주효하여 민자당은 본격적인 후보지명 경쟁체제에 돌입했다. 민자당은 후보지명을 위한 임시전당대회를 1992년 5월 19일 개최키로 확정하고 후보등록을 개시했다.

문제는 민정계를 대표해서 누가 출마하느냐가 관심사였다. 박태준과 이종찬이 치열한 신경전을 벌였으나 박태준이 4월 17일 돌연 경선을 포기한다는 입장을 밝힘으로써 새로운 국면을 맞게 되었다. 박태준은 전날 안기부장 이상연을 만났는데 이 자리에서 출마를 포기하라는 노태우의 뜻을 전달 받은 것으로 알려졌다.

이로써 민자당의 경선은 김영삼과 이종찬으로 압축되었지만 불공정 경선이란 시비가 그치지 않았다. 이종찬은 외압설이 나도는 현실에서 모양만 갖춘 경선에는 단호하게 대처할 것이라고 선언했다. 그는 또 합동연설회와 TV토론을 제안했다. 김영삼은 과열혼탁과 인신공격을 이유로 이 제안을 거절했다.

이어 김영삼은 당내 모든 계파를 망라한 추대위원회를 발족했다. 김종필은 한 달 동안 장고 끝에 김영삼을 밀기로 결심하고 추대위원회의 명예위원장을 맡았다. 현실적으로 김영삼 이외에 대안이 없고 만약 그가 반대한다면 합당 자체가 곤경에 처한다고 판단한 데 따른 것으로 보인다. 한편 이종찬은 노태우의 중립성에 의문을 제기하며 3개항의 조건을 제시했다. 합동연설회, 추대위 해체, 외압관계자 추가문책이 그것이었다.

노태우는 외압설이 제기되자 정무수석비서관을 경질한 바 있다. 이종찬의 경선거부 움직임에도 불구하고 민자당은 전당대회를 예정대로 1992년 5월 19일 개최했다. 이 날 김영삼은 전체 투표자의 66.3%의 지지를 얻어 대통령 후보로 확정됐다. 김영삼은 후보수락연설을 통해 3당통합의 결실을 토대로 민주주의 완성, 선진경제 실현, 민족통일 성취라는 국가목표를 향해 매진할 것이라고 말했다.

이와 함께 그는 당의 단합을 당부하는 한편 대통령 선거에서 승리를 다짐했다. 한편 33.2%의 지지를 얻은 이종찬은 경선의 원인무효와 후보선출 불인정을 재확인하고 당에 남아 투쟁할 것이라고 밝혔다. 경선의 파행에도 불구하고 민자당은 후보 김영삼을 중심으로 차츰 결속하는 모습을 보이기 시작했다.

## 김대중의 세 번째 대권도전

민자당에 앞서 국민당이 3당 중에서 가장 먼저 대통령 후보를 선출했다. 정주영이 단독으로 등록한 국민당은 1992년 5월 15일 임시 전당대회를 열고 기립표결 방식으로 그를 대통령 후보로 추대했다.

정주영은 후보 수락연설을 통해 오늘의 시대는 분단에서 통일로, 권위주의에서 민주주의로 넘어가는 변화의 소용돌이가 낡은 정치를 무너뜨리고 있다고 진단했다. 그는 이어 이러한 시대적 흐름에 부응해 분단극복과 선진경제 창출이라는 민족사적 과업을 달성하겠다고 천명했다.

당시 국민당은 창당에서 운영, 자금까지 전적으로 정주영과 현대그룹에 의존하는 형편이었다. 또 정주영이 대권을 염두에 두고 창당했다는 점에서 단독출마는 기정사실이었다. 국민당은 국민에게 드리는 글을 통해 경제에 활력을 불어넣고 성실과 정직이 존중되고 부패와 술수가 자취를 감추는 사회를 만들겠다며 국민당에 대한 지지를 호소했다.

한편 민주당은 3당 중에서 가장 늦은 1992년 5월 25~26일 전당대회를 개최하고 최고위원과 대통령 후보를 선출하기로 했다. 당내의 지지기반을 미루어보아 김대중의 추대가 가능했다. 하지만 김대중은 당내 민주주의와 개혁의지를 내세워 경선을 주장했다.

하지만 일부에서는 실질적인 경선에 대해 회의적이었다. 이 같은 시각을 의식해 민주당은 서울, 중부, 호남, 영남 등 4개 권역별로 개인연설회를 실시하고 경선에 앞서 합동연설회를 갖기도 했다. 이기택이 먼저 경선출마를 선언했다. 그는 5월 8일 지역분할주의를 청산하고 세대교체와 새 정치를 구현하기 위해 출마를 결심했다고 밝혔다.

5월 16일 김대중이 출마를 공식적으로 선언했다. 그는 나라의 운영에는 깊은 철학과 경륜이 있어야 하며 많은 경험과 국정관리 능력이 있어야 한다고 말하고 정권교체의 꿈을 성취하겠다고 강조했다. 민자당은 정치, 경제, 사회 등 모든 분야에서 실패했으므로 정권교체는 필연적이라고 주장했다.

5월 25일 합동연설회에서 김대중은 김영삼을 겨냥해 다음 대통령은 군출신이나 군사정권에 협력한 사람이 되어서는 안 된다고 주장했다. 군사세대에서 민주세대로 바뀌는 진정한 의미의 세대교체가 이뤄져야 한다는 것이 그의 주장이었다. 이어 그는 자신이야말로 지역감정의 최대 피해자라고 말하고 자신은 용서와 화해의 정치를 해낼 수 있는 정치인이라고 강조했다.

이기택은 대선 승리를 위한 후보의 조건으로 부패한 정치권의 세대교체를 이루고 지역갈등을 해소할 수 있는 인물이 되어야 한다고 주장함으로써 김대중과의 차별화를 시도했다. 5월 26일 열린 대회에서 김대중은 유효투표의 60.4%를 얻어 후보로 당선됐다. 이기택의 득표율은 39.6%였다.

김대중은 후보수락 연설을 통해 민주당이 집권하면 각계, 각층, 지역 그리고 모든 정당이 참여하는 거국내각을 구성할 것이라고 말했다. 그는 이어 인사차별 철폐를 통한 지역감정 타파, 정치범 석방,

물가안정, 투기방지 등 분야별 정책대안을 밝혔다. 이로써 김대중은 1971년, 1987년에 이어 세 번째 대권에 도전했다. 그 까닭에 그는 모든 것을 걸고 승리하겠다고 다짐하면서 여러 차례 '마지막'이라는 말을 언급했다.

민자당, 민주당, 국민당 등 3당이 대통령 선거 6개월 전에 후보를 확정했지만 14대 국회의 개원과 맞물려 정국은 소연했다. 민자당이 권력투쟁에 이어 탈당 소용돌이에 휩싸였다. 경선에 불복해오던 이종찬이 1992년 8월 17일 민자당을 탈당하고 신당 창당에 나섰다. 이종찬은 지역패권주의와 낡은 정치문화를 더 이상 방기해서는 안 된다는 일념으로 민주대장정의 밑거름이 되고자 민자당을 탈당한다고 말했다.

이종찬이 탈당한지 한 달만인 8월 17일 대통령 노태우가 탈당 의사를 밝히고 10월 5일 민자당사를 방문해 탈당계를 공식으로 제출했다. 노태우는 관권개입 시비를 불식하고 중립내각을 구성해 공명선거를 국민에게 약속하기 위해 탈당한다고 밝혔다. 노태우의 탈당은 탈당사태를 유발했다. 최고위원 박태준, 당고문 채문식, 윤길중, 현역의원 박철언, 김용환, 이자헌, 장경우, 유수호 등 5명과 민정계 지구당위원장들이 집단으로 탈당을 결행했다.

김영삼은 1992년 10월 13일 국회 대표연설에서 심정의 일단을 피력했다. 노태우의 탈당으로 중립내각이 구성된 것은 민자당의 자기희생과 자기혁신의 각오로 이뤄진 것이라고 주장했다. 그는 집권여당의 후보로서 부정한 선거를 통해 대통령이 될 생각이 없었기 때문

에 집권여당 후보의 기득권을 포기한다는 전제 아래 중립내각을 제
안했다고 말했다.

그는 또 대표연설을 통해 의원직 사퇴의사를 밝혔다. 대통령 후보
로서 혼신의 힘을 다하기 위해 국회의원으로서 책임과 의무를 다할
수 없으므로 국회의원직을 사퇴한다고 말했던 것이다. 김영삼은 후
일 회고록을 통해 이 부분에 대해 자신의 당선이 두려워 이를 방해
하기 위해 노태우가 탈당했다고 다른 의견을 피력했다. 당시 김대중
은 노태우의 탈당에 대해 참으로 용기 있고 현명한 구국의 결단이라
고 극찬했다. 정주영은 우국충정에 경의를 표한다고 말했다.

한편 민자당을 탈당하고 새정치국민연합을 결성했던 이종찬은 민
자당 탈당파를 중심으로 새한국당 창당에 나섰다. 그런데 새한국당
창당준비위원장을 맡았던 채문식이 1992년 11월 16일 기자회견을
갖고 국민당과의 합당을 선언했다. 이튿 날인 11월 17일 이종찬은
새한국당 창당대회를 열고 대통령 후보로 선출되었다.

대통령 선거에서 승리해 새 정치의 기적을 구현하겠다고 다짐했
던 그였지만 선거를 엿새 앞둔 12월 12일 후보를 사퇴하고 정주영을
지지한다고 선언했다. 김영삼의 집권을 막기 위해 후보를 사퇴하는
게 정치적으로 합리적이라는 게 사퇴의 변이었다.

선거 종반에 이종찬의 지지로 분위기가 고조된 국민당은 부산지
역 기관장들이 모여 김영삼의 당선을 도모하기 위해 대책회의를 가
졌다고 폭로했다. 그리고 그 증거물로 녹음 테이프를 제시했다. 이
른바 부산 초원복집 사건이었다.

김영삼의 당선을 위해 지역감정을 부추기고 민간단체들이 나서 유세장에 인력을 동원해야 한다는 내용이었다. 국민당은 이것은 관권개입과 중립내각의 허구성을 입증하는 것이라며 민자당을 맹공했다. 민주당도 이 사건은 자유당 정권의 관권개입을 능가하는 것으로 노태우가 표방한 공정선거는 위장술에 불과하다고 주장했다.

## PK+TK 효과 김영삼의 대통령 당선

14대 대통령 선거에서 최대쟁점 중의 하나가 3당합당이었다. 김영삼은 3당합당에 의해 집권당의 후보가 되었지만 민주화의 선봉장과 군사정권의 협력자라는 이미지가 중첩되었다. 그 까닭에 김영삼은 노태우 정권과의 연속성보다는 그가 집권하면 민간정부라는 점을 강조했다.

김영삼은 정치안정이냐 정권교체냐는 문제를 놓고 소수정당에 정권을 맡기면 정치-경제혼란만 야기된다고 주장했다. 민자당은 상대적으로 당선 가능성이 낮은 국민당을 향해 비난의 강도를 높였다. 특히 정주영을 겨냥해 금권선거를 집중적으로 공격했다. 이것은 정주영의 지지층과 중복되는 보수계층의 집결을 위한 전략이었다.

민주당은 3당합당의 부당성을 집중적으로 부각시켰다. 김대중은 한편으로는 야당투사로서 전투적 이미지를 바꾸기 위해 화합을 강조했다. 선거공약도 화합에 초점을 맞춰 거국내각 구성과 대사면을 내세워 보수층의 지지를 이끌어내려고 노력했다. 이와 함께 전교조

합법화, 초등학교 급식, 중학교 전면의무교육, 고용보험제 실시 등 사회적 약자를 위한 정책에 중점을 두었다.

국민당은 경제대통령이란 선거전략을 구사하면서 김영삼은 국가 경영능력이 부족하고 김대중은 정치성향이 급진적이라며 공격했다. 경제정책으로는 수도권 아파트를 반값으로 낮춰 공급하겠다고 공약함으로써 뜨거운 논쟁을 일으켰다. 또 경제구조를 중소기업 위주로 개편하며 금융실명제와 토지실명제를 실시하겠다는 공약을 제시했다.

1992년 12월 18일 실시된 제14대 대통령 선거에서 김영삼이 41.4%의 득표율을 얻어 대통령에 당선됐다. 김대중은 33.4%, 정주영은 16.1%를 득표하는 데 그쳐 패배했다. 투표율은 81.9%로서 제14대 국회의원 선거의 71.9%보다는 높았지만 제13대 대통령 선거의 투표율 89.2%보다 7.3%p 낮은 것이었다.

14대 대선에서도 지역주의가 확연하게 드러났다. 부산-경남지역에서 김영삼의 득표율이 13대의 53.7%에서 14대에는 72.8%로 19.1%p 상승했다. 또 대구-경북지역에서 13대의 득표율이 26.6%에 불과했는데 14대에는 62.5%로 35.9%p 높아졌다. 같은 영남지역 출신인 13대 노태우의 지지층을 흡수했기 때문이다.

호남지역에서 김영삼의 득표율이 13대의 1.2%에서 14대에는 4.3%로 3.1%p 늘어났다. 이 또한 노태우를 지지한 보수층의 표로 해석된다. 김대중은 연고지역인 호남지역에서의 득표율이 더욱 견고해져 91.9%로 13대의 88.4%보다 3.5%p 높아졌다.

김대중은 부산-경남지역에서 13대의 6.9%보다 4%p 높은 10.9%, 대구-경북지역에서 8.9%를 득표하여 13대의 2.5%에 비해 6.4%p 더 얻었다. 이는 다만 노태우 지지자의 이탈표로서 비김영삼 성향이지 친김대중으로 보기 어렵다. 영남지역에서 김대중의 미미한 득표율 증가에도 불구하고 지역주의가 여전히 선거판세를 결정했다는 분석이 옳다.

13대 총선에서 민정당이 제1당이 되었지만 의석분포가 여소야대였다는 점에서 민정당의 패배였다. 노태우의 민정당, 김영삼의 민주당, 김대중의 평민당, 김종필의 공화당이 지역주의에 근거해 할거하는 상황에서는 타지역과 연합 내지 제휴하지 않고는 어느 정당도 단독으로 과반수의 의석을 확보할 수 없는 구조적 한계를 지녔음을 의미한다.

3당합당 이후 치른 14대 총선에서 민자당의 패배는 신군부 중심의 민정계가 가진 민주화 세력인 민주계에 대한 태생적 거부반응이 통합을 이끌어내지 못했기 때문이다. 여기에다 내각제 파동으로 인한 대립감정이 격화되었던 요인도 패인으로 작용했다. 14대 대선에서 김영삼의 승리는 3당합당에 따른 TK와 PK의 결합이 영남지역의 통합효과를 발휘했기 때문이다. 또 김영삼에 대한 거부세력이 대선 이전에 이탈함으로써 여권분열이 정리되어 당내결속을 다질 수 있었던 것도 승인의 하나이다.

## (1) 김영삼의 정면돌파

## 12·12 군사반란 주역 하나회 해체

　김영삼이 12·12 군사반란의 주역이 주축을 이룬 민정당과 합당하지 않았다면 대통령의 꿈을 실현하지 못 했을 가능성이 크다. 군벌과 손을 잡아 정권을 창출한 그가 군사정권과 차별화를 시도해 김영삼 정부가 아니고 문민정부라고 규정했다. 1993년 2월 25일 제14대 대통령에 취임한 김영삼은 3월 5일 육사 졸업식 축사를 통해 "올바른 길을 걸어온 군인들이 상처를 입은 불행한 시절이 있었다"고 말했다.

　평상적인 수사로 알던 일반의 예상을 깨고 3월 8일 군의 핵심요직을 맡고 있던 육군참모총장 김진영과 기무사령관 서완수를 전격 경질했다. 그 때까지만 해도 군내 최강의 인맥이자 대통령 전두환-노태우를 배출한 군내 최대 사조직인 '하나회' 척결의 신호탄이라는 사실을 일반인은 깨닫지 못했다. 이로써 대대적인 숙군작업이 이뤄졌다. 12·12 군사반란과 관련한 장성들을 예편시킴으로써 군내부의 절대적 성역이었던 하나회 해체가 단행되었다.

　1951년 4년제 육군사관학교 첫 입학생이면서 육사 11기생인 영남 출신 생도 전두환, 노태우, 김복동, 최성택, 박병하 등 5명이 5성회라는 사조직을 결성했는데 이것이 하나회의 뿌리다. 1961년 5월 16일 군사 쿠데타가 나자 전두환이 주도하여 육군사관학교 생도들을 이끌고 거리로 나와 지지시위를 벌였다.

이것이 쿠데타의 주역 소장 박정희가 전두환에 대한 관심을 끄는 계기가 되었다. 이후 5성회는 후배 기수로 내려가면서 세력을 확장해 나갔다. 이들은 1963년 7월 6일을 기점으로 육사 2년제 출신으로서 5·16 쿠데타의 주역인 8기를 축출하기 위한 '7·6 친위 쿠데타'를 모의했으나 실패하였다. 하지만 영남출신 후배를 친위세력으로 키우려고 작심한 박정희는 이들의 움직임을 묵인했다.

이후 하나회는 영남 출신을 중심으로 비밀리에 기수별로 3~4명씩 회원을 포섭해 세력을 확장해 나갔다. 1973년 당시 수방사령관이던 윤필용은 그를 따르던 장교들과 쿠데타를 모의했다는 혐의로 처벌된다. 이 사건을 계기로 하나회는 해체위기를 맞기도 했으나 그 후에도 박정희의 보이지 않는 손에 의해 비밀결사조직을 유지해 나갔다.

1979년 10월 26일 궁정동에서 박정희가 중앙정보부장 김재규에 의해 피살되자 그것을 빌미로 1979년 12·12 군사반란을 일으켜 국권을 찬탈했다. 신군부의 중추세력인 하나회는 1980년 5월 18일 광주민주항쟁을 무력으로 진압하고 전두환 군사정권 탄생의 모태가 되었다.

하나회 해체 이후 국방부는 육군사관학교 22~23기를 마지막으로 더 이상 공식적으로 구성되지 않았다고 발표하였다. 하지만 육사 31기까지도 계속 모임이 결성된 것으로 알려졌다. 하나회의 실체가 드러난 것은 1993년 초에 술집에서 있었던 난투극 때문이었다. 육사 31기 동기회장 자리를 놓고 하나회와 비하나회 사이에 폭력사태가 일어났던 것이다. 이 사건 끝에 서울 용산의 군인아파트에 회원 명단이 살포되어 하나회의 전모가 밝혀졌다.

하나회 해체는 군사 쿠데타를 기도할 수 있는 세력을 척결했다는 점에서 헌정사에서 중요한 의미를 갖는다. 김영삼의 과단성이 없었다면 하나회 해체는 상상하기 어려운 일이었다. 또 그가 부산-경남 출신이고 3당합당을 통해 전체 영남지역에서 지지기반을 확충했기에 하나회 해체가 가능했을 것이다.

박정희 18년, 전두환-노태우 12년간의 군벌집권은 한국사회에 거대한 후방세력을 구축하고 있었다. 만약 그가 타지역 출신이었다면 영남지역의 군출신을 중심으로 하는 보수세력의 반발에 부닥쳐 하나회 해체는 불가능했을 것이다.

## 역대정권이 못한 금융실명제 전격실시

김영삼은 1993년 8월 12일 긴급재정경제명령을 발동하고 그 날 오후 8시를 기해 금융실명제를 전격적으로 실시했다. 금융거래의 투명성을 확보하여 금융의 경제성-효율성을 높이고 과세형평을 이룰 목적으로 모든 금융거래를 실소유주 명의로 행하도록 한다고 발표했던 것이다. 표면적으로 보면 간단한 정책변화 같이 보이지만 수십 년간 기득권층이 집요하게 반대해왔다는 점에서 김영삼의 과단성을 다시 한번 확인할 수 있는 사건이었다.

1962년 경제개발 5개년계획을 추진하면서 저축을 통해 산업자본을 조달한다는 명목으로 예금주의 비밀을 보장하는 한편 가명–무기명에 의한 금융거래를 허용하는 조치를 취해왔다. 그러나 경제성장에 따라 차명–무기명의 금융거래 규모가 커지면서 제도금융이 지하경제의 온상이 되어 버렸다. 이에 따라 종합소득세제 실시가 불가능해졌고 빈부의 격차가 심화되는 폐단이 드러나기 시작했다.

그 극단적인 폐해가 1982년 전두환 치하에서 터진 '이철희–장영자 어음사취사건'이었다. 집권명분으로 사회정의 구현을 내세웠던 전두환 정권이 도덕성에 치명타를 입자 1982년 7월 3일 그 탈출구로 금융실명제를 선택했다. 1983년 7월 1일부터 금융실명제를 실시하겠다는 것이었다.

그러나 금융거래의 투명성이 확보되면 정치자금 조달에 차질을 빚을 것으로 예상되자 민정당이 드세게 반발했다. 또 비자금 조성에 애로가 예상되자 재계도 극렬하게 반대했다. 정–재계가 하나가 되어 검은 돈의 거래가 봉쇄될 것을 우려해 조직적으로 저항했던 것이다. 결국 1982년 정기국회에서 '금융실명거래에 관한 법률'이 제정되었지만 5년 후 실시한다는 단서를 달고 사장되어 버렸다. 결국 전두환의 시도는 무산되었다.

1987년 대통령 선거에서 민정당은 금융실명제를 선거공약으로 내세웠다. 득표율 36.6%로 지지기반이 취약했던 노태우는 분출하는 소외계층의 불만을 진정시키려고 경제정의의 기치를 들고 다시 금융실명제 부활을 시도했다. 1989년 4월 11일 재무부에 '금융실명거래 실시준비단'을 설치하고 현판식까지 가졌다.

목표시한을 1991년으로 잡았다. 3당합당으로 태어난 민자당의 반발이 의외로 완강했다. 당시 경제침체가 가속화되자 성장파가 개혁파를 거세하고 권력전면에 부상하자마자 가장 먼저 단행한 조치가 금융실명제 생매장이었다.

30년만에 문민정부를 개막했다는 김영삼 정권은 제도개혁을 통한 부패척결을 역사적 과업이라고 외치고 있었다. 그 핵심인 금융실명제는 선거공약이기도 하여 자연스럽게 추진되는듯 싶었다. 1993년 5월에 실시일정을 밝히겠다고 하더니 6월에 보자며 후퇴하는 기미를 보였다.

전두환, 노태우한테 속은 경험이 있는 국민들은 우려의 눈길을 보냈다. 그런데 김영삼이 그 해 8월 설마라는 예상을 깨고 금융실명제 실시를 전격적으로 단행했다. 당시 정-재계는 물론이고 기득권 세력이 충격적으로 받아들이면서 드세게 반발했다.

금융실명제를 놓고 10년 이상 논란이 있었지만 부작용에 대해서만 초점이 모아졌다. 그 까닭에 이해가 부족한 일반국민들 사이에는 실시만 하면 경제가 파탄 나는 줄 아는 사람들이 많았다. 파급영향에 대한 검증과 분석보다는 부작용을 과장한 정책홍보는 물론이고 언론보도에도 그 책임이 컸다.

반대론자들의 주장은 가-차명의 자금이 금융권에서 이탈하여 증시가 폭락하고 해외도피가 가속화되며 부동산 투기가 기승을 부리게 된다는 논리였다. 비슷한 얼굴들이 10년 동안 반대를 외쳤다. 그들이 일거에 김영삼한테서 두통수를 맞은 꼴이 되고 말았다.

부패구조에서는 축재과정이 소명되지 않은 돈은 사회통념상 세금 포탈, 뇌물수수, 정치자금, 이권개입, 투기이득과 연관시켜도 무방하다. 정치인, 고위관료를 포함하여 당시 기득권층이 과다하게 축재했다면 과거정권에서 지위를 악용하여 부당이득을 향유했을 가능성이 높았다. 이들이 금융실명제를 무산시키는 데 자기보호를 위한 논리를 국론화시키는 데 앞장섰던 것이다.

그 즈음 고위공직자 재산공개가 처음 실시되었는데 여기서 얻은 부산물이 있다면 과거정권에서 권세를 누렸던 인사들이 엄청난 재산가라는 점이었다. 누락-축소했을 텐데도 국민들이 깜짝 놀랄 규모였다. 상속재산이나 소유기업이 없었다는 점에서 부패구조에 기생해 부정한 방법으로 축재했을 가능성이 높았던 것이다. 그들이 왜 소리 높여 반대했는지 알만한 대목이었다.


## 금융실명제가 잡은 전두환-노태우

금융실명제 실시는 상상을 초월하는 대형 정치사건을 촉발하는 도화선이 되었다. 금융실명제가 실시되자 증권가에는 전직 대통령의 비자금설이 나돌기 시작했다. 1995년 8월 2일 총무처 장관 서석재가 전직 대통령 중의 한 사람이 4,000여억원의 가명계좌를 가지고 있다고 밝히며 전두환-노태우에게 해명을 요구했다.

그의 발언은 구체성이 결여되어 크게 주목을 받지 못했다. 또 이에 대해 전두환이 새벽에 약수터를 오르며 무응답으로 서석재의 발언을 일축해 신뢰성이 크지 않은 듯 비쳤다. 그 후 한 동안 잠잠했는데 1995년 10월 19일 민주당 의원 박계동이 국회 대정부 질의를 통해 신한은행 서소문 지점에 우일양행 명의로 128억2,700만원이 예치되어 있다며 예금계좌 조회표를 제시했다.

그는 이 돈은 노태우가 퇴임 직전인 1993년 1월말까지 상업은행 효자동지점에 예치했던 비자금 4,000억원의 일부로서 이원조가 시중은행 영업담당 상무를 시켜 여러 시중은행에 100억원씩 40개 계좌로 나누어 분산, 예치시킨 것이라며 폭탄발언을 했다. 같은 날 신한은행이 이 계좌에 대해 해명하는 과정에서 노태우 비자금에 대한 구체적인 단서가 드러나 검찰이 수사에 착수하게 되었다.

검찰이 수사에 착수한 지 이틀 후인 10월 22일 노태우의 청와대 경호실장이었던 이현우가 검찰에 자진 출두해 우일양행 명의의 차명계좌에 입금된 돈은 노태우가 대통령 재임시 조성해 사용하다 남은 돈이라고 실토했다. 대통령 비자금의 실체를 최초로 확인한 것이었다. 이를 계기로 검찰의 수사가 활기를 띠자 노태우는 대국민 성명을 통해 재임 중에 기업한테서 5,000억원 가량을 받아 사용하다 1,700억원 가량이 남았다고 밝혔다.

그러나 그는 수사과정에서는 그의 당초 발언과는 달리 기업한테서 3,400억~3,500억원을 받았고, 1987년 대통령 선거를 위해 조성한 자금 중에서 사용하고 남은 돈과 당선 축하금으로 1,100억원을 받았다고 진술했다. 검찰은 수사과정에서 노태우의 진술을 통해 이 자금의 사용처를 부분적으로 밝혀냈다.

그러나 검찰은 900여억원에 대하여는 사용처를 밝히지 못했다. 특히 국민적 관심이 컸던 1992년 대통령 선거자금 지원에 관해서는 진술을 거부해 밝혀내지 못했다. 노태우는 포괄적 뇌물죄가 적용되어 1995년 11월 16일 특정범죄가중처벌 등에 관한 법률 위반혐의로 검찰에 의해 구속, 기소되었다. 항소심에서 징역 15년에 2,628억원의 추징금을 선고받았다.

노태우에게 뇌물을 준 삼성그룹 회장 이건희, 대우그룹 회장 김우중 회장 등 재벌총수 8명을 포함한 기업인 35명이 뇌물공여 혐의로 불구속 기소되었으나 항소심에서 집행유예와 무죄선고로 풀려났다. 전 청와대 경호실장 이현우, 전 국회의원 이원조, 금진호, 전 청와대 경제수석 김종인, 전 경호실 경리과장 이태진 등이 기소되어 실형을 선고 받았다.

노태우의 구속-수감은 또 다른 폭탄적 충격을 몰고 왔다. 12·12 군사반란과 5·18 광주 민주항쟁의 유혈진압을 처벌하라는 국민적인 요구가 드세졌던 것이다. 12·12와 5·18에 대한 진상규명과 관련자 처벌은 1988년 국회 청문회를 통해서도 시도되었으나 무산된 바 있다. 김영삼 정권이 출범하자 5·18 피해자와 관련단체들이 전두환-노태우 등 신군부 인사들을 반란죄 및 내란죄로 고발했었다.

검찰은 1995년 8월 '성공한 쿠데타는 처벌할 수 없다' 는 논리로 이들에 대해 반란죄 및 내란죄 여부를 판단하지 않고 불구속 기소한 바 있다. 이에 대해 김영삼은 11월 '역사 바로 세우기'를 선언하고 공소시효정지 규정 등을 둔 5·18 특별법 제정을 지시했다. 국회는

대법원은 반란죄, 내란죄, 수뢰죄를 적용해 전두환에게는
구형대로 사형, 노태우에게는 징역 17년으로 형량을 확
정, 판결했다.

12월 19일 신한국당, 국민회의, 민주당 등 3당합의에 따라 '5·18 특
별법'을 제정하여 처벌근거를 마련했다.

1995년 12월 신군부 인사들의 새로운 혐의가 드러난 데다 헌법재
판소가 검찰의 불기소 처분이 부당하다고 결정했다. 이에 따라 검찰
은 그 해 12월 3일 전두환-노태우를 비롯한 신군부 핵심인사 11명
을 군형법상 반란수괴죄를 적용, 구속기소했다. 1996년 3월부터 개
시된 공판은 1심에서 28회, 항소심에서 12회 등 모두 40회에 걸쳐
진행되었다.

항고심은 전두환-노태우에게 반란죄, 내란죄, 수뢰죄를 적용해
전두환에게는 구형대로 사형, 노태우에게는 무기징역 구형을 징역

22년 6개월로 감형하여 선고했다. 4월 17일 대법원은 전두환 사형, 노태우 징역 17년으로 형량을 확정, 판결했다.

그러나 제15대 대통령 선거가 끝난 1997년 12월 22일 김영삼이 대통령 당선자 김대중과 합의하여 국민화합이란 명분으로 관련자를 모두 특별사면했다. 이로써 전직 대통령 전두환-노태우는 구속 2년 여 만에 출옥했다.


## (2) 김영삼의 실패

### 과시적 100일 경제계획의 허구성

김영삼이 집권초기에 단행한 일련의 개혁조치에 대해 많은 국민들이 박수를 보냈다. 하나회 해체, 전두환-노태우 구속, 금융실명제 실시는 일반 국민의 상상을 초월하는 수준이어서 지지율이 한 때 90%에 육박했다. 그는 경제정책에서도 대단히 과시적이었다. 미국의 클린턴 행정부보다 한 달 늦은 1993년 2월 25일 출범한 김영삼 정권은 한 달 가까이 지나서 3월 19일 '신경제 100일'을 발표했다.

100일을 계획기간으로 잡고 고통분담을 역설했다는 점에서 미국의 '100일 경제계획'을 흉내 낸 느낌을 줬다. 그러면서도 단기간에 가시적 경기부양을 겨냥해 모든 정책수단을 동원하다시피 했다는 점이 달랐다.

미국 대통령 당선자 클린턴은 1992년 12월 14~15일 출신지에서 대규모 경제회의를 가졌다. 이 회의에는 여러 분야에서 300여명이 참석해 미국경제의 병인과 처방에 대해 폭 넓게 논의했다. 클린턴은 여기서 도출된 의견을 중심으로 '100일 경제계획'을 마련해 1993년 1월 20일 취임과 동시에 집행에 들어갔다.

클린턴은 먼저 고통분담을 호소하고 나섰다. 백악관 직원 25% 감축, 정부관리비용 3% 삭감, 연방정부 공무원 10만명 감원을 추진키로 했다. 그 절감예산을 산업경쟁력을 강화하기 위해 인력개발과 사회간접자본 확충에 투자하기로 했다.

김영삼 정권은 출범 2개월째인 1993년 4월 23일 5년 후 한국경제의 윤곽을 그린 '신경제계획의 총량부문지표'를 발표했다. 경제성장률은 연평균 7%를 이룩하고 물가는 1994년 이후 3%대를 유지한다는 내용이었다. 특히 경상수지는 1994년 이후 흑자로 전환시켜 1998년 104억달러의 흑자를 시현하겠다는 의욕을 과시했다.

그런데 4년이 지난 1996년 경제 모습은 신경제가 말하는 장밋빛이 아니라 잿빛으로 변해 버렸다. 소비자물가는 4.5%나 뛰었고 성장률도 6%대로 떨어졌다. 경상수지는 흑자는커녕 무려 230억달러나 되는 사상 최대의 적자를 나타냈다.

이런 형편이니 1992년말 428억달러이었던 외채가 1996년말에는 2배가 넘는 1,000억달러 이상으로 늘어났다. 합법성–정통성이 결여된 군사정권은 경제성장을 정권유지의 수단으로 이용했다. GNP<sup>국민총생산</sup> 성장률과 수출실적을 내세워 경제홍보에 열중했던 것이다.

그런데 이상하게도 김영삼 정권은 그 습성을 배웠는지 현시적 전시효과에 연연했다. 경제체질을 강화하자면 제도개혁이 필수적이고 여기에는 마찰현상이 따르기 마련이다. 부작용으로 인한 성장둔화를 감수해야 했는데 개혁과 성장을 한꺼번에 추진하다가 둘 다 놓친 형국이 되고 말았다.

## 스스로 올가미 쓴 세계화의 덫

김영삼 정권은 미국이 채택한 국가발전전략인 '세계화'의 뜻도 잘 모르고 국정운영의 최우선 과제로 설정하고 추진했다. 그것이 결국은 IMF국제통화기금 관리체제, 즉 국가경제 파탄이란 결과를 초래하는 단초가 되고 말았다. 1994년 11월 17일 호주를 방문했던 김영삼이 시드니에서 구상했다는 이른바 '세계화'를 요란하게 발표했다. 세계화를 통해 성장동력을 찾겠다는 소리였다.

세계화는 미국이 고질병인 쌍둥이 적자를 세계시장 개방을 통해 해소하려는 국가발전전략이란 사실을 몰랐던 것이다. 미국은 1980년대 중반까지 재정적자-경상적자라는 쌍둥이 적자를 해소하는 방안으로 국내법인 통상법에 의존했다. 301조를 동원해 교역상대국에게 모든 시장을 열라고 통상압력을 가중시키기 시작했다. 가히 19세기 포함외교gunboat diplomacy를 방불케 할 정도였다.

국내시장도 1986년 7월 미국 통상법 301조에 의한 일괄타결에 따라 일차적으로 개방됐다. 미국은 여기에 만족하지 않고 1980년대 중반 '국경 없는 세계경제'Boderless economy라는 국가발전전략을 수립했다. 미국의 상품-용역-자본-인력의 이동을 가로막는 모든 장벽을 군사력-외교력을 동원해 철폐한다는 것이다. 이것이 미국의 세계화 전략이다.

이에 따라 미국은 1995년 세계시장을 하나로 묶기 위해 WTO 세계무역기구를 탄생시켰다. 이와 함께 지역화주의에도 나서 1994년 NAFTA 북미자유무역협정를 출범시켰다. 그 즈음 EC 유럽공동체에서 경제통합을 목표로 출범한 EU 유럽연합를 겨냥한 것이다. 이와 함께 전방위 FTA 자유무역협정를 추진하면서 한국도 끼워 넣었다. 세계화와 지역화란 쌍칼을 들고 미국이 자국이익을 극대화하기 위해 세계시장 개방을 달성하겠다는 전략이다.

김영삼 정권은 '세계로 미래로 뛰자'는 구호를 외치기 시작하더니 1995년 3월 반대여론을 묵살하고 '부자모임'인 OECD 경제개발협력기구 가입신청서를 제출했다. 당시 미국의 통상압력에 의해 외환-금융-자본시장을 개방하기에도 힘겨웠다. 그런데 김영삼 정권은 OECD에 가입한다고 외환-자본거래를 사실상 전면적으로 자유화했다. 개방충격을 흡수할 대비책을 강구하지 않았으니 그 후유증과 부작용은 심대할 수 밖에 없었다.

당시 김영삼 정권이 내세운 가입 이유는 이 기구의 정보와 경험을 활용하면 국가경제를 선진국형으로 운용하는 데 도움이 된다는 단순논리였다. 개방위험을 고려한다면 지극히 추상적인 설명이었다. 선진국으로 행세하려면 거기에 걸맞는 조건과 의무가 따르기 마련이다. 그 중에서도 가장 심각한 문제가 자본이동과 경상무역외거래의 자유화였다. 다시 말해 국경을 넘나드는 돈의 흐름과 금융 등 서비스 거래에 대한 제한을 최소화하는 문제가 생기는 것이다. 한국경제가 그 충격을 흡수할 사회적－경제적 능력을 가졌는지 심각하게 고민할 필요가 있었지만 이를 무시했다.

미국의 통상압력에다 OECD 가입이 겹쳐 자본－외환－금융시장이 한꺼번에 빗장이 풀리고 말았다. 그 결과 외국인직접투자나 상업차관보다는 실물투자와는 무관한 단기자본의 유입이 급증하고 있었다. 여기에다 고질적인 고금리가 외자의 유입을 촉진하고 유출을 억제하는 요인으로 작용하고 있었다.

경상수지는 적자인데 자본수지는 흑자여서 환율절상을 압박했다. 결국 수출산업의 경쟁력을 약화시켰다. OECD 가입을 추진하던 1996년 8월말 현재 단기외자인 증권자금이 200억달러, 해외증권발행이 60억달러나 유입됐다. 해외현지금융도 그 해 3월말 현재 224억달러나 되었다. 빚이나 다름없는 돈이었다. 이에 더하여 외채가 6월말 현재 사상최대 규모인 702억달러로 늘어났다. 이 중에 1년 미만 단기외채가 56.4%인 396억달러나 되었다.

외화가 넘쳐나니 그것이 빚인지도 모르고 너나없이 흥청거렸다. 정부, 기업, 가계를 가릴 것 없이 모든 경제주체들이 도취상태에 빠진 모습이었다. 1996년 해외여행경비 등으로 80억달러나 썼다. 당시 계 타서 비행기 탄다는 소리가 나올 정도로 해외여행이 유행했으니 그 만큼 썼을 것이다. 석유수입에 200억달러를 소비했다. 차량증가만 봐도 에너지 낭비가 얼마나 심한지 알 만 했다. 올림픽을 개최한

1988년말 전국의 차량대수가 200만대였는데 1997년 7월 1,000만대를 돌파했다.

식량수입에 100억달러를 사용했는데 음식 쓰레기가 100억달러어치나 발생했다. 세계화가 정치구호로 변질되어 국민으로 하여금 부자 나라에 산다는 허위의식을 심어 낭비생활을 일삼게 만들었다. OECD 가입은 곧 선진국이다, 1인당 GNP 1만달러가 넘었다느니 하는 따위가 그것이다. 기업들도 세계화 열풍에 편승해 무분별하게 해외투자를 벌였고, 그것이 부실화되어 외환위기를 촉발한 주요 요인이 되었다.

이런 상황인데 한국보다 못한 나라들도 OECD 회원국이라며 가입에 박차를 가했다. 이것은 OECD의 성격을 모르는 소리였다. OECD의 모체는 서유럽의 전후복구를 위한 미국의 마셜 플랜(1947년부터 1951년까지 서유럽 16개 나라에 행한 대외원조 계획) 에 근거한다. 그래서 경제력이 취약한 그리스, 터키가 창설 회원국으로 출발했던 것이다.

당시 체코에 이어 폴란드, 헝가리, 슬로바키아 등 동구권 국가들이 가입을 추진했으나 이 문제는 정치적 성격이 강했다. 이들 국가는 서유럽과 손을 잡기 위해 NATO 북대서양조약기구와 EU에 가입하기를 열망하고 있었다. 하지만 냉전시대의 맹주 러시아가 동구국가의 서구 편입을 견제하고 있었다. 범슬라브 민족주의를 무마하려는 정지작업의 일환으로 먼저 OECD에 발을 들여 놓으려 했던 것이다.

## 외환위기의 도화선 OECD가입

김영삼 정권이 OECD 가입을 추진할 즈음 멕시코의 재판이 될까 우려하는 소리가 높았다. OECD에 서둘러 가입했다가 잘못하면 멕시코 사태가 일어날 가능성이 크니 뒤로 미뤄 대비책을 마련한 다음 가입해도 늦지 않다는 비판여론이 비등했던 것이다. 이에 대해 김영삼 정권은 "한국경제는 멕시코와 비교도 안 될 만큼 건실하다"는 따위의 말로 일축하곤 했다.

멕시코는 1980년대부터 금융-자본시장을 과감하게 개방하기 시작했다. 미국자본의 유입이 곧 현대화라고 믿었던 까닭이었다. 미국은 멕시코의 개방정책에 만족하여 1994년 1월 캐나다와 멕시코를 잇는 자유무역지역인 NAFTA를 출범시켰다. 멕시코는 뒤이어 1994년 6월 경제선진국 모임인 OECD에도 가입했다.

그런데 그 해 12월 하순 난리가 났다. 페소가치가 이듬해 1월 초순까지 무려 70%나 폭락하면서 거액의 외화유출을 촉발하여 국제금융시장에 위기를 몰고 왔다. 멕시코 사태의 원인은 경제적 요인 말고도 정치적 요인이 겹쳐 복합적으로 작용했다. NAFTA가 출범할 시기에 시아파스의 남부 고원지대에서 빈민반란이 일어나 민심이반이 컸다. 여기에다 집권당 대통령 후보의 암살사건 등 정치적 테러리즘이 잇달아 터져 정치혼란이 가중됐다.

이런 와중에서도 당시 대통령 살리나스는 퇴임 후 WTO 최초의장이 되겠다는 개인적 야망을 달성하려고 국가경제를 악용했다. 페소절하를 막으려고 외화를 과도하게 매각했던 것이다. 외환부족이 경제-정치불안과 상승작용을 일으켜 급속한 외화유출을 촉발하면서 페소폭락을 동반한 것이 멕시코 사태였다.

김영삼 정권이 OECD 가입을 추진하던 시점에도 경제-정치불안이 극도로 고조되어 있었다. 당시 세계의 TV화면에는 한국의 노동법 파동이 곧 경제파탄을 몰고 올 듯이 심각하게 비쳤다. 노동법 파동도 따지고 보면 OECD 가입이 원인이었다. 김영삼 정권이 노동법을 OECD 규범에 맞춘다고 복수노조를 인정하려는 방향으로 나갔다.

그러자 사용자 집단인 재계가 드세게 반발했다. 그 무마책으로 정리해고제를 도입하려고 하다가 노동자 집단한테서 거센 반동을 불러 일으켰다. 집권세력이 노동관련법을 국회에서 날치기로 통과시켰지만 결국 사실상 원인무효를 선언하는 사태까지 일어나고 말았다. 1996년 12월 김영삼 정부가 OECD에 가입했다고 환상에 빠진 순간에 한보그룹이 도산했다. 금융부채 5조원을 달러로 환산하면 50억달러가 넘는 규모였다.

한보사태는 정치권력이 재벌한테서 돈을 상자 채 받은 대가로 금융자금을 수조원이나 끌어다 쓰게 한 사상최대 금융사건이었다. 김영삼의 차남 김현철의 국정농단과 맞물려 이 사건은 미증유의 정치-경제사건으로 확대되어 수습의 실마리를 찾지 못한 채 반년이나 표류했다.

1997년 12월 대통령 선거를 앞두고 정국이 갈수록 혼미를 거듭해 그 시계가 안개 속에 갇힌 형국이어서 앞날을 예측하기 어려웠다. 이런 정치상황에 금융불안이 고조되면서 기업도산이 속출하고 여기에 따라 대량실업이 발생하고 있었다. 여기에 겹쳐 기아그룹이 부도를 냈다. 금융부채가 10조원이니 달러로 치면 100억달러가 넘는 규모였다.

국내은행의 취약한 재무상태는 국제금융시장에 잘 알려져 있었다. 그런데 150억달러를 상회하는 부실채권이 일시에 발생했으니 국제금융시장이 놀라 버렸다. 외국은행들이 국내은행의 지급능력에 의문을 품고 만기연장을 거부하기 시작했다.

사태가 이렇게 급변하는데 같은 시기에 태국에서 외환위기가 터졌고 뒤이어 인도네시아까지 확산됐다. 이들 두 나라에는 국내의 제조업체들이 많이 진출해 있었지만 은행, 종합금융사들도 나가서 돈놀이를 하고 있었다. 국제금융시장에서 3개월 짜리 단기대출을 얻어 1년 이상 장기대출을 해주고 2~3%의 이차익을 누리고 있었던 것이다.

그런데 동남아에서 외환위기가 터지자 국내 금융회사들은 외자조달이 중단된 상태에 빠졌고 대출회수는 불가능해졌다. 외국 금융회사의 부채상환 독촉에 몰린 종금사들이 국내에서 대출을 회수해 외채를 상환하기 시작했다. 하지만 김영삼 정권은 종금사들이 동남아 시장에서 어떤 영업행위를 하는지, 대출규모가 얼마인지 파악조차 못하고 있었다. 외환위기가 터지고 IMF<sup>국제통화기금</sup> 관리체제가 도입된 이후 끝내 많은 종금사들이 폐쇄조치를 당하는 운명에 처하고 말았다.

이런 정치-경제상황은 국제금융시장에 즉각적으로 반영되었다. 국가신인도가 하락하는 가운데 경상수지도 계속 악화하고 있어 해외차입조건이 점점 불리해졌다. 결국 단기적인 대외지급능력을 나타내는 외환보유고가 줄기 마련이었다. 동남아를 휩쓴 금융위기의 여파가 몰아치자 시중의 자금사정은 더욱 경색되어 기업들이 집단도산 위기에 처해 있었다.

여기에다 은행의 실정도 비슷하게 돌아갔다. 대출중단에 이어 대출회수에 주력함으로써 여신업무가 마비됐다. 연쇄도산으로 부실채권이 급증하자 대출여력은 더욱 줄어 금융위기를 촉발하고 말았다. 외채가 급증하는 가운데 금융회사의 도산이 우려되자 외국 금융회사들이 융자회수에 나섰다.

국제금융시장의 이런 동향에 따라 국가신인도가 추락하면서 외자조달이 더욱 어려워져 외환위기가 터졌다. 외채규모가 과다하다는 점에서 외환위기의 가능성은 상존해 있었고 그 위험성에 대한 경고는 그치지 않았다. 1994년 12월 멕시코에서 외환위기가 터졌을 때에도 닮은꼴을 걱정하는 소리가 높았다.

그럴 때마다 김영삼 정권의 답변은 간단했다. 경제체질이 멕시코와는 비교도 안 될 만큼 튼튼해서 그런 사태는 절대로 일어나지 않는다는 것이었다. 한마디로 모르는 소리는 하자 말라는 투였다. 경청은커녕 묵살만 일삼는 자세였다. 외환위기의 거대한 파고가 몰려오고 있었으나 예감조차 못하고 있었던 것이다.

김영삼 정권은 집권 5년 동안 외채에 관해 한 번도 공식적으로 발표한 적이 없었다. 가끔 외채규모에 관한 보도가 있었지만 그 정확성에 대해 부인도 시인도 하지 않았다. 당시 언론에 보도된 외채규모는 1996년말 현재 두 가지 숫자가 있었다. 하나는 1,110억달러이고 다른 하나는 1,040억달러였다.

외환위기가 터진 다음 밝힌 외채규모는 1,606억달러였다. 최소한 500억달러 이상 차이가 났다. 의도적으로 외채실상을 은폐하려고 했다는 비난을 면키 어렵다. 그 결과 국민들이 외채의 심각성-위험성을 모르고 흥청망청하다 외환위기를 맞게 된 꼴이다.

김영삼 정권은 외채규모를 공표하지 않으면서도 외환보유고를 보도자료를 통해 300억달러를 유지한다고 수시로 발표했다. IMF는 적정 외환보유고를 전년도 월평균 경상지급액의 2.5배 이상을 권고한다. 한국의 입장에서는 최소한 380억달러 이상이 필요하다는 뜻이었다.

그런데 외환위기가 발생한 다음에 밝혀졌지만 300억달러 가운데는 유동성이 없는 자산이 상당히 포함되었던 것으로 알려졌다. 외환보유고는 단기적인 대외지급능력을 표시한다는 점에서 중요하다. 하지만 언론은 외채증가의 심각성을 보도하지 않고 외환보유고의 허구성도 간과하고 말았다. 결과적으로 언론도 제 기능을 못해 외환위기를 초래하는 데 일조한고 만 것이다.

김영삼 정권이 출범하기 직전인 1992년 12월말 외채규모는 428억달러였다. 그런데 1996년말에는 1,607억달러로 급증하여 4년 동안 무려 1,179억달러나 늘어났다. 1997년 들어서는 6월 1,635억달러, 9월 1,706억달러로 늘다가 11월 들어서는 1,569억달러로 줄었다. 9월 이후 외환위기가 현실화되자 외국은행들이 만기연장을 거부하여 외환보유고를 가지고 그 만큼 상환했다는 뜻이다.

　그 결과 외환보유고가 고갈되어 대외지급불능상태 <sup>Moratorium</sup> 에 빠지는 중대한 위기에 처하고 말았다. 결국 IMF에 구제금융을 요청하여 대외거래가 중단되는 사태는 겨우 모면했다. 하지만 그 대가는 혹독하여 고금리 체제 이외에도 경제주권이 제약당하는 사태를 초래하고 말았다.

## 빚 내서 빚 갚은 외채구조 은폐

　1985년 12대 국회의원 선거에서 경제문제 중에서 최대의 쟁점이 외채였다. 야당 후보들은 저마다 외채망국론을 들고 나와 전두환 정권을 공격했다. 반면에 방어논리가 빈약한 민정당 후보들은 빚 갚으라는 독촉장을 본 사람이 있느냐는 따위로 유치하게 대응했다.

　정책대결이 아닌 시정잡배 수준의 공방이었지만 정책실패를 부각시키는 데는 성공했다. 그런데 정치판이 거꾸로 가는지 11년이 지난 1996년 15대 총선거에서는 지역감정과 인신공격만 난무하여 그 같은 모습조차도 볼 수 없었다.

　1984년말 외채규모는 434억달러였다. 원화로 따지면 환율을 850:1로 쳐서 36조8,900억원이었다. 당시 국민이 3년 동안 내는 세금과 맞먹을 만한 빚이었다. 1985년에는 외채가 467억6,200만달러로 더욱 늘어나 절망적이었다. 그런데 국운이 들었는지 1986~1988년 3저호황이 몰아 닥쳤다. 물건이 없어서 팔지 못할 정도로 수출호황을 누렸던 것이다. 그래서 경상수지가 흑자로 전환되고 이에 따라 외채도 1989년 293억7,100만달러로 크게 줄었다.

바깥에서 불어온 3저호황의 바람이 사라지자 1990년대 들어 경상수지가 다시 적자로 돌아섰다. 1995년에만 해도 경상수지 적자가 88억1,700만달러로 1994년에 비해 2배 가까이 늘어났다. 연간으로 사상 최대의 규모였다. 그런데 1996년 들어 1~2월 적자가 32억9,300만달러에 달했다. 역시 사상최대의 규모였다. 김영삼 정권이 1996년 연간 억제목표로 삼았던 64억달러의 절반을 두 달만에 넘어 섰던 것이다.

경상수지 적자가 누증되자 이에 따라 외채도 급증하고 있었다. 1994년말 568억5,000만달러였던 외채가 1995년 6월 702억200만달러로 늘어났다. 불과 6개월 사이에 133억5,200만달러나 증가하여 경고음을 울리고 있었다. 관료집단은 나쁜 숫자를 감추는 못된 습성을 가지고 있다. 그 까닭인지 그 이후 공식집계를 발표하지 않았다.

당시 경상수지 적자가 증가추세를 보이고 있었다. 이 점을 미루어 외채규모를 추정하면 1995년말 780억달러, 1996년 2월 800억달러를 넘어섰던 것 같다. 1990년대 들어서만도 외채규모가 500억달러 가량 증가한 것이었다.

외채가 급증했던 원인은 정부나 기업이 3저호황에서 얻은 흑자를 관리하는 데 실패했기 때문이다. 정부는 단순조립-가공업종 위주의 저부가가치형 산업구조를 고부가가치형으로 전환하는 데 소홀했다. 그리고 기업은 기술개발 보다는 부동산 투자에 앞장섰다.

그 결과 무역수지가 만성적인 적자구조로 고착화되었다. 무엇보다도 김영삼 정권이 외채의 심각성을 알리지 않았고 경제가 잘 돌아가는 것처럼 경제홍보에 몰두해 외화낭비를 부추긴 측면이 컸다.

1995년 무역수지 적자가 통관기준으로 사상최대인 100억6,000만달러였다. 특히 대일무역 적자가 155억6,000만달러, 대미무역 적자가 62억7,000만달러로 급증했다. 일본은 한국을 제외하고는 주요 교역국과의 거래에서 흑자가 축소되고 있었다.

미국은 세계최대의 시장이고 가장 폭넓게 개방된 시장이다. 그런데 세계최대의 시장인 두 나라와의 교역에서 적자가 확대되었다는 사실은 대기업 중심의 조립산업이 대외경쟁력을 상실하여 선진국에 대한 수입의존도가 높아졌다는 뜻이다.

대만은 기술개발을 통해 제품가격을 인상함으로써 수출증대를 꾀했다. 이에 비해 한국은 판매규모를 확대함으로써 수출증대를 도모했다. 결국 시설확충을 위해 선진국에서 자본재를 도입해야 하니 수출이 증가할수록 수입이 증가하는 산업구조로 고착화되었다.

이런 상황에서 정부내의 비교우위론자들이 득세하여 농업의 생산기반이 급속히 붕괴되기 시작했다. 곡물자급률이 27.7%로 떨어졌던 것이다. 공산품을 팔아 식량을 사먹자니 무역적자가 증가할 수 밖에 없었다.

미국의 통상압력에 의해 국내시장이 단시일내에 과도하게 개방됐다. 그 결과 대미무역 적자가 급증추세를 보여 1995년의 경우 전년보다 6배나 늘어났다. 세계화 바람이 잘못 불어 수입사치품을 쓰는

데 남의 눈을 의식할 필요조차 없어졌다. 당시 정부와 민간 차원에서 과소비 억제운동을 벌이려고 했으나 미국의 통상압력에 의해 포기해야만 했다.

수입고가품이 범람하면서 무역수지가 더욱 악화되었다. 같은 이유로 사치성 해외여행이 유행병처럼 번졌다. 계절에 따라 피한여행-피서여행을 떠나고 골프-보신-쇼핑관광이 극성을 부려 현지에서 적지 않은 말썽을 일으켰다. 초등학생에서 대학생까지 영어연수교육이 줄을 이었다. 이러니 1995년 여행수지 적자가 2억2,300만달러나 됐다.

경상수지 적자를 메우려면 외자도입에 의존하는 도리 밖에 없었다. 1995년 자본수지 흑자가 135억3,000만달러나 됐다. 이에 따른 이자지급액만도 53억6,000만달러에 달했다. 여기에다 국제수지 항목에 포함되지 않는 은행의 외자도입을 더하면 그 규모는 훨씬 늘어났을 것이다. 1995년 은행의 외자도입은 38억달러나 됐다. 외자의 상당액을 외채를 상환하는 데 썼을 테니 빚 내서 빚 갚는 꼴이었다.

무역적자를 축소하려면 환율을 적정수준으로 유지하여 수출상품의 가격경쟁력을 확보하는 일이 시급했다. 그런데 김영삼 정권은 OECD<sup>경제협력기구</sup> 가입을 목표로 자본-금융거래 자유화를 단시일내에 급속하게 추진함으로써 외화유입이 급증하고 있었다.

이런 상황이니 환율, 금융 등 동원이 가능한 정책수단이 제한되어 원화가치의 절상을 효율적으로 완화하기 어려운 실정이었다. 결과적으로 국가의 정책수단이 세계화의 덫에 걸려 경제상황 변화에 능동적으로 대처할 능력을 상실해 버렸던 것이다.

그런데도 김영삼 정권은 외채증가에 대해 궁색한 논리에 낙관론을 폈다. 총외채에서 대외자산을 제외한 순외채는 180억달러 밖에 안 된다는 것이었다. 대외자산 가운데 비중이 가장 큰 외환보유고에는 자산이라고 보기 어려운 외국인증권자금 등이 포함되어 있었다.

그런데 GNP 대비비율, 채무상환 부담률, 이자부담률 등이 1980년대 중반 보다 낮아졌다거나, 남미 국가들에 비해 경제체질이 양호하다는 따위의 논리로 문제의 중대성-심각성을 호도하면서 해결방안을 모색하려는 자세조차 보이지 않았다.

1996년 당시의 원화가치는 과거 10년간의 임금-물가상승률을 감안하면 지나치게 높게 평가되어 있었다. 수출촉진과 수입억제를 위해서는 환율을 크게 올려야 할 시급한 상황이었다. 당시 중소기업의 도산이 급증하고 있었는데 그 원인도 과도한 수입증가에 있었다. 하지만 무대책으로 일관했다. 환율정책을 효율적-신축적으로 운용하지 않았던 것이다.

수입억제를 통한 저축증대만이 외환위기를 극복할 수 있는 길이었다. 채무상환 단계에 달한 외채구조의 심각성을 알려서 국민적 협조를 구했어야 했다. 그런데 외환사정의 심각성을 알리지 않아 국가도 기업도 가계도 마찬가지로 흥청거렸다. 적자경영의 결과는 자명했다. 외환위기가 예정된 수순을 밟고 다가오고 있었던 것이다.

# 호남정권의 탄생

## (1) 김대중의 '4수' 노린 정계복귀

### 김대중 살린 지방선거

1992년 12월 18일 제14대 대통령 선거에서 민주당의 김대중은 민주자유당의 김영삼에게 패배했다. 대권도전 3수에 실패한 그는 의원직과 민주당 대표최고위원직을 사퇴하고 정계은퇴를 선언했다. 그는 1993년 1월 영국으로 출국해 연구활동을 하다 6개월 만에 귀국했다. 이어 1994년 1월 아태평화재단을 창립해 이사장으로 활동을 재개했다.

1995년 6월 27일 제1대 통합지방선거를 앞두고 김대중은 모든 지역이 잘 살아야 된다는 이른바 '지역등권론'을 내세워 민주당 지원유세에 나섰다. 이 선거에서 민주당은 조순 후보가 서울시장에 당선되는 등 지방선거에서 괄목할만한 성과를 거두었다. 갈 곳을 잃은 호남 표심을 집결하는 데 성공한 김대중은 지방선거 결과에 고무되어 7월 18일에는 정계복귀를 공식적으로 선언했다. 그의 번의는 많은 논란을 불려 일으켰다.

지역등권론은 지역주의를 부추긴 측면이 있어 부산시장에 도전하여 비교적 선전하던 노무현이 낙선했다. 호남지역에서는 관선 전북도지사를 역임하고 민자당 간판으로 출마하여 우세를 보이던 강현욱이 민주당의 유종근에게 패배했다. 이 같은 정세변화에 따라 지역주의에 위기감을 느낀 민주당 내에 부산세력이 동요하기 시작했다.

한편 김대중은 9월 5일 새정치국민회의를 창당했고, 호남 출신 민주당 의원들과 그의 지지자들이 대거 새정치국민회의로 당적을 옮겼다, 이로써 야권은 다시 분열되어 민주당은 39석 규모의 소수 정당으로 전락했다. 민주당은 14대 국회의원 선거에서 97명의 당선자를 냈었고 이어 무소속 의원들을 영입함으로써 한때 의원수가 99명으로 불어났었다.

새정치국민회의 창당에 따른 탈당사태가 일어나 1995년 말에는 민주당은 의석점유율 13.45%에 불과한 원내 제3당의 신세가 되고 말았다. 14대 국회의원 선거에 대비하기 위해 당시 야권의 양대 세력이 합당했지만 1996년 국회의원 선거와 1997년 대통령선거가 다가오자 야권이 또 다시 분열을 반복한 것이다.

이에 앞서 집권당인 민주자유당에서는 권력투쟁이 전개되었고 그 여파로 핵분열이 일어났다. 민자당내 노태우 직계의원들이 1995년

2월 전당대회를 앞둔 시점에 김종필의 당대표 사퇴와 함께 2선 후퇴를 요구했다.

이에 반발한 김종필은 대표직을 사퇴하고 충청권 의원들을 규합해 1995년 2월 9일 탈당을 감행했다. 이어 3월 30일 그가 만든 정당이 바로 자유민주연합이었다. 5월 16일 통일국민당의 후신격인 신민당과 통합을 이끌어냈고 무소속 의원들을 영입함으로써 김대중의 새정치국민회의에 이어 원내 제4당이 되었다.

1995년 6월 27일 실시된 지방선거에서 민주자유당이 참패했다. 전국 15개 광역자치단체장 중에서 5명, 230개 기초자치단체장 중에서 70명, 875개 광역의회의원 중에서 286명을 당선시키는 데 그쳤던 것이다.

호남지역은 민주당이, 충청지역은 자유민주연합이 석권했다. 서울시장에 당선된 민주당의 조순은 42.4%의 득표율을 올렸는데 민자당의 정원식은 무소속의 박찬종에 이어 3위로 쳐졌다. 민주당은 서울의 기초자치단체장 25명 중에서 23명, 광역의원 133명 중에서 122명을 당선시키는 기염을 토했다.

지방선거에서 참패한 민주자유당은 당직자를 전면 교체한 데 이어 그 해 12월 6일 당명을 신한국당으로 바꾸기로 했다. 1990년 1월 22일 3당합당이니 3당야합이니 하는 논란을 불러일으키고 태어난 민주자유당이 6년이 안 되어 간판을 내린 꼴이다. 이로써 정계는 제15대 총선을 두 달 앞두고 또 다시 이합집산 끝에 신한국당, 새정치국민회의, 민주당, 자유민주연합 4당 체제로 정비되었다.

1996년 4월 30일 실시된 제15대 총선에서 신한국당은 139석을 얻는데 그쳤지만 무소속 의원들을 영입하여 개원 전에 과반수 의석을 확보하였다. 이에 위기감을 느낀 새정치국민회의와 자유민주연합이 다시 공조체제를 논의하기 시작했다.

두 당은 1995년 6월 27일 지방선거에서 부분적인 공조체제를 운영한 바 있다. 민주당이 서울시장 후보, 자유민주당이 강원도지사 후보를 공천하는 대신 두 당은 상대지역에 공천하지 않았다. 공조체제가 성공하여 서울시장에 조순, 강원도지사에 최각규가 당선되었다.

제15대 총선이 끝나자마자 새정치국민회의와 자유민주연합은 공조체제 복원을 논의하기 시작했다. 1996년 5월 4일 양당의 대표인 김대중과 김종필은 회동을 갖고 구체적인 방안을 도출했다.

두 사람은 김영삼 정권과 신한국당을 압박하고 나섰다. 무소속 당선자 영입을 통한 인위적인 여대야소 조성을 규탄하는 한편 부정선거 시인과 책임자 처벌을 요구했다. 김대중-김종필의 공조체제는 1997년 대통령 선거를 겨냥한 이른바 DJP연합을 위한 사전포석이었다.


## DJP연합의 성공과 공동정부 출범

김대중-김종필은 공조를 통해 서울 노원구청장 보궐선거와 경기도 오산시장 재선거에서 후보단일화를 이뤄 승리하자 각종 정치현안에 대해 협력체제를 유지해 나갔다. 마침내 새정치국민회외와 자유민주연합은 1997년 12월 대통령 선거를 앞두고 후보단일화 협상을 개시했다. 1년 가까이 끌던 단일화 협상은 1997년 10월 31일 결실을 보게 되었다.

이 날 채택된 합의문은 대통령 선거 후보를 김대중으로 단일화하고, 집권하면 양당이 공동정부를 구성해 총리는 자유민주연합이 맡는다는 것이 주요 내용이었다. 또 김대중이 대통령이 되면 1999년 말까지 의원내각제를 위한 개헌을 완료한다고 시한까지 못을 박았다. 1997년 11월 3일 양당은 '야권 후보단일화 합의문 선언 및 서명식'을 갖고 김대중을 단일후보로 추대한다고 공식적으로 선언했다. 다음날 박태준이 소위 DJP연대에 합류했다.

1987년 이후 정계를 주도하던 3김의 한 축인 김영삼의 대통령 임기가 만료되고 김대중-김종필의 DJP가 성사됨에 따라 정계는 대권의 향방을 놓고 다시 한번 요동치기 시작했다. 그야 말로 이합집산-합종연횡의 연속이었다. 거기에는 어떤 정치적 소신-철학-이념도 없이 권력만 쫓아 움직이는 추악한 모습만 있었다.

집권당인 신한국당은 세대교체를, 야권은 정권교체를 내세웠다. 신한국당은 1997년 7월 21일 전당대회를 열고 2차 투표까지 가는 접전 끝에 이회창을 후보로 선출했다. 이회창이 아들의 병역비리가 불거져 곤경에 처하자, 후보 경선에 나서 그와 대결했던 이인제가 신한국당을 탈당했다.

이인제가 경선에서 패배했음에도 불구하고 당시 여러 여론조사에서 30%를 웃도는 높은 지지율을 나타냈다. 여기에 힘입은 이인제는 대선이 임박한 시점인 1997년 10월 10일에 국민신당을 창당했다. 박찬종은 대선을 열흘 남겨둔 시점에 신한국당을 탈당해 국민신당에 입당했다.

한편 제15대 총선에서 소수당으로 전락한 민주당은 1997년 9월 11일 임시전당대회를 열고 서울시장 조순을 후보로 추대했다. 대통령 선거에서의 승산이 어둡자 민주당이 신한국당과의 연대를 도모했다. 양당은 1997년 11월 21일 합당 전당대회를 열고 한나라당이란 당명으로 출범했다. 한나라당은 이회창을 대통령 후보 겸 명예총재로 추대하고 조순을 당총재로 선출했다.

이에 앞서 이회창은 IMF사태에 책임을 물어 대통령 김영삼의 신한국당 탈당을 요구했고 김영삼은 11월 7일 탈당했다. 제14대 대선을 앞두고 대통령 노태우의 민주자유당 탈당에 이어 또 다시 대통령이 집권당을 탈당하는 역사의 반복이 이뤄졌던 것이다.

김대중의 새정치국민회의에 합류하지 않은 민주당 잔류 의원 중의 일부는 이기택과의 불편한 관계를 털고 국민통합추진회의를 결성했다. 이들은 다시 분열하여 일부는 새정치국민회의에 또 다른 일부는 한나라당에 합류함으로써 갈라섰다. 각기 정권교체와 3김청산이라는 명분을 내세워 생존의 길을 선택을 했던 것이다.

15대 국회 임기 중이었던 1997년 12월 18일 실시된 대통령 선거의 경쟁구도는 3자 대결이었다. 그 결과는 전체 유효투표의 40.3%인 1,032만6,275표를 얻은 김대중의 당선이었다. 이회창은 38.7%인 993만 5,718표를 얻어 김대중보다 39만표가 적었다. 이인제는

19.7% 492만 5,591표를 득표하여 제3당 후보의 한계를 드러냈다.

이로써 헌정사상 처음으로 수평적 정권교체가 이뤄졌고 제15대 국회는 임기 도중에 여당과 야당이 바뀌는 정치지형의 변화가 이뤄졌다. 또 공동정부의 출범이라는 새로운 정치상황이 전개되었다.

대통령 김대중은 DJP합의에 따라 '국민의 정부' 초대 국무총리로 김종필을 지명할 계획을 갖고 있었다. 하지만 그 뜻은 한나라당의 비협조로 차질을 빚었다. 한나라당이 인준절차를 밟는 임시국회에 불참하고 3월 2일 총리 임명동의안 표결시 반공개적으로 백지투표를 던져 투표가 중단되는 상황이 벌어졌다. 공동정부는 불가피하게 총리서리체제로 출범해야만 했다.

결국 김대중은 김영삼 정권의 마지막 총리 고건의 장관 임명제청을 받아야 했고 이에 따라 17개 부처의 장관을 임명해야만 했다. 김대중의 국민의 정부는 이 같은 비정상적인 방법에 의해 출범했다. 이로 말미암아 여야간의 관계는 더욱 악화됐고 새정치국민회의는 한나라당 의원을 영입하는 작업을 추진하기 시작했다.


## (2) IMF 관리체제와 신자유주의 광풍

### 국가경제 파탄, 집단도산 – 대량실업 – 자산폭락

IMF<sup>국제통화기금</sup> 관리체제를 불러온 금융 – 외환위기는 예견된 사건이었다. 1997년 11월 어느 날 갑자기 한두 사람이 잘못해서 터진 사태가 아니었다. 최소한 지난 수년간 집행되어온 경제정책의 실패가 금융위기에 이어 외환위기를 초래했고, 그것이 국가경제를 파탄내고 말았다. 그런데 어느 누구도 책임진 사람이 없었다.

엉뚱하게도 물가폭등, 대량실업, 집단도산, 세금증가, 소득감소 집값-땅값폭락 등으로 경제건설에 힘 바쳐온 산업역군들이 그 짐을 지게 되었다. 국가경제의 근간인 중산층이 급속하게 붕괴되고 무수한 가정파탄이 잇달았다. 그런데 15년이 지난 현실에서도 많은 국민들이 그 멍에를 지고 신음하고 있다. 당시 실업대열에 끼었던 많은 국민들이 아직도 재기의 발판을 마련하지 못해 소득-계층간의 격차가 더욱 벌어지고 있다. 사회구조의 극단적 양극화는 그 상당한 원인이 IMF 사태에 있다.

IMF도 한국의 은행을 비롯한 금융회사의 실태를 보고 깜짝 놀랐던 같다. 많은 금융회사들이 자기자본이 동나 버린 상태였다. IMF는 융자조건으로 금융회사의 자기자본 비율을 8% 이상 유지하도록 요구했다. 이 비율을 지키지 못하면 폐쇄조치를 당할 판이었다. 금융회사들이 다시 대출회수에 나섰고 이어 대출중단에 들어갔다. 시중의 자금사정이 극도로 악화되었고 이에 따라 금리가 급등하기 시작했다. 자금난은 흑자기업도 강타하여 연쇄도산으로 인한 대량실업이 속출했다.

30대 재벌의 평균 부채비율이 450%나 되었다. 선진국 같으면 융자가 불가능한 수준이었다. 계열사 끼리 지급보증을 통해 대출을 받았기 때문이었다. IMF는 상호지급보증을 축소하여 재무구조를 개선하도록 요구했다. 자금수요는 늘어났지만 IMF는 상당기간 고금리 체제를 유지했다. 외화유치를 촉진하고 금융회사로 하여금 부실채권을 정리하기 위한 재원을 확보토록 하기 위한 조치였다.

기업의 입장에서는 금융비용이 급증하여 경영수지가 심각하게 악화되었다. 부동산을 처분하고 계열기업을 매각하려고 해도 매수자가 없는 실정이었다. 결국 손쉬운 인력감축에 의존함으로써 흑자기업에서도 대량해고가 발생했다. 감량경영을 위한 인건비 절약은 인력감축에 그치지 않았다. 잔여인력의 임금도 삭감했다.

금융권의 부실채권을 정리하기 위한 재원을 마련하려고 갖가지 증세정책이 나왔다. 세금증가는 소득감소로 이어졌다. 대량해고, 임금삭감, 세금증가, 물가폭등 등으로 소득이 감소했다. 소득감소는 내수시장을 침체시켜 매출감소를 가져왔고 그것이 또 인력감축으로 이어지는 악순환이 반복됐다. 따라서 실업대열이 더욱 길어졌다.

김영삼 집권 5년 동안 외채가 1,100억달러 이상 증가했다. 산업구조가 조립-가공 위주로 구축되어 부품산업의 기반이 취약했다. 수출증대를 도모하자면 시설확충을 꾀해야 했고 그러자면 선진국에서 자본재를 수입해야 했다. 외채의 상당액이 실물투자를 위해 사용되었을 것이 분명하다. 하지만 경제파탄으로 인해 기계장치의 효용가치가 폭락했다.

IMF 관리체제가 도입된 이후 휴-폐업한 공장의 기계장치가 해외로 헐값에 팔려 나갔다. 모든 경제주체가 부자놀음에 정신이 나간 사이에 많은 외화가 밑 빠진 독 물 새듯이 새어나갔을 것이다.

OECD 경제협력개발기구에 가입한다고 금융-자본거래를 자유화하는 바람에 외화반출에 관한 규제를 크게 완화했으니 해외도피도 적지 않았을 것으로 유추된다.

1997년말 외채규모가 1,530억달러라고 했지만 얼마나 신빙성이 있었는지도 의문이다. 당시 민간기업의 현지금융과 역외금융을 정확하게 파악했을 리가 없다. 민간부문이 자기신용으로 해외에서 기채하고 그것이 상거래와 연결되면 파악이 용이하지 않다. 외채규모가 2,000억달러가 넘을 것이란 추정이 설득력을 갖는 이유가 그 때문이었다.

이 정도라면 경상수지가 흑자를 내더라도 그것을 가지고 외채를 상환하기란 불가능에 가까웠다. 빚을 내서 빚을 갚는 채무차환 단계에 이른 것이다. 외국인에게 토지취득을 허용하고 공기업을 매각했던 것은 바로 그 까닭이었다. 말이 외자유치이었지 외채를 갚으려고 은행, 토지, 건물, 공장, 기업 등을 닥치는 대로 외국인에게 헐값에 팔아 치웠다.

1998년 들어 무역수지가 흑자로 전환됐다. 고무적이지만 무역구조를 분석할 필요가 있다. 수출이 늘고 있었지만 환율이 70% 가량 앙등한 데 비하면 그 증가율은 미미한 수준이었다. 도산업체의 기계장치와 중장비 등을 싸구려로 팔았고 금을 모아 30억달러 어치나 수출했기 때문에 그나마도 유지했던 것이다. 수출경쟁국인 동아시아 국가들도 외환위기를 겪고 있어 싸구려로 팔지 않을 수 없었다.

또 주요시장도 경기침체로 수입수요가 줄어 수출증대를 기대하기 어려웠다. 수입수요가 감퇴했는데 무역흑자가 증대했으니 이는 반가운 일이 아니었다. 부품수입의 감소는 2~3개월 후 완제품 수출의 감소를 뜻하기 때문이다. 또 자본재 수입의 감소는 시설투자의 축소를 의미하여 경기침체의 장기화를 예고했다. 무역수지가 흑자를 내자 일부에서는 그것을 가지고 마치 경제가 호전되는 것처럼 호도하는 짓을 되풀이 했다.

## 재벌 집단부실화의 대가 IMF의 약탈적 구제금융

30년간에 이룩한 경제건설이 하루아침에 붕괴됐다. 집단도산-대량실업에 따라 많은 가정과 개인이 파산되었다. 부실기업 정리와 실업구제 대책으로 엄청난 세금을 냈다. 그런데 국가경제가 파탄 났지만 책임지는 사람이 없었다. 경제파탄은 김영삼 정권 5년간의 모든 경제-사회정책의 오류가 상호간에 연관되어 복합적으로 작용한 결과이다.

따라서 김영삼 정권에서 요직을 지낸 정책책임자들은 마땅히 법률적-정치적-도의적 책임을 져야 했다. 장관이라면 주무부처의 책임자이기 이전에 국무위원이다. 소관업무와 상관이 없더라도 국무담당자로서 경제-사회정책의 문제점을 지적하고 시정하도록 노력했어야 한다. 금융-외환위기는 잠재화되었다가 어느 시점에 현재화했을 뿐이지 결코 돌발적 사건이 아니었다.

그런데 군사정권 이래 관료집단은 정책오류-실패에 대해 책임진 사례가 없다. 아무리 정권이 바뀌어도 영원히 바뀌지 않는 권력인 관료집단은 책임의식도 없이 실효성 없는 정책을 남발하더라도 그 결과를 검증받거나 책임진 적이 없다. 관료집단의 기득권은 철옹성마냥 견고하여 어떤 정치적－경제적 변혁에도 침해받기를 거부한다.

관료집단은 무소신－무책임을 방패삼아 출세의 사다리를 타는 데만 여념이 없다. 한국의 정당은 정책정당이 아니기 때문에 국가를 어떻게 운영해야 할지 모른다. 그 까닭에 관료집단을 차용세력으로 중용한다. 김대중 정권이 IMF 사태를 극복하는 과정에서도 관료집단에 의존했기 때문에 어떤 고위관료에 대해서도 직－간접적인 문책이 없었다.

한국이 IMF 관리체제로 고통받는 데 반해 고금리－고환율에 따라 미국이 얻은 반사이득은 엄청났다. 수출가격이 하락한 만큼 미국 소비자가 경제적 이득을 보았다고 보아야 한다. 미국의 금융자본은 막대한 이자소득을 누렸다. 하지만 한국경제가 회복불능 상태로 파탄이 난다면 동아시아에 정치－경제불안이 고조되고 이에 따라 미국도 경제적－정치적 타격을 받는다. 경제적으로는 한국이란 시장을 잃고 이와 동시에 정치적 영향력도 감소한다.

정치적으로는 동북아 정세와 맞물려 미국의 안보체제에 타격을 받게 된다. 그 까닭에 미국이 한국정부한테 IMF의 약탈적 구제금융을 수락하라고 강압했다. 미국이 주도하는 IMF는 혹독한 융자조건을 강압적으로 제시했고, 한국정부는 그것을 무조건 수락했을 뿐이었다.

거기에는 어떤 타협도 협상도 없었다. 한마디로 IMF가 경제주권을 접수하고 점령군처럼 행세했다. IMF 구제금융의 금리는 불량채권에 비견할 만큼 높았다. 이런 구제금융을 지급보증 삼아 이자를 더 주고 외채의 만기를 연장했다. 여기에다 통상금리 보다 배 가까이 이자를 더 쳐주고 외채를 추가로 도입했다.

이렇게 해서 외환위기를 일시적으로 모면했지만 그 후유증과 부작용은 한국경제에 막대한 악영향을 두고 두고 끼치고 있다. 같은 시기에 말레시아도 외환위기를 맞았다. 당시 수상 마티하르는 IMF의 살인적인 구제금융의 융자조건을 거부했다. 하지만 말레시아는 외환위기를 무난히 극복했다. 당시 맹목적적으로 IMF의 요구와 지시를 수용한 김대중 정권과 대조를 이뤘다.

정치권은 외환위기에 대해 일말의 책임감을 느끼지 않는 모습이었다. 외환위기가 터져 온 나라가 공포에 떨고 있었지만 정쟁만 일삼았다. 1990년대 들어서만도 국회는 예산을 제대로 심의한 적이 없었다. 예산심의를 통해 경제정책을 심도 있게 검증하고 정책대안을 제시했더라면 외환위기라는 국가적 불행이 없었을 것이다.

전두환 정권 치하에서는 국회 내에서 국회의원의 발언도 면책특권이 없다시피 했다. 비판적인 발언에 대해서는 체제도발로 간주해 정치적으로 응징했다. 이런 상황에서도 외채망국론을 말하는 용기가 있었다.

그런데 김영삼 정권 들어 여야를 막론하고 외채의 심각성을 경고한 발언이 없었다. IMF 사태가 터지고 난 다음에도 국회는 대량실업에 대한 대책마련에 아무런 역할을 하지 못했다. 김대중 정권 들어서도 집권당이 바자회를 여는 정도였다. 실업대책을 불우 이웃돕기 정도로 인식하고 있었으니 무엇을 기대하기 어려웠다.

재벌이 경제발전과 고용창출에 기여했지만 금융위기-외환위기를 초래한 장본이기도 했다. 재벌의 과다한 차입경영과 무모한 사업확장이 국가부도를 부른 근본적인 원인이다. 은행 빚, 외국 빚을 마구 들여다가 부동산을 사들이고 모든 업종에서 계열기업을 수십개씩 영위하다보니 부도위기에 몰려 국가적 경제파탄을 일으켰던 것이다. 다시 말하면 재벌기업의 집단 부실화가 금융산업의 집단 부실화로 이어져 금융-외환위기가 터졌던 것이다.

그렇지만 재벌들은 국가경제 파탄에 대한 일말의 책임의식도 없이 구조조정이란 미명 아래 대량해고, 불법해고만 일삼았다. 그것도 구조조정을 인력감축으로 잘못 알고 있었다. 구조조정이란 시장변화에 능동적으로 대처하기 위해 수직적 조직을 수평적으로 개편해 우수한 인력을 확충하는 전략이다. 그런데 인력감축만 능사로 알고 직원 자르기에 매달렸다.


## 일자리 증발, 불법해고 기승, 집값 반토막

15세 이상으로서 노동을 제공할 의사와 능력을 가진 사람을 경제활동인구라고 한다. 이들이 하루에 한 시간만 노동하면 고용으로 본다. 그러니 정부통계만 가지고 실업실태를 파악하는 데는 많은 문제가 있다.

그렇지만 정부통계만 보더라도 1998년 2월말 현재 실업자가 150만명을 넘었다. IMF 사태에 따른 집단도산이 무수한 일자리를 파괴했다는 뜻이다. 당시 실업자가 하루 1만명씩 생긴다고 했으니 100일이면 실업자가 100만명이 양산되는 그야말로 실업대란이 터진 상황이었다.

실제 기업도산에 따라 대량실업이 발생하는 가운데 정리해고제가 실업자를 더욱 양산하는 도구로 이용되었다. 기업에 따라서는 정리해고의 요건도 무시하고 불법해고를 자행했다. 자고나면 옆자리 동료의 책상이 없어지고 부서 통-폐합이라고 해서 부서원을 한꺼번에 자르기도 했다. 일괄사표-선별수리는 엄연히 불법행위인데도 기업들이 집단해고의 수단으로 악용했다.

심지어 용역깡패까지 동원해 합법적으로 파업하는 노조원들을 폭행하기도 했다. 부당노동행위, 폭력행위를 노동부, 검찰, 경찰에 고소-고발해도 별로 소용이 없었다. 노동위원회가 원직복귀를 판정해도 기업들이 이행을 거부해 실효성이 없었다.

김대중 정권이 노동자의 권익을 무시하고 방관한 까닭에 노동현장에서는 불법해고가 더욱 기승을 부렸다. 언론은 이런 노동현실을 외면하고 있었다. 대량실업의 심각성을 부각시키지 않았고 불법해고도 적극적으로 보도하지 않았다. 언론사도 처지가 비슷했기 때문이었다.

경제파탄으로 집값이 절반 가까이 폭락했다. 안 먹고 안 입고 모아서 겨우 내 집을 마련했지만 집값이 폭삭 내려앉는 바람에 유일한 재산인 집의 가치가 반 토막 나고 만 것이다. 집이라도 팔아서 무엇을 해보려고 해도 팔리지 않아 그것마저 할 수 없었다. 전세값이 폭락해 그것을 빼서 무엇을 하려고 해도 전세가 빠지지 않았다. 옛날에는 직장을 그만 두면 구멍가게라도 하겠다고 마음을 먹었는데 그것도 할 수 없는 것이 현실이었다.

거대자본-외국자본이 유통시장을 장악하는 바람에 골목마다 자리 잡고 있던 많은 구멍가게들도 문을 닫을 판이었다. 포장마차라도 한다지만 그것마저 포화상태라 할 수 없는 일이었다. 그 때 해고사실을 집안에 알리기 어려워 넥타이를 매고 산이나 들로 나가 하루해를 한숨으로 지내다 귀가하는 사람들이 정말 많았다. 처음에는 예금-적금을 해약해서 쓰다 나중에는 그것마저 동이 나버려 무수한 가정이 파탄 났다.

1960년대 이후 한국사회는 고도성장에 익숙해 있었다. 고속도로를 질주하듯이 경제성장의 가도에는 멈춤이 없었다. 1970년대 초반, 1980년대 초반 두 차례의 석유파동이 있었지만 외부요인에 힘입어 무난히 넘겼다. 1960년대 후반의 월남특수, 1970년대 후반과 1980년대 전반의 중동특수, 1980년대 후반의 3저호황이 그것이다.

그래서 한국사회는 대량실업을 모르고 살았고 그 까닭에 모든 경제주체가 실업문제의 심각성을 알지 못했다. 그런데 한순간에 금융-외환위기가 터져 집단도산-대량실업이 일시에 일어나니 개인도 기업도 국가도 혼미상태에 빠져 방향감각마저 상실해 버린 형국이었다.

## 살인자본주의 정리해고제 도입 실업양산

김대중 정권의 노동정책을 보면 미국의 잠정해고 <sup>Lay-off</sup>를 배우는 듯했다. 1990년대 들어 미국의 거대기업들이 구조조정 <sup>restructuring</sup>이니, 규모축소 <sup>downsizing</sup>니 해서 경영혁신을 단행했다. 그 핵심은 인력감축이었다. 그 결과 미국기업들은 경쟁력을 확보했고 세계에서 보기 드물게 장기호황을 누리는 나라가 되었었다. 바로 이 점이 김대중 정권으로 하여금 정리해고제를 도입하도록 자극했던 것 같다.

해고를 제도적으로 보장함으로써 단시일 내에 기업의 경쟁력을 확보한다는 구상이었을 것이다. 먼저 인력감축을 단행해 기업을 회생시킨 다음에 고용창출을 통해 실업문제를 해결해 나간다는 것이 정책방향인 듯했다. 미국의 잠정해고를 본떠서 정리해고제를 도입했지만 미국은 한국과는 실정이 다르다.

한국은 미국과는 달리 복지제도가 미비해 대량실업의 충격을 완충할 여력이 없었다. 미국에서는 해고되어도 재취업의 기회가 많고 사회보장제도의 혜택으로 최저생계의 위협이 덜하다. 한마디로 한국은 퇴직금 말고는 별다른 대책이 없었다.

미국과 한국은 또 다른 점이 있었다. 공산주의 붕괴 이후 미국은 세계유일의 경제대국으로 부상했다. 그 미국은 단극체제 <sup>monopolar system</sup>의 군사력－정치력을 배경으로 세계 각국에 시장개방을 강압했고, 여기에 성공했다. 이것은 미국기업에게 시장확대를 의미한다. 미국에는 주주권이 확립되어 기업경영이 비교적 공개적이고 투명하며 전문경영인이 의사를 결정하고 책임을 진다. 미국은 사회보장제도를 통해 해고인력을 흡수할 여력이 크다.

한국기업은 인력을 감축하더라도 해외시장의 위축, 내수시장의 침체로 인해 단시일 내에 회생력을 발휘하는 데는 한계가 있었다. 따라서 사회안정을 위협하는 대량해고 보다는 노동분산을 통한 인건비 부담을 줄이는 방향이 옳았다. 불필요한 노사마찰을 피하고 고용안정을 도모하면 애사심을 고취하여 생산성이 향상되기 때문이다. 국가적으로도 선해고-후고용은 사회불안을 야기하는 위험부담이 크다.

재벌기업의 집단부실화는 혈족 중심의 경영체인 한국재벌이 지닌 구조적 문제다. 재벌기업은 전문지식-경험이 없는 2~3세들이 독단적으로 경영의사를 결정한다. 기업부실화의 상당한 원인이 여기에 있다. 전문경영인의 역량도 문제지만 역할도 제한적이다. 공기업도 비전문가가 경영책임을 맡기는 마찬가지였다.

당시 미국에서도 대량해고에 대해 비판의 소리가 높았다. 심지어 '살인 자본주의' Killer capitalism 이라는 혹평도 제기되었다. 배당을 늘리라는 주주의 압력에 굴복해 필요 이상으로 감원함으로써 미국사회를 빈민화시킨다는 주장도 만만찮았다. 절도, 살인 같은 범죄의 증가도 그 배경에는 호황-불황에 따라 인력의 감축-증원을 반복하는 노동정책에 돌리고 있었다. 해고의 공포가 노동자의 정신을 황폐화시켜 마약복용이 늘어난다는 주장도 있었다.

경제위기를 극복하자면 인력감축이 불가피했기 때문에 노동시장의 유연성은 필요했다. 하지만 정리해고제가 감정적으로 악용되는 사례가 많다면 이 또한 심각한 문제였다. 노동현장에 따라서는 극단적인 대립관계에서 불법해고가 자행되고 있었다. 불법-부당노동행위에 대해서는 김대중 정권이 불간섭주의를 채택했는지 방관하는 자세였다.

그 까닭에 노조의 고소-고발에 대해 아주 미온적으로 대처했다. 노동법이 집행과정에서 형평성을 상실하면 노동자들이 억울하다고 생각해 해고에 승복하지 않기 마련이다. 그 불만은 증폭되었고 그 종착역은 정권으로 향했다. 김대중 정권은 실업문제가 사회혼란으로 연결되지 않도록 다각적인 노력을 강구했어야 했다.

불법해고에 대해서는 법집행에 엄정성을 기하여 실업인구를 최소화하도록 노력했어야 했다. 고용안정이 최선의 실업대책이기 때문이었다. 기업의 입장에서도 적정규모의 잉여인력을 사내에 유보해야 경기변동에 효율적-능동적 대처가 가능하다. 인건비를 절약한다고 인력감축에 주력하면 경기가 호전되더라도 훈련된 인력을 확보하지 못해 경쟁력을 발휘하는 데 한계에 부닥친다.

노동시간을 줄여서라도 해고인력을 최소화했어야 했다. 그것이 고통분담이었다. 1990년대 세계적으로 훌륭한 교훈이 있었다. 폴크스바겐은 세계 자동차시장에서 양면의 협공을 당하는 형국이었다. 1980년대에는 일본차에 눌리고 1990년대 들어서는 미국차에 밀려 심각한 경영난에 봉착했었다.

수만명의 인력을 감축해야 할 곤경에 처했으나 노사협의를 통해 노동시간을 단축함으로써 대량해고를 피했다. 노동분산 work-sharing 을 통해 주 3~4일 근무제를 채택했던 것이다. 노사협력을 통해 경영난을 원만하게 극복한 폴크스바겐은 1998년 들어 '새 딱정벌레'를 출시해 세계시장에서 선풍을 일으켰다.

1990년대 들어 장기불황을 겪고 있던 일본에도 당시 해고선풍이 불고 있었다. 하지만 평생직장의 개념은 아직도 뿌리가 깊었다. 일거리가 없어 하루 종일 창가에 앉아 신문이나 뒤적이는 사원들이 있었다. '창문족'이라고 부르는 이들이 기업마다 적지 않았던 것이다. 기업이 잉여인력을 보유하고 있었다는 소리였다.

당시 일본정부는 고용안정을 위해 기업에 보조금을 지급하면서 실업방지에 주력했었다. 1998년 4월 22일 발표한 종합경제대책 가운데 실업대책을 보면 실업방지를 위한 노력이 돋보였다. 55세 이상 지급하던 임금보조금을 45세 이상으로 확대했다. 신규고용 임금보조금 비율도 33%에서 50%로 인상했다. 일시휴가, 전출조치에도 임금-수당 보조금을 지급했는데 그 비율도 인상했다.

## 금융자산가 폭리, 중산층 몰락, 사회 급진화

IMF 사태에 따라 신규채용이 급감하면서 대졸자를 포함한 20대 실업자가 급증했다. 이런 상황에서 기업마다 정리해고가 마치 유행병처럼 번져 30~50대 실업자가 대량으로 발생했다. 생산직 못지않게 사무직-전문직의 해고가 늘어나면서 고학력 실업자가 양산되었다.

자녀의 학자금 부담으로 가계지출이 많은 40, 50대가 해고 돌풍의 과녁이 되어 버렸다. 여기에 집값, 땅값 폭락은 복합불황을 불러 재산가치가 절반으로 떨어졌다. 중산층이 급속하게 붕괴되고 있었던 것이다.

부실채권 정리와 실업대책을 마련한다고 부자나 가난한 사람이나 똑같이 부담하는 간접세를 무차별적으로 인상하는 바람에 가난한 국민의 세금부담이 더욱 무거워졌다. 한편 금융자산가들은 벼락부자가 될 수 있는 호기를 맞아 IMF 사태를 즐기고 있었다.

IMF의 요구에 따라 이자제한법이 폐지되어 사채시장에서 금리가 폭등하기 시작했다. 1997년 12월 22일 이자제한법상의 최고 이자율을 연 25%에서 연 40%로 높였다. 그것도 모자라 이듬해 1월 13일 국회가 IMF의 지원조건을 이행한다는 명목으로 이자제한법을 아예 폐지했다.

이자제한법을 없애버리자 사채시장에는 연 100%가 넘는 고리대금이 성행했다. 그것이 빌미가 되어 1999년부터는 일본의 대부업이 국내에 상륙했다. 여기에 자극 받은 저축은행 등 국내 금융회사들도 연 40~50%의 고리대금 영업을 개시했다. 사태가 심각해지자 시민단체들이 대책 마련을 요구하고 나섰다. 하지만 김대중 정권은 대부업을 양성화한다며 대부업법을 제정했다.

고금리로 인해 금융자산가들이 떼돈을 버는데 이자소득세를 오히려 내렸다. 금융소득에 대한 종합과세세율은 소득규모에 따라 15~40%였다. 이것을 일률적으로 20%로 조정함으로써 고소득자에게

20%의 특혜를 줬다. 연간 2,000만원 이하의 이자소득에 대해서는 세율을 15%에서 20%로 올렸다. 반면에 그 이상 거액이자소득에 대해서는 세율을 40%에서 20%로 내린 것이다. 결과적으로 소득분배에 역류현상을 더 깊어지게 만들었다.

이 나라 부패의 온상은 정치권이다. 그 세력이 1997년 12월 대통령 선거 직전에 연대해서 금융실명제를 형해화시켰다. 정치자금 조달의 장애물을 제거하는 동시에 검은 돈이 더욱 기승을 부리도록 만들었다. 이런 상황에서 자금출처를 묻지 않는 각종 채권을 잇달아 발행하여 검은 돈의 세탁이 쉬워졌고, 또 세금 없는 증여-상속이 용이해졌다.

당시 현금을 보유한 사람들은 그야말로 떼돈을 벌었다. 초고금리를 이용해 돈놀이를 해서 떼돈 벌어도 세금이 거의 없었다. 또 폭락한 부동산을 사들여 떼돈을 벌었다. 당시 직장을 잃은 사람들은 당장 먹고 살기 어려우니 살던 집을 헐값에 팔아 치웠는데 그것들을 거둬들인 것이다.

IMF 사태보다도 IMF 사태에 대응하는 과정에서 일어난 정책실패로 인해 한국사회는 극단적인 양극화 사회로 치닫기 시작했다. 부익부-빈익빈 현상의 심화는 사회계층을 상층부와 하층부로 이원화시킨다. 계층간 갈등의 완충역을 맡은 중간계층의 몰락은 계층간 대립을 유발한다. 종국에는 사회가 사상적으로 급진화하기 마련이다.

불황과 실업을 모르고 일해 온 성장의 주역이 어느 날 갑자기 실업대열에 끼었다. 여기서 오는 정신적 거세감-박탈감과 물질적 궁핍감을 생각한다면 앞으로 전개될 사회변화를 예감할 수 있었다. 당시 실업자연맹이 태동할 움직임이 보였던 것도 사실이다.

당시 EU유럽연합은 단일통화를 출범시키기 위해 회원국에게 재정적자를 GDP의 3% 이내로 감축하도록 요구하고 있었다. 과도한 복지지출로 인한 과중한 세금부담에 염증을 느껴온 보수층이 반발하고 나섰다. 재정적자를 줄이려면 복지지출을 줄이라는 것이었다. 보수층의 압력이 유효하여 정책에 반영되자 실업자를 중심으로 한 소외계층이 정치적으로 연대하기 시작했다. 당시 유럽에서 잇따른 사회당의 집권은 이런 사회적 조류와 연관이 깊다.

경제파탄으로 많은 일자리가 한꺼번에 사라져 대량실업이 불가피했다. 이런 상황에서는 정부가 나서 해고인력을 최소화하도록 노력하는 자세가 중요하다. 그럼에도 김대중 정권은 그 같은 노력을 게을리 했다. 일자리는 지키기보다 만들기가 더 어렵다. 실업수당 같은 생계보조의 성격을 지닌 지원금은 일시적 효과만 지니기 때문에 근본적인 해결책이 못된다. 그런데 김대중 정권은 생계보조에 중점을 두는 쪽으로 나갔다.

일본처럼 임금보조금을 확대하는 방향으로 고용안정을 유지하는 것이 급선무였다. 실업자가 백만명 단위로 발생하는 상황에서 이 문제는 장기적 관점에서 접근할 필요가 있었다. 중산층의 붕괴는 장차 한 세대를 넘어서까지 파급영향을 미쳐 빈곤의 세습화가 이어진다. 하지만 당시 김대중 정권은 이 점을 깨닫지 못했다.

## 국가경제 파탄원인 규명않고 관료집단에 면죄부

경제파탄의 책임을 물어 경제부총리 강경식, 청와대 경제수석 김인호를 외환실상을 축소보고해 외환위기를 초래한 혐의로 기소했다. 하지만 대법원이 무죄판결을 내렸다. 일시적인 외환관리에만 한정한 형사처벌은 처음부터 논란의 여지가 많았다. 경제파탄은 1997년 11월 미숙한 외환관리에 의해 돌발적으로 발생한 단순한 사안이 아니라 누적적 정책실패에서 비롯되었기 때문이었다.

경제청문회를 개최했지만 이 또한 소득이 없었다. 경제파탄은 특정인에 국한해 문책할 사안이 아니었고 경제청문회를 연다고 원인을 규명할 수 있는 성질도 아니었다. 경제청문회에서 당사자들이 아니라고 대답하면 그만이다. 경제정책은 양면성을 지녀 어느 부문이 정책실패에 해당하는지 단정하기도 쉽지 않았다.

다만 1997년 11, 12월 외환부족을 적절하게 관리하지 못했다는 결론이나 얻을 수 있었다. 환율방어를 일찍이 포기하지 않아 외화유출을 촉진했다는 정도였다. 경제청문회 또한 정략적으로 이용된 측면이 있었다.

온 국민이 피와 땀으로 이룩한 30년간의 경제실적이 일순에 무너져 버렸다. 경제파탄은 경제정책의 누적적-총체적 실패에서 비롯된 만큼 그 원인은 상호간에 연관되어 복잡하다. 병인을 진단해야 처방이 가능하다. 원인을 다각적-심층적으로 분석해야 경제재건을 위한 방안과 방향을 도출할 수 있었던 것이다.

원인규명을 위해서는 권위 있는 전문가들로 구성하고 국무총리급을 위원장으로 하는 위원회를 대통령 직속으로 만들 필요가 있었다. 그 산하에는 사무국도 두고 분과별 위원회도 설치했어야 했다. 외환, 금융, 재정, 통상, 노동, 세제 등은 물론이고 표면적으로는 IMF 사태와 상관이 없는 것처럼 보이는 농업과 같은 분야도 포함했어야 한다. 관료집단의 의식구조와 국민의 소비행태도 연구하고 분석해 정책에 반영하도록 했어야 한다.

원인을 진단한 다음에는 정책대안을 단기적-장기적 과제로 나눠 제시했어야 한다. 그런데 김대중 정권은 국민적 지혜를 모으는 작업을 하지 않았다. 그리고는 과거정권과 마찬가지로 경제파탄에 일차적 책임이 있는 관료집단에 의존해 그들이 내놓는 즉흥적인 대책으로 위기를 순간적으로 모면하는 식으로 대처해 나갔다.

당시 구미언론은 동아시아 경제위기를 보도하면서 가장 많이 쓴 용어는 crony capitalism이었다. 심지어 buddy buddy capitalism이라는 용어도 썼다. 번역하면 '정실 자본주의' 또는 '연고 자본주의' 쯤 된다. 국가경제를 놓고 끼리끼리 갈라먹고 봐주다가 나라를 망쳤다는 뜻이다. 정곡을 찌른 표현이었다.

나라를 살리려면 '눈에 보이지 않는 지배세력'을 배양해온 연고주의의 부패사슬을 끊어야 했다. 그것을 위해서는 과감한 경제-정치개혁을 단행했어야 한다. IMF 사태와 같은 위기적 상황에서만 가능했는데 절호의 기회를 놓치고 말았다. 경제-정치개혁에 대한 재벌, 관료집단, 정치권 등 기득권층의 저항이 드셌겠지만 원인규명을 위한 기구를 만들고 거기서 도출된 제안을 근거로 추진했다면 가능했다.

위기상황이 경제-정치개혁에 대한 국민적 동의를 이끌어 내는 동력이 되었을 것이다. 정치자금법을 개정해 자금조달-사용을 엄격하게 규제하여 투명성을 높였어야 했다. 공직자윤리법도 개정했어야 했다. 전담기구를 상설화하여 예금계좌추적권을 부여했어야 했다. 또한 존-비속의 재산도 합산하도록 했어야 했다.

의정사를 되돌아보면 독직사건에 연루되어 복역까지 한 인사가 의정단상에서 큰 소리 치는 모습을 너무 많이 보아왔다. 지역연고에 따라 맹목적적으로 투표권을 행사하는 유권자의 잘못이기도 하지만 국회의원 피선거권을 엄격히 제한하지 않은 탓이 크다. 정상배들이 국회에 진출하지 못하도록 제도적으로 봉쇄했어야 했다.

비례대표제도 대수술이 필요했다. 직능대표제의 구실을 하지 못하고 계파끼리 갈라먹거나 정당 지도부의 돈벌이 수단으로 악용되는 사실은 모르는 국민이 없을 정도였다. 국가경제가 거덜 난 마당에 국회의원 299명도 너무 많다. 집권당의 당직자로서 5년 동안 당-정협의를 맡아서 해온 인사들이 당시 이제는 집권당이 아니니 책임이 없다는 따위의 말을 서슴지 않았다. 이런 인사들이 의사당을 점령해 헛소리나 일삼았으니 국가경제가 파탄난 것은 어쩌면 당연했다.

정권이 아무리 바뀌어도 국민이 선출하지 않았는데도 영원히 권력을 장악하는 세력이 있다. 그것은 관료집단이다. 비관료 출신 장관이 오면 기득권을 지키기 위해 연대하여 축출한다. 정책실패가 국민경제에 고통과 부담을 주어도 어떤 책임도 지지 않는다. 전문지식이 필요한 분야에도 인력을 외부에서 조달하지 않고 내부조직에 의존한다. 기술직에도 행정직을 배치할 정도이다. 서로 갈라 먹다보니 이런 일이 일어난다. 신진대사는 기득권 박탈로 알고 변화를 거부하는 것이다.

여기에 그치지 않는다. 관료집단은 산하기관-단체, 유관기관-단체를 장악하고 상층부에 관료출신을 배치한다. 이렇게 방계세력을 구축하고 정책방향을 의도대로 조정한다. 은행장이 되고 싶다면 은행원이 되지 말고 재무관료가 되어야 출세의 길이 보인다. 재무관료 출신들이 금융기관-금융회사의 상층부를 장악하고 있는 것이다.

바로 이런 이유로 관치금융이 횡행한다. 재무관료의 명령과 지시만 이행하다보니 심사분석과 신용평가의 기능이 무력화되어 버렸다. 대출규모가 거액일수록 그렇다. 그 결과 부실채권을 양산하여 금융체제를 무력화시킴으로써 금융-외환위기를 초래했다.

고시출신을 주축으로 하는 관료조직은 능력을 고려하지 않고 고시서열과 학연-지연 같은 연고를 중시하여 비고시파를 배척한다. 이런 폐쇄조직이 국무를 담당하니까 국가가 발전역량을 발휘하는 데 한계가 따른다. 인력공급을 외부시장에 공개해서 무능력자를 색출하고 개혁에 저항하는 세력을 퇴출시켰어야 했다.

관료조직은 방대한 규모만큼이나 관리도 방만하다. 국민세금을 먹어 치우는 공룡 같은 조직이다. 정부조직을 재창출<sup>reinventing</sup>하는 수준으로 개편했어야 했다. 규제완화를 통해 불필요해진 조직을 과감하게 정비했어야 했다. 김대중 정권이 집권하자마자 단행한 조직개

편은 재정의 효율성-투명성과 상관없고 방향도 잘못되었다. 금융, 예산, 통상업무의 이원화는 업무의 중복-분산으로 인해 오히려 효율성을 저해했다.

한국재벌은 혈족중심의 족벌체제다. 경영지식도 없는 친-인척이 경영 사령탑에 앉아 지시와 명령만 일삼는다. 전문 경영인도 실력과 능력에 따르지 않고 정치실세와 관료집단의 학연과 지연에 맞춰 발탁한다. 그러니 시장동향과 경기변동을 알 리 없다.

금융자금에 의존하여 사업확대에 주력한 결과 다계열-다업종 체제를 구축했지만 시장동향과 경기변화에 따라 작동하지 않는다. 결국 금융부채를 부실화시켜 금융권을 부도위기로 몰아간 것이다. 소유과 경영을 분리했어야 했다. 부실경영에 따른 금융부채의 부실을 근거로 가능한 작업이었다. 총수의 돈줄인 위장 계열사를 색출하고 불황사업과 한계기업을 퇴출시켰어야 했다.

김대중 정권이 국가적 경제위기를 지렛대 삼아 과감한 정치-경제 개혁을 단행하지 못한 데는 그가 호남 출신이라는 태생적 한계 때문이기도 했다. 불행하게도 영남지역의 보수층을 중심으로 형성된 맹목적적인 '김대중 거부세력'이 존재한 것은 엄연한 사실이다. 그들은 이 나라에서 가장 위험한 색깔론으로 무장하고 있어 그 장벽을 정면으로 돌파하는 데는 현실적으로 많은 저항과 반발이 예상되었다.

무엇보다도 DJP연합이 제도개혁을 단행하는 데 가장 큰 장애물이었다. DJP는 대통령 김대중, 국무총리 김종필을 전제로 정권창출을 목적으로 하는 단순한 정치적 연대체이지 이념적 결사체가 아니었다. 쉽게 말해 김종필이 대통령은 될 수 없으니 국무총리라도 한번 하겠다는 욕망을 실현하기 위한 정치적 수단에 불과했다. 김대중의 입장에서도 대통령이 되기 위해서는 충청권을 배경으로 하는 김종 필과의 정치적 연대가 절실했다.

자유민주연합의 주력세력이 유신잔당이었다는 점에서도 정치-경 제개혁은 사실상 불가능했다. 특히 경제분야는 자민련의 몫이라는 역할분담이 오히려 경제-사회제도를 신자유주의 방향으로 전환토 록 만들었다. 이런 이유로 김대중이 그 한계를 넘어 서기에는 정치 적으로 너무나 큰 도박이었다. 그 까닭에 그의 경제-사회정책이 보 수화했다는 판단이 가능하다.


# (3) 새천년민주당 절반의 성공


새정치국민회의는 김대중 대통령을 배출했지만, 의회 내에서는 소수파에 불과했다. 정권교체 이후 새정치국민회의는 의회 내 다수 파가 되기 위해 다양한 수단을 강구했다. 자민련과의 공조를 이어갔 고, 한나라당 의원들을 영입한 데 이어 1998년 8월 29일 이인제가 이끄는 국민신당을 사실상 흡수, 통합했다.

김대중 정권은 정치자금법을 위반한 정치인을 선별적으로 소환하 는 방식으로 한나라당 의원들을 압박했다. 또 경제위기를 초래한 원 인을 규명하는 경제청문회를 개최하기도 했다. 정치권에 대한 사정과 경제청문회로 인해 한나라당이 동요하면서 정계가 또 다시 심하게 요동쳤다.

1998년 초만 해도 새정치국민회의의 의석은 78석에 불과했다. 그런데 1998년 말에는 의석이 105석으로 27석이나 늘어났다. 자유민주연합 역시 한나라당 의원을 9명이나 영입하여 의석이 53석으로 불어났다. 이에 따라 양당의 의석이 제15대 대통령선거 당시에는 122명에 불과했는데 1998년 9월에는 153명, 그 해 12월에는 158명으로 과반수를 훌쩍 넘어섰다.

정권교체가 이뤄진지 1년 만에 DJP의 의석이 크게 불어나 여소야대에서 여대야소로 정치판도가 바뀌었다. 반면에 한나라당의 의석은 165석에서 28석 감소한 137석으로 줄었다. 1998년 6월 4일 실시된 지방선거에서도 새정치국민회의-자유민주연합의 DJP연합이 기세를 올렸다. 전국 16개 광역자치단체장 중에서 수도권 3곳을 비롯해 10곳을 석권했다. 한나라당은 지지기반인 영남권 5곳과 강원도의 승리로 6곳을 차지하는 데 만족했다.

기초자치단체장과 광역의원 선거에서도 양당의 공조는 큰 성과를 거뒀다. 수도권 66개 기초자치단체장 중에서 새정치국민회의이 48곳, 자유민주연합이 4곳을 승리해 78.7%인 52명의 당선자를 배출했다. 한나라당은 16.6%인 11명의 당선자를 내는 데 그쳤다. 광역의원은 새정치국민회의가 서울의 94석 중에서 78석, 인천의 26석 중에서 20석, 경기도의 88석 중에서 61석을 차지함으로써 압승했다.

김대중 정권 출범 직후에는 한나라당이 국무총리 동의안을 무산시킬 만큼 단합된 모습을 보였지만 지방선거 이후에는 분열양상을 드러냈다. 집권세력이 다각도로 접근했기 때문이었을 것이다. 그 징후는 국회의장 선출, 국무총리 임명동의안 처리과정에서 극명하게 나타났다. 1998년 8월 3일 국회의장 선출을 두고 여야가 첨예하게 대립했다.

한나라당은 제1당이라는 이유로 의장직은 자당 몫이라는 주장을 굽히지 않았다. 한나라당은 과반의석인 151석을 보유하고 있었다. 이에 맞서 새정치국민회의와 자유민주연합은 국회의장은 집권당에서 배출되어야 한다는 입장이었다. 국회의장을 다수당에서 배출해야 한다, 집권당에서 차지해야 한다는 논쟁은 헌정 사상 처음이었고 그 논쟁은 표 대결로 이어졌다.

과거에는 국회의장 선출은 요식절차에 불과했다. 사실상 대통령이 집권당 의원 중에서 의중에 둔 인물을 지목하면 야당도 동의하는 형식이었다. 결국 여야는 절충에 실패해 표결에 들어갔다. 최초로 정권교체가 이루어지면서 국회의장 선출이 실질화된 것이었다. 한나라당의 오세웅과 자유민주연합의 박준규가 대결을 벌여 박준규가 당선되었다. 3차까지 투표가 이어지는 대립 끝에 박준규가 149표, 오세웅이 139표를 얻었던 것이다.

한나라당 의원 10명 이상이 이탈한 것으로 판명되어 총재단과 당 3역 등 당지도부전원이 사의를 표명하는 사태가 벌어졌다. 1998년 8월 17일 김종필 총리 임명동의안 표결에서 한나라당의 이탈은 더욱 두드러졌다. 투표 결과 찬성 171명, 반대 65명, 기권 7명, 무효 12

명으로 한나라당의 의원 중에서 상당수가 찬성표를 던졌음을 보여
줬다.

한편 긴밀한 관계를 유지하던 양당의 공조체제는 의원내각제 개
헌을 둘러싸고 균열 조짐을 보이기 시작했다. 양당이 대선공약으로
내세웠던 1999년 말 개헌시한이 다가올수록 마찰음이 높아졌다. 김
종필의 자유민주연합은 개헌문제를 끈질기게 제기했다.

이에 대해 김대중의 새정치국민회의는 연기론을 내세웠다. 양측
의 소모적인 논쟁이 반복되다 1999년 7월 21일 김대중, 김종필, 박
태준이 3자 회담을 갖고 의원내각제 개헌을 유보한다고 공식적으
로 선언했다. 표면적인 이유는 경제개혁과 남북문제의 우선해결이
었다.

내각제 개헌이 유보되자 1999년 7월 23일 새정치국민회의가 전국
정당화과 개혁정당을 명분으로 자유민주연합에 신당 창당을 제안했
으나 자민련이 거부했다. 새정치국민회의가 당명을 새천년민주당으
로 바꾸고 2000년 1월 20일 창당대회를 개최하였으나 강령에 내각
제를 넣지 않았다. 자유민주연합이 이에 대해 강하게 반발하던 차에
총선시민연대가 발표한 낙천-낙선자 명단에 자유민주연합의 지도
부가 대거 포함되자 새천년민주당과의 공조를 공식으로 파기했다.

이에 앞서 제16대 총선거를 앞두고 국회에서는 선거구제 개편에
관한 논의가 진행되었다. 새정치국민회의와 자유민주연합이 중선거
구제를 주장하고 나섰다. 선거구제 개편에 불안감을 느낀 한나라당
은 소선거구제 유지로 강력하게 맞섰다. 중선거구제를 도입할 경우

지지기반인 영남지역이 새정치국민회의와 자유민주연합에 의해 잠식당할까 우려했기 때문이다.

1997년 대통령 선거와 1998년 지방선거에서 연이어 패배한 한나라당은 영남지역을 지키기 위해 필사적이었다. 결국 기존의 소선거구제를 유지하게 되었다. 2000년 4월 13일 실시된 제16대 국회의원 선거에서 한나라당은 133석을 얻어 제1당을 고수했다.

새천년민주당은 115석을 확보하여 과거의 평화민주당, 통합민주당, 새정치국민회에 비해 의석수가 크게 늘어났다. 영남지역을 제외하고는 전국적으로 당선자를 배출했다. 창당 목표인 전국정당화가 어느 정도 성공을 거둬 내부적으로는 크게 고무되었다. 그러나 단독 과반수에는 크게 못 미치는 수준이었다. 한편 자유민주연합은 대구-경북지역과 충청지역에서 약세를 보여 의석이 55석에서 17석으로 크게 줄었다.

16대 총선의 결과가 다시 여소야대로 나타나자 새천년민주당은 자유민주연합과 공조복원에 나섰다. 김대중은 먼저 자유민주연합 총재 이한동을 국무총리로 임명했다. 이어 원내 교섭단체 구성요건을 '20명 이상'에서 '10명 이상'으로 바꿔 자유민주연합을 원내 교섭단체로 만들 방안을 모색했다.

양당은 한나라당의 반대에도 불구하고 국회법 개정안 날치기를 시도했다. 한나라당이 본회의 통과를 저지하기 위해 본회의장 농성에 돌입함으로써 여야의 대립이 극한상황으로 치달았다. 국회의장 이만섭은 날치기 통과를 거부하고 나섰다.

이에 새천년민주당이 시상천외의 변칙을 동원했다. 이른바 '의원 임대'라는 것이다. 자유민주연합이 교섭단체로 등록하는 데 필요한 의원수를 꾸어주는 방식이었다. 새천년민주당 의원 3명을 자유민주연합의 당적으로 변경했다. 이에 반발하는 자유민주연합 의원을 대신해 1명의 당적을 더 바꾸었다. 2001년 1월 10일 자유민주연합은 교섭단체 등록을 성공적으로 마무리했다.

그래도 과반수에 미달하자 새천년민주당은 민주국민당과 제휴를 추진해 합의를 이끌어냈다. 그 대가로 2001년 3월 26일 개각을 통해 자유민주연합 의원 3명과 민주국민당 의원 1명이 장관으로 입각했다.

하지만 정당간의 노선과 이념의 차이가 커서 정책공조가 원활하게 돌아갈 수 없었다. 2001년 4월 26일 재-보궐선거 논산시장 후보 공천을 놓고 마찰이 생겼다. 양당의 공조체제가 흔들리면서 2002년 6월 13일 실시된 지방선거와 8월 8일 재-보궐선거에서 한나라당이 승리했다.

한나라당은 지방선거에서 전국 16개 광역자치단체장 중의 11곳을 석권했고, 재-보궐선거에서는 11곳에서 승리했다. 그리고 16대 국회 하반기 국회의장은 한나라당에서 배출되고, 장상-장대환 총리후보 지명자에 대한 임명동의안이 연이어 국회에서 부결되었다.

결국 양당의 공조체제는 붕괴되었다. 2001년 8월15일 평양에서 개최된 8·15남북공동행사에서 일명 '만경대 방명록 사건'*이 발생했다. 2001년 8월 26일 한나라당이 임동원 통일부 장관 해임건의안을 제출했다. 여기에 자유민주연합이 동조함으로써 해임건의안이 국회 본회의를 통과됐다.

이에 반발하여 자유민주연합에 몸담고 있던 민주당 의원 4명이 공조파기를 이유로 탈당했고, 자유민주연합 소속 장관들은 사의를 표명했다. 이로써 자유민주연합은 교섭단체 지위를 상실했다. 이후 국회의 주도권은 한나라당으로 넘어갔다.

새천년민주당은 집권당으로서 전국정당화를 목표로 했고, 수도권과 호남에서만 주로 당선자를 배출했던 평민당 시절과는 비교할 수 없을 정도의 괄목할 만한 성과를 거뒀다. 영남지역 이외에 모든 지역에서 당선자를 배출했기 때문이다. 이 점에서 '절반의 성공'이라고 평가할 만하다.

그러나 자유민주연합과의 공조가 파기되면서 한나라당의 더욱 강공해진 정치공세를 겪으며 새천년민주당은 전국정당화의 필요성을 더욱 절감했을 것이다. 영남지역 국회의원숫자가 호남-충청-강원-제주 지역의 국회의원숫자와 맞먹는 상황에서 영남지역에서의 영향력을 확대하지 못할 경우 의회 내 다수파가 되는 것이 불가능하기 때문이다. 그리고 영남의 지지를 업은 보수파의 반격은 김대중 정부의 후기 정책기조를 더욱 보수화시켰다.

---

* 방북단의 일원으로 참여한 동국대 강정구 교수가 김일성 기념관을 방문하여 '만경대 정신 이어받아 통일 위업 이룩하자'는 내용을 방명록에 남긴 사건이다. 이 사건이 빌미가 되어 국내 이념논쟁을 불러왔다.

## (4) 김대중의 성공과 실패

## 보수세력 포용과 연고지역 의존

김대중의 도전과 선택에는 많은 시련과 저항이 따를 것으로 충분히 예견됐다. 군사독재에 대한 그의 민주화 투쟁과정에서 맹목적적인 반대세력이 형성되어 있었던 것은 사실이다. 이념적으로 착색해 그를 사시적 시각에서 판단하는 세력이 엄존했던 것이다. 지역감정의 산물인 호남지역에 대한 영남지역의 거부반응 또한 그가 극복하기 어려운 최대의 난제였다.

역사에는 가정이 없지만 만약 외환위기에 의해 국가경제가 파탄나지 않았다면 그의 대통령 당선은 실현되지 않았을지도 모를 일이다. 평소 그가 준비된 '경제 대통령'을 강조하지 않았다면 역사는 달라질 수도 있었을 것이다. 그는 또한 지역적 한계를 잘 알고 있었기 때문에 그의 정치철학과는 달리 내각책임제를 연결고리로 이른바 DJP라는 정치적 반대자와의 동침을 결행했을 것이다.

김대중은 민주화 투쟁과정에서 연고지역에 대한 부채가 너무 많았다. 호남지역이 버팀목으로 지탱해 주지 않았다면 그의 존재가 가능했을지도 의문이다. 또한 가신그룹이라는 추종세력이 정치적-경제적으로 너무나 많은 고초를 겪었다. 그 부채감 때문에 김대중은 과단성 있는 국가혁신을 단행하는 데 실패했다는 평가가 가능하다. IMF 사태라는 위기는 국가혁신의 절호의 기회였지만 그것을 놓치고 만 것이다.

결국 반대세력인 이른바 보수세력을 끌어안으려는 포용정책으로 말미암아 경제-사회정책이 개혁보다는 타협으로, 진보보다는 보수로 가면서 정치-경제-사회개혁을 일궈내지 못했다. 여기에는 DJP의 역작용이 큰 몫을 했다. 집권초기 경제정책의 입안권-집행권을 군사정권의 추종세력인 김종필 계열의 관료 출신에게 맡김으로써 경제-사회정책이 신자유주의 경향을 띠게 되었다. 그 결과 지지세력의 이탈을 불러왔다.

김대중 정권은 과거 정권과 마찬가지로 개혁의 객체인 관료집단을 개혁의 주체로 삼았다. 역대정권이 국가운영을 관료집단에 의존한 이유는 있다. 관료집단만큼 국가운영에 있어서 훈련된 인력이 없다는 점이다. 역대 집권정당은 선거에 대비해 급조된 정당이라 정책기능이 없다. 한국정당은 정치적 이해에 따라 모인 집단이지 이념적 결사체도 전문적 결합체도 아니다. 집권하더라도 정책적 배경을 지원할 능력이 없는 조직이다.

여기에다 김대중 정권도 특정지역 출신을 우대했다. 특히 청와대, 국가정보원, 검찰, 경찰, 국세청 같은 관력기관의 요직에 중용했다. 유효인력의 한계를 고려하지 않았으니 무자격자-무능력자들이 대거 발탁됐다. 특정세력에 권력이 집중되니 조직내에 긴장관계가 무너졌다.

권력은 부패하는 속성을 지녔는데 견제세력을 무력화시켰으니 그 결과는 너무나 자명했다. 세도가들이 동류의식을 갖고 먹자판에서 놀아나다 보니 지뢰밭을 밟는 형국이 되고 말았다. "아들의 허물은 곧 아비의 허물입니다. 만일 제 자식이 이번 일에 책임질 일이 있다면 당연히 응분의 사법적 책임을 지도록 할 것입니다" 1997년 2월 25일 취임 4주년을 맞은 대통령 김영삼은 국민에게 이렇게 사과했다.

한보사건이라는 대형 금융부정사건이 터진 데 이어 소문으로만 무성하던 그의 차남 김현철의 국정농단 사실이 낱낱이 밝혀질 무렵이었다. 그 해 찬바람이 불 즈음 외환위기가 엄습했다. IMF한테서 구제금융을 긴급수혈 받는 조건으로 경제주권을 차압당하는 사태가 벌어졌던 것이다. 결국 레임덕이 겹친 김영삼은 식물 대통령 노릇을 하다가 초라한 행색으로 퇴임을 맞았다.

김대중 정권 초기 세도가들은 조소어린 어투로 김영삼을 반면교사로 삼겠다고 호언했다. 그런데 역사는 반복한다더니 5년 전의 일이 되풀이되고 말았다. 그들은 금방 권력중독증에 빠져 금권이 발산하는 자력에 마취된 모습을 보이기 시작했다. 소문으로만 난무하던 권력과 금력의 유희는 무슨 무슨 '게이트'라는 이름으로 밑도 끝도 없이 터져 나왔다. 그 뿌리는 얽히고설켜 권력의 심장부로 이어졌다.

마침내 대통령의 아들들이 돈 바람이 춤추는 사육제에 뛰어들어 한가운데 자리 잡고 있었다. 이 사람, 저 사람이 돈다발을 그들에게 바친 꼴이었다. 세상 사람들은 그것을 두고 '홍3 비리'라고 말했다. 아들들만이 아니었다. '게이트'라는 권력형 부패사건의 문이 열릴 때마다 세도가들이 돈 다발을 들고 쏟아져 나왔다. 더러는 비행기를 타고 바다 건너 멀리 도주했다. 그 향연에는 검찰, 경찰, 국정원이 끼어 돈벼락에 넋을 잃은 모습을 하고 있었다.

그 원인은 간단했다. 1인지배체제<sup>monocracy</sup>에 있다. 모든 국가권력이 대통령 1인에 집중되기 때문에 필연적으로 일어나는 현상이다. 이것은 헌법상의 권력구조와는 상관없다. 정치군벌은 철저한 권력집중을 통해 독재체제를 강화했다. 그것은 법의 지배가 아니라 제왕이 휘두르는 절대권의 지배였다.

모든 권력이 청와대로 향하는 것은 이 나라의 가장 고질적인 정치현실이다. 야당이 민주화를 부르짖고 독재타도를 외치면서도 그것을 배웠고, 그것이 정치관행으로 고착화되어 그의 집권세력에까지 이어졌던 것이다.

군사정권 이후의 1인지배체제는 3김이 특정지역의 맹주로 군림하는 정치행태에서 나왔다. 지역감정을 교묘하게 이용해 연고지역에서 지지기반을 공고하게 구축함으로써 추종세력을 규합했던 것이다. 그 결과 지역간의 대립감정이 첨예할수록 3김의 권능은 더욱 막강해졌다.

그들이 대통령이 되니 모든 권력은 청와대로 통하기 마련이었다. 관료조직은 물론이고 정부투자-출연기관까지 크고 작은 자리를 몽땅 고향 사람들로 싹쓸이했다. 모든 공공조직이 학연-지역-혈연으로 교직되니 어떤 민원도 서로 짜고 처리하면 안 되는 일이 없었을 것이다.

## 남북정상회담과 현대그룹의 대북사업 추진

김대중 정권의 최대업적은 남북정상회담과 이에 따른 남북간의 긴장완화이다. 2000년 6월 13~15일 남측 대통령 김대중과 북측 국방위원장 김정일이 남북정상회담을 갖고 6·15 남북공동성명을 발표했다. 세계적 이목을 집중시킨 세기적 사건으로서 평화, 화해, 협력을 바탕으로 장차 통일을 지향하는 새로운 초석을 놓았다는 점에서 역사적 의미가 크다.

분단 반세기를 넘어서 남북의 정상이 만난 자체만으로도 역사적 평가를 받을 대사건이었다. 무엇보다도 분단은 외세에 의해 이뤄졌지만 민족의 운명과 장래를 민족 스스로 해결해 나갈 길을 텄다는 점에서 역사적 의미를 지녔다. 1989년을 기점으로 공산주의가 붕괴됨으로써 세계질서가 개편되고 있었다. 세계정세가 급변하는 가운데 동부아시아에서는 중국이 경제대국으로 부상하고, 일본이 경제강국으로 부상했다.

이런 현실에서 한반도만이 적대적 대립관계를 지속할 수 없는 상황이 전개되고 있는 점도 남북정상회담의 정치적—경제적 의미가 크다. 그런데 남쪽에서는 남북정상회담에 대한 비판적 시각이 만만찮았던 것도 사실이다. 그 주축은 김대중에 대한 맹목적적 거부세력이다. 이 또한 과거 군사독재정권이 정권유지를 위한 방편으로 정적으로 간주한 김대중에게 덮어씌운 용공색채 때문이었다.

1993년 북한의 NPT<sup>핵확산금지조약</sup> 탈퇴선언으로 인해 한반도에는 긴장이 고조되었다. 그럼에도 당시 대통령 김영삼은 남북정상회담에

김대중 대통령이 평양 순안공항에 도착, 김정일 위원장의
영접을 받고있다. (2000. 6. 13)

대한 강한 의지를 보였고 1994년 7월 25일 평양에서 1차 회담을 개
최하기로 합의를 보았다. 그러나 7월 8일 주석 김일성이 돌연 사망
함으로써 정상회담이 무산되었다.

그 이전에도 남북의 접촉은 있었다. 1981년 1월 12일 대통령 전두
환이 남북한 당국 최고책임자의 상호방문을 제의한 바 있다. 그 이
전인 1972년 7월 4일 남북은 서울과 평양에서 동시에 발표한 7·4공
동성명을 통해 자주, 평화, 민족대단결의 3대 원칙을 천명했었다.

남측 중앙정보부장 이후락과 북측 조직지도부장 김영주를 공동위
원장으로 하는 남북조절위원회를 설치, 운영하기로 합의했던 것이
다. 김대중-김정일 정상회담도 일련의 화해를 위한 노력의 결실이
지만 비판여론이 만만찮았다. 문제는 남북정상회담의 대가로 돈을

줬다는 것이 핵심이었다.

김대중 정권은 한반도에 항구적인 평화를 구축하기 위해 남북정
상회담을 추진했을 것이다. 하지만 남북간의 공식–비공식 대화의
창구를 찾지 못했던 것 같다. 그 까닭에 비공식으로 현대그룹의 접
촉창구를 활용하려고 했고 활용했다.

금강산 자락에서 태어난 현대그룹 창업자 정주영은 고향에 대한
그리움이 남 달랐던 모양이다. '금강'이란 상호를 갖은 기업을 여
럿 창업한 데서 그것이 엿보인다. 성공한 사업가 정주영은 금강산
을 개발하려는 뜻을 품고 금단의 땅으로 달려가 김일성을 만났다.
그 때가 1989년 2월이었다. 그러나 그 동토에는 아직도 해빙의 바람
이 불지 않았다. 김일성의 사망도 그의 대북투자사업의 진척을 가로
막았다.

그 후 10년이란 세월이 흘러 1998년에야 그의 원대한 꿈이 빛을
보게 되었다. 그것은 김대중 정권의 햇볕정책이 빛을 발하면서부터
였다. 정주영은 노구를 가누기 어려워 위업을 그의 5남 정몽헌한테
맡겼다. 정몽헌의 북쪽 나들이가 잦아들면서 대북송금에 관한 숱한
말을 뿌렸다. 무엇보다도 현대그룹의 경영난이 악화되면서 대북송
금에 관한 온갖 의혹이 제기되어 정치쟁점으로 떠올랐다.

현대그룹이 정상회담의 대가로 북한에 거액을 줬고 그것이 현대
그룹의 도산위기로 몰고 갔다는 따위었다. 정몽헌은 김대중 정권과
의 밀착관계를 과시하려는 의도에서인지 정부의 재벌정책과는 달리
팽창경영을 추구한 점도 정경유착의 의혹을 증폭시켰다. 정몽헌의

잦은 북한행은 대북송금에 관한 숱한 소문을 뿌리더니 노무현 정권이 출범한 이후 급기야 특별검사제를 도입했다.

현대그룹의 대북송금은 김대중 정권의 도덕성에 치명타를 준 데 그치지 않고 남북정상회담의 정당성마저 훼손하고 말았다. 현대그룹이 남북정상회담 이전에 4억5,000만달러를 송금했고 평양 실내체육관 건설자금을 포함한 현물 5,000만달러 어치를 지원했다는 사실이 확인됐다. 그 중 4억달러는 대북 경제협력사업의 선투자금의 성격을 지녔고, 1억달러는 김대중 정권이 부담하기로 한 정부 차원의 대북지원금이라고 했다.

비밀송금으로 말미암아 정상회담의 연관성을 부인할 수 없다는 것이 당시 특검의 판단이었다. 정몽헌의 대북지원금은 산업은행의 불법대출 4,000억원 말고도 상당액을 계열사를 통해 조달했으니 분식회계를 지시했다는 혐의까지 받게 되었다.

그럼 왜 정몽헌이 거액을 부담하고 정상회담을 주선했을까? 포괄적 경협사업권의 대가라는 설명만으로는 국민적 의혹을 풀기에 충분하지 않았다. 현대그룹이 북한한테서 얻은 사업권은 금강산 사업권과 개성공단 조성사업이었다. 두 사업은 당시 상업적으로만 판단한다면 사업성이 없다고 단정해도 무리가 아니었다.

처음부터 막대한 적자가 예상된 금강산 관광사업은 현대그룹의 자금사정을 압박했다. 30년간 독점사용 대가로 6년3개월간에 걸쳐 9억4,200만달러를 지급하기로 했다. 처음부터 매월 2,500만달러를 송금했는데 그것은 당시 현대그룹의 자금사정으로 너무 벅찼다. 개

성공단도 당시로서는 북측이 제시한 조건은 사업성이 낮았다. 임금 수준이 너무 높았고 발전소를 건설하는 문제 등이 난제가 따랐다.

김대중 정권이 출범하면서부터 정몽헌의 언행에서 정치력을 과시하는 모습을 역력했다. 정치성 짙은 대북사업에 몰두하면서 팽창경영에 주력했다. IMF 사태는 충격 그 자체였다. 집단도산-대량실업이 쏟아지는 상황에서는 모든 기업은 생존이 급박한 명제였다. 기업들은 감량경영에 돌입하는 한편 구조조정을 단행했다.

당시 김대중 정권은 재벌에게 감량경영, 부채감축, 구조조정, 계열분리를 독려했지만 현대그룹은 들은 척도 하지 않았고 그 반대로 갔다. 경영환경의 변화에는 아랑곳하지 않고 금융차입에 의존한 팽창경영에 가일층 박차를 가했던 것이다. IMF 사태 직전에 국민투신을 인수한 데 이어 IMF 사태 직후에는 한남투신을 인수하여 금융사업을 확장했다.

김대중 정권의 이른바 빅딜정책에 따라 LG반도체를 손에 넣었지만 반도체 가격이 폭락하는 사태가 일어났다. 금융차입에 의존하여 사업규모를 확장하는 한편 현대건설을 지주회사로 삼아 전 계열사에 대한 지배력을 강화하는 방향으로 나갔다. 그 때문에 2000년 3월 이른바 '왕자의 난'이라는 형제간의 재산권 분규가 일어났다.

현대그룹의 창업자 정주영은 1980년대 초반부터 분할승계를 통해 이미 2세 경영체제를 구축했다. 2세간의 사업영역을 오래 전부터 구획하여 정리를 끝낸 상태였다. 그런데 현대건설을 차지한 정몽헌이 형 정몽구의 자동차와 동생 정몽준의 중공업을 넘보다 골육상쟁을 빚었던 것이다.

정몽헌이 돌연 자살할 즈음 계열사는 대부분이 가사상태에 놓여 있었다. 금강산 사업을 담당한 현대아산은 자본금 4,500억원을 완전히 잠식한 상태였다. 대북송금을 분담했던 현대건설과 하이닉스 반도체는 계열에서 분리되어 채권단의 관리를 받고 있었다.

한때 금강산 사업을 맡았던 현대상선은 자동차 운반사업을 매각해 겨우 숨통을 트는 형국이었다. 또 현대증권, 현대투신운영, 현대투자증권 등 금융3사는 제3자 매각이 추진되고 있었다. 지주회사격인 현대엘리베이터는 2002년 358억원의 적자를 냈는데 그의 장모가 최대주주였다.

김대중 정권은 재벌들에게 부채감축과 계열분리를 독려했다. 하지만 정몽헌은 자산을 매각하기는커녕 오히려 사업규모를 무모하리만치 늘렸다. 또 부채규모는 그대로 둔 채 유상증자 따위로 부채비율만 축소했다. 회사채의 상환만기가 줄줄이 돌아오기 시작하면서 현대그룹의 수명을 재촉했던 것이다.


## 공적자금의 방만한 조성 – 투입 – 회수

김대중 정권이 IMF 관리체제라는 위기상황을 막대한 공적자금을 투입함으로써 성공적으로 극복한 것은 사실이다. 또 그 중의 상당액은 손실이 불가피한 측면도 있었다. 마비상태에 빠진 금융체제를 황망하게 복구하다 보니 국민적 부담이 더 증가했을 가능성도 있다.

하지만 공적자금의 조성-투입-회수가 방만하고 그 과정에서 도덕적 해이가 극심했다는 점에 대해서는 책임소재를 가렸어야 했다.

김대중 정권은 정권교체에도 불구하고 IMF 사태에 직접적인 책임이 있는 경제관료를 문책하지 않았고 공적자금에 관한 전권을 부여했다. 그 결과 일부 경제관료는 경제위극經濟危極을 틈타서 권한확대에만 몰두해 마치 '경제경찰'처럼 행세했다. 결과적으로 위난을 틈타서 관료집단의 권한이 극대화되었고 이에 따라 관권경제 체제가 더욱 강화되었다.

IMF 관리체제가 도입된 지도 어언 15년이 지났다. 공적자금을 무려 168조3,000억원이나 투입하여 외견상으로는 외환-금융위기가 극복됐다. 하지만 그 후유증-부작용이 아직도 세금증가의 형태로 국민경제에 부담을 가중시키고 있다. 2007년 5월말 현재 회수율이 절반 수준인 51.7%에 그쳤다는 자료가 나온 바 있으나 그 후 명확한 운영실태가 거의 알려지지 않고 있다.

불가피한 손실발생은 인정되지만 상당한 액수가 공적자금의 방만한 운영, 허술한 관리로 인해 증발되지 않았나 하는 의문이 든다. 당시로서는 부실채권을 정확하게 파악할 경황이 없었을 것으로 짐작된다. 하지만 부실추정액이 당초보다 2.5배나 늘어났다면 정책의 신뢰성에 대해 심각한 의문이 제기된다.

64조원을 투입하면 금융체제가 정상화된다고 장담했는데 그것이 왜 168조원 이상으로 늘어났는지 설득력 있는 해명이 없었다. 확실한 근거나 객관적인 기준도 없이 대충 어림짐작으로 정책을 수립-

집행하지 않았는지 묻고 싶다.

워크아웃이니 뭐니 해서 망한 기업에 돈을 퍼붓고 강제로 이른바 빅딜을 한다고 시간을 허송하며 부실규모를 키운 이유도 모르겠다. 그 돈으로 은행장의 연봉을 몇 배씩 올려주고 봉급도 주고 명퇴금도 줬다. 오죽하면 공적자금은 공짜자금이라는 말이 나왔을 정도로 관리부실을 비판하는 소리가 높았다. 이 과정에 정치권력이 개입하지 않았다면 다행이지만 그 개연성은 아직도 남아 있다.

지역간의 발전불균형이 심각한 현실에서 수천억원씩이면 살릴 수 있는 지방은행들을 대거 퇴출시키면서 부실덩어리 제일은행은 살렸다. 제일은행은 대우그룹의 주거래은행으로서 사실상 사금고 노릇을 했다. 따라서 퇴출은행의 선정기준에 대한 논란이 그치지 않았다.

공적자금을 무려 17조6,532억원이나 투입한 제일은행을 단돈 5,000억원에 정체불명의 외국투기자본인 뉴 브리지 캐피탈에게 팔아넘겼다. 투기자본인 뉴 브리지 캐피탈은 5년만에 1조1,500억원을 챙기고 제일은행을 영국의 스탠다드 차타드 은행에 처분했다. 세금 한 푼도 물리지 않았고 공적자금 5조원을 허공에 날린 꼴이 되고 말았다.

제일은행은 이제 100% 외국계은행이 되고 말았다. 이름도 그 동안 SC제일은행이라고 하더니 2012년 1월부터 아예 스탠다드 차타드 은행이라고 바꿨다. 대우그룹은 IMF사태 이전부터 지급불능상태에 빠져 있었고 그 사실은 널리 알려져 있었다. 그럼에도 불구하고 대

우 회사채를 매입했던 투자자에게 95%까지 환매해 주면서 18조원
이나 날린 근거는 무엇인지 도 의문 거리다. 그것은 예금이 아니기
때문에 보호대상이 아니었다.

김대중 정권은 2001년 2월 부랴부랴 공적자금관리위원회를 만들
었다. 이미 100조원 이상이 투입된 상태에서 또 40조원을 조성해야
할 판이어서 집행과정이 방만하다는 비판의 소리가 그치지 않았다.
여론을 무마하려고 관변인사들을 모아 위원회를 만들었다지만 당시
무엇을 하는지 모를 판이었다.

세 차례나 위원장을 바꿔치느라 시끄럽기만 했다. 경제관료들
이 비판여론의 화살을 피하려고 위원회라는 들러리 간판을 내세운
꼴 밖에 안 되었다. 마치 국민의 대표성이 있는 기구에서 논의하여
투명하게 공적자금이 집행된 것처럼 포장하려는 의도를 가졌을 것
이다.

2002년 6월 재정경제부가 발표한 '공적자금의 성과와 상환대책'
에 따르면 공적자금 156조원 가운데 69조원을 회수불능액으로 추정
했다. 그 타당성에도 의문이 들지 않을 수 없었다. 뒤집어 말하면 회
수액이 87조원이고 예상 회수율이 55.6%에 달한다는 소리였다.

그런데 바로 6개월 전인 2001년 12월에는 4년간에 걸쳐 150조원
이 투입됐는데 회수율이 24.7%에 그쳤고 30조원은 회수가 불가능하
다고 발표한 바 있었다. 실적치에 비해 전망치가 너무 낙관적이라고
지적하지 않을 수 없었다. 실제 예금보험공사와 자산관리공사가 보
유한 자산을 처분하는 시점의 시장상황에 따라 회수불능액이 예측

보다 크게 증가할 수 있었다.

예금보호공사와 자산관리공사가 공적자금을 조성하기 위해 채권을 발행하면서 이자지급조로 18조원을 재정융자특별회계에서 차입했다. 그런데 김대중 정권은 그것을 탕감해 줬다. 이것도 회수불능액에 포함시키는 것이 옳았다. 또 김대중 정권은 예금보험공사의 자회사인 정리금융공사가 회수해서 구조조정업무에 재투입한 2조 6,000억원을 공적자금에서 제외했다. 이 거액을 회수불능액에서 제외한 이유도 모르겠다.

여기에다 김대중 정권은 국책은행의 자기자본비율을 높이기 위해 출자한 10조원도 액면가대로 회수될지 궁금한 실정이었다. 이런 점들을 고려하면 전체조성액과 회수가능액이 얼마나 정확하고 타당한지 의문이 든다. 실제 예금보험공사와 자산관리공사가 보유한 자산을 처분하는 시점의 시장상황에 따라 회수불능액이 예측보다 크게 증가할 수 있었다.

2002년 6월 김대중 정권은 앞으로 25년에 걸쳐 손실추정액 69조원을 금융권이 20조원, 재정이 49조원을 분담하여 상환하도록 할 계획이라고 밝혔다. 재정분담은 세목신설. 세율인상 또는 감세축소를 통해 해결할 것으로 전망됐다. 이런 방식에 의한 공적자금 상환은 국민부담을 증가시킬 뿐만 아니라 성장잠재력을 약화시킨다는 중대한 의미를 갖는다.

금융권 분담은 예금보험료를 25년간 0.1% 부과하여 그 재원으로 해결하겠다는 것이 당시 정부의 방침이었다. 결국 은행은 대출이자

인상 또는 예금이자 인하라는 방법으로 그 부담을 국민에게 전가할 것이 뻔했다. 손실추정액을 69조원으로 치더라도 그것은 원금에 불과했다. 이자를 포함하면 그 규모는 2배 가량 늘어난다. 이 막대한 부담은 전 국민이 앞으로 한 세대에 걸쳐 갚아야 할 짐이었다.

문제의 심각성은 공적자금의 조성-투입-회수과정에서 도덕적 해이가 심각했다는 것이 당시 금융계의 지배적 시각이라는 데 있었다. 금융산업 구조조정을 추진하면서 공적자금을 공돈처럼 쓴다는 소문이 파다했다. 금융업 종사자들이 국민 세금을 저렇게 헤프게 쓸 수 있는지 걱정하는 소리를 사석에서도 자주 들을 정도였다. 감사원의 특별감사를 통해서도 방만한 운영실태가 부분적이나마 드러난 바 있었다.

금융부실화에 일차적 책임이 있는 부실기업-금융기관의 임직원들이 국내외에 빼돌린 재산규모가 7조원이 넘는다고 했다. 또 판단 오류로 11조원이 과다하게 집행됐다는 사실도 밝혀졌다. 문제의 심각성은 이것이 빙산의 일각에 불과하다는 데 있었다. 계좌추적권도 수사권도 없는 감사원이 부실의 전모를 파악하는 데는 한계가 있었을 것이다.

김대중 정권은 금융부실 관련자의 은닉재산을 끝까지 추적해서 환수했어야 했다. 당시 국회도 각성했어야 한다. 정치권은 김대중 정권 집권 5년 동안 방탄국회니 뭐니 해서 국회를 공전시키면서 공적자금의 방만한 운영에 대해서는 무관심-무책임으로 일관했다. 입법부가 행정부에 대한 견제기능을 포기하니 그 엄청난 국민의 혈세가 삽시간에 증발하는 사태가 일어났던 것이다.

국정조사를 통해 정책실패와 함께 운영실태, 책임소재를 샅샅이 밝혀내고 모든 관련자에게 민-형사상의 책임을 묻도록 했어야 한다. 극소수의 경제각료-관료들이 그 엄청난 국민혈세를 절대권을 갖고 집행했다. 정책실패에 대해서도 엄중한 문책이 있어야 했다. 국민은 선출직이 아닌 임명직에게 그 같은 과도한 권한을 부여한 사실이 없다.


## 벤처광풍과 투기열풍이 벌인 투전판

2000년 신문철을 뒤져본다. 그것은 정말 광풍이었다. 새 천년을 알리는 요란한 팡파르를 타고 벤처 붐이 터졌다. 어느 날 벤처라는 낯선 영어 단어와 함께 무수한 닷컴이 쏟아지는가 했더니 온통 벼락부자 소식으로 가득 찼다. 2000년 봄은 그야말로 벼락부자 탄생의 시대였다.

나라 안 소식만 갖고는 모자랐는지 나라 밖 이야기가 1면을 장식하기도 했다. 20~30대가 수백억원도 아닌 수천억원의 떼돈을 갑자기 벌었다는 따위의 '대박기사'가 줄을 이었다. 벤처기업은 연금술사의 마력을 지녀 코스닥을 돈 공장으로 만들었다고 언론은 들떠 있었다. 신문은 연일 세상이 바뀐다는 홍보성 기사로 꽉 채웠다.

벤처기업은 황금 알을 낳는 거위이고 서울의 맨해튼이라는 테헤란로는 벤처기업의 요람이 되어 어느 날 테헤란 밸리로 이름이 바뀌었다고 흥분했다. 벤처기업들이 몰려 사무실 임대료가 하늘 높은 줄 몰랐다. 정책자금을 받아 기술개발을 한다고 그곳은 밤을 잊고 사는 불야성을 이뤘다.

하룻밤 술값으로 천만원을 날리고 술집 여급이 귀동냥해서 벤처 주식을 샀더니 팔자를 고쳤다는 등등 정말 꿈나라 같은 소리가 한도 끝도 없었다. 이에 따라 주가가 경제상황과 기업의 내재가치에 따라 움직이지 않고 풍문과 손문에 따라 널뛰기를 했다.

정보기술IT은 세계를 하나로 엮으면서 인류의 사고방식과 생활양 식에 거대한 혁명의 물결을 일으키고 있었다. 생명기술BT은 생명의 신비를 풀어서 무병과 풍요를 약속한다고 시끄러웠다. 그것은 세대 의 변화가 아니고 세기의 변화라는 것이었다. 아마 인류역사가 13세 기 징기스칸의 대정벌 이후 겪는 최대의 변화인 것 같았다.

당시의 분위기는 IT와 BT가 인류에게 희망의 내일을 제시하고 있 었다. 무한한 가치와 미래가 손짓하는 그곳은 기회의 땅이었다. 또 노력과 능력에 비례하여 성취가 가능한 미개척지였기에 더욱 매력 적이었다. 용기와 모험심을 가진 자에게는 약속의 땅이 틀림없었다.

이 돌풍 같은 변화는 19세기 중반 신대륙에서 벌어졌던 '골드 러 시'를 상상하게 만들었다. '노다지'를 꿈꾸며 개발업자와 광부만 몰 려든 게 아니다. 술집과 도박장이 들어서고 건달에 도둑과 창녀로 들끓었다. 그곳을 사기꾼과 돈놀이꾼이 그냥 둘 리 없고 총잡이인들 몰라라 할 리 없었다. 황무지가 하룻밤 사이에 불야성을 이루는 난 장판으로 변했다. 서부 영화에서 흔히 볼 수 있는 장면이었다. 당시 벤처광풍은 '골드 러시'와 그 모습이 너무나 흡사했다.

김대중 정권도 흥분해서 법석을 떨었다. 벤처기업은 21세기 한국 경제의 산실이다, 새 천년의 운명은 벤처기업에 달렸다, 벤처기업을 수만개를 만들어 육성하겠다, 한국경제도 신경제에 편입되었다 등등을 떠들어대면서 정책자금을 동원했다. 벤처기업이 연출하는 환상에 젖어 제조업은 사양의 길을 걷는 굴뚝산업으로 취급했다. 그곳에서 돈 냄새가 풍기자 힘께나 쓴다는 사람들이 달려들어 '게이트'라는 이름의 숱한 의혹사건을 연출했다.

그 돈 잔치는 금광 촌의 혼돈과 광기를 닮은 그들만의 축제였다. 인류의 미래라는 IT와 BT 분야에서 기술개발의 성공확률은 100만분의 1의 단위라고 한다. 그런데 뻥튀기 하듯이 갑자기 그 많은 벤처기업들이 어떻게 생겼는지 이해가 안 간다.

한탕 했다는 꿈 같은 소리가 밑도 끝도 나왔던 것은 보이지 않았던 검은 손들이 있었던 것을 말한다. 판도라의 상자가 열리는가 싶더니 후닥닥 닫혔다. 이른바 정현준 사건* 이었다. 진실의 열쇠를 쥔 사람은 죽음으로 입을 다물었고 두 사람은 해외로 달아났다. 진실은 파묻혔고 의혹은 꼬리를 물었다.

알파벳을 적당히 조합해서 닷컴을 붙인 벤처열풍은 쌈지 돈까지 빨아들일 만큼 열기를 뿜던 코스닥에 한파를 몰고 온 것으로 끝나지

---



* 2000년 10월 한국디지털 라인(KDL) 사장 정현준과 동방금고 부회장 이경자 등이 수백억원대의 금고 돈을 횡령하는 과정에서 정치인과 금융감독원·검찰간부 등이 개입됐다는 의혹이 제기된 사건.

않았다. 정보격차라는 말로 40, 50대를 활동무대에서 몰아내버렸다. 컴퓨터 문맹이라는 이유로 '흰머리'가 해고의 대상으로 떠올랐다. 성장의 주역을 어느 날 소외지대에서 좌절감을 안고 살아야 하는 계층으로 전락시켰다. 무엇보다도 벤처광풍과 투기열풍이 이들을 무능력자로 낙인을 찍음으로써 박탈감마저 안겨줬다.

여기에는 정권과 언론의 책임이 크다. 벤처산업이란 개념도 불분명한데 김대중 정권은 코스닥 시장부터 만들어 전폭적으로 지원했다. 당시로서는 집단도산에 따른 대량실업을 구제하기 위해서는 미래산업을 육성하도록 노력했어야 한다는 의미에서는 그 취지는 좋았다. 하지만 미래산업의 성장성을 너무 성급하게 판단하고 무리하게 추진함으로써 벤처광풍이란 부작용을 낳았다.

신문은 지면까지 늘리면서 연일 벤처 기사로 채우기 바빴다. 기자가 주식을 받은 대가로 주가를 띄우기 위해 같은 내용의 홍보성 기사를 수십번씩 써서 구속되는 일이 벌어질 정도였다. 경제전문 케이블TV는 어느 주식이 싸니 빨리 사라고 호객행위까지 했다. 찍으면 딴다는 노름판의 훈수 같은 모습이 예사였다. '애널리스트'라는 투자분석가들이 무수하게 등장했다. 그들이 언제 어느 주식을 사고팔면 돈을 번다고 말하면 신문은 그대로 베껴 썼다.

벤처기업이란 개념부터 정리해볼 필요가 있다. 기술개발의 산실은 대학교나 연구소이다. 그곳에서 기술개발이 완료되어도 시장에서 상업적으로 성공할지는 미지수이다. 투자이득에 대한 기대도 크지만 투자위험이 크기 때문에 기술개발에 투입되는 돈을 모험자본

venture capital이라고 한다. 기술개발이 성공하면 먼저 창업회사start-up company를 만들어 시장조사-기술응용을 거쳐 시장성이 확인되면 본격적인 기업활동에 들어간다.

그런데 기술개발에 착수하기도 이전에 벤처기업이라는 이름으로 기업부터 만들어 그 때부터 기술개발에 나섰다. 엉터리도 너무 터무니없는 엉터리였다. 말하자면 그냥 간판을 걸고 이제부터 기술을 개발해 떼돈을 벌겠다는 것이었다.

김대중 정권이 정책자금까지 지원하며 이런 벤처광풍에 놀아난 꼴이 되고 말았다. 하지만 지원자금을 방만하게 집행했지만 결과적으로 IT산업의 토대를 구축한 측면이 있다. 그 후 정권은 성장동력으로서 미래산업에 대한 관심조차 없었다.

김대중 정권은 천민자본주의의 본산지인 라스베가스판 복권을 수입했다. 이미 정부 차원에서 24종의 복권을 발행하고 있었는데도 모자란다고 판단했는지 7개 부처가 연합해 미국에서 로또를 들여온 것이다. 정권이 나서 판돈을 키워 사행심을 조장함으로써 전 국민을 상대로 푼돈 놓고 떼돈 따라고 노름판을 벌인 꼴이었다. 여기에다 '인생역전'이라 선전문구도 환각적이었다. 상실감과 박탈감에 젖은 국민에게 로또로 신분상승을 꾀하라고 유혹하는 것과 다를 바 없었다.

규제완화를 신봉한 김대중 정권은 시장질서와 약자보호를 위한 규제도 철폐대상으로 삼았다. 1970년대 후반 이후 역대 정권이 부동산 투기를 잡는다며 사슬로 묶고 그것도 모자라 겹겹이 채웠던 자물

쇠를 몽땅 풀었다. 20차례 이상 부동산 경기 부양책을 내놓았던 것
이다.

저금리를 타고 춤추던 돈 바람이 투기망령을 만나 전국에 투기광
풍을 몰아쳤다. 부동산 투기는 빈자의 소득을 부자에게 이전시켜 빈
부격차를 심화시키는 파괴적 행위이다. 결국 IMF 사태를 극복하는
과정에 빈부격차를 더욱 벌여놓고 말았다.

## 경기부양이 빚은 집값 폭등 - 카드대란

김대중 정권의 주택정책 실패가 투기광풍을 일으켰다. 집값 폭등
은 빈부격차를 더욱 벌려 사회갈등을 심화시켰다. 신용카드 위기가
금융불안을 가중시켰다. 김대중 정권의 근시안적인 경기부양책이
심각한 후유증 - 부작용을 유발하여 국민경제에 막대한 타격을 주었
다. 김대중 정권의 정책실패가 뒤를 이은 노무현 정권의 덜미를 잡
는 꼴이 되고 말았다.

IMF 사태라는 경제파탄 속에 태어난 김대중 정권이 직면한 가장
시급한 과제는 고용창출이었다. 고용창출 효과가 큰 건설경기의 부
양이 중요하다고 판단해서 밀어붙였을 것이다. 그러나 그 부작용 -
후유증이 너무나 심대했다. 김대중 정권은 경기부양을 노려 1970년
대 후반부터 실시해오던 부동산 투기억제책을 모두 철폐했다. 투기
억제책이 기업활동을 위축시킨다는 것이 그 이유였다.

건설업자들은 수익성이 낮은 소형 아파트 건설을 기피한다. 그 까

닭에 역대정권이 전용면적 18평 이하의 소형 주택을 일정비율 이상 짓도록 의무화했던 것이다. 그런데 1998년 1월 그것을 불필요한 규제라고 없애버렸다. 전세파동이 일어날 조짐을 보이던 시점에 소형 아파트 공급이 끊겨 전세대란을 촉발한 꼴이 되고 말았다.

이런 상황인데 아파트 재건축 요건도 완화했다. 폭발적으로 늘어난 전세수요가 전세가격과 함께 매매가격도 끌어올렸다. 낡은 아파트일수록 금값 대접을 받으며 투기광풍이 일어났다. 여기에 더하여 1998년 12월 분양가를 자율화했다. 역대정권은 주택가격 안정을 위해 분양가 인상을 억제해 왔다. 그 족쇄를 풀어버리니 분양가가 고삐 풀린 듯이 뛰기 시작했다.

뒤이어 수도권 공공택지에 건설되는 전용면적 25.7평 이하의 분양가마저 자율화했다. 서민의 주거난을 덜어주기 위한 조치마저 없애버린 것이었다. 그러자 건설업자들이 내장고급화를 내세워 분양가를 경쟁적으로 올려 헌 아파트 값도 덩달아 뛰면서 투기수요가 급증했다.

1999년 3월에는 분양권 전매제한마저 폐지해 버렸다. 그러자 전매이득을 노린 투기수요가 폭발했다. 분양권 전매허용은 실수요자에게 투기이득을 부담시키는 부도덕한 정책이다. 그런데 시장원리에 어긋나는 규제라며 철폐했다. 1999년 10월에는 주택청약저축 배수제와 재당첨 제한도 폐지했다. 무주택자에게 우선권을 줌으로써 과열경쟁을 막는 장치마저 없애버린 것이다. 돈만 있으면 누구나 투기이득을 얻을 수 있도록 만든 셈이다. 그것도 모자랐는지 각종 조세-금융혜택을 통해 투기심리를 조장했다.

신용카드의 신용위기도 정책실패가 빚었다. 김대중 정권은 소비진작을 통한 경기회복을 겨냥해 신용카드에 관한 규제도 잇달아 철폐했다. 시장원리에 어긋난다는 것이 그 이유였다. 1999년 2월 물품구매 등과 관련된 주업무를 50% 이상 취급하도록 하는 업무제한을 폐지했다. 다시 말해 신용카드업체도 현금서비스와 같은 부대업무를 얼마든지 할 수 있도록 허용한 것이다.

이어 1999년 5월에는 월70만원이었던 현금서비스 한도를 없애 버렸다. 그러자 신용카드업체들이 본래의 업무인 지급결제는 뒷전에 두고 현금대출 위주로 영업방식을 전환하기 시작했다. 신용카드의 이자율은 고리대금업 수준이었다. 연체이자율이 24~29%이고 각종 수수료도 19~29%이나 되었다. 연체 6개월이 지나면 빚이 2배로 늘어났다. 그러니 카드사들이 돈놀이의 단맛에 끌려 경쟁적으로 카드를 남발했다.

이어 1999년 8월 신용카드 사용을 촉진하기 위해 소득공제를 확대했다. 2000년 1월에는 영수증 복권제를 실시했다. 특히 2001년 7월~2002년 5월에는 길거리 회원모집마저 허용했다. 그러자 대학캠퍼스는 물론이고 길거리에 좌판을 차리고 호객행위를 하며 미성년자, 노숙자에게도 카드를 발급했다.

그 결과는 너무 자명했다. 신용불량자가 360만명이나 발생했는데 카드를 4개 이상 가진 사람이 무려 988만명이나 되었다. 이용한도를 축소하면 이중에서 100만~150만명은 신용불량자로 전락할 판이었다. 제2의 금융위기가 핵탄의 위력을 갖고 현실화하면서 LG카드 사태가 터졌던 것이다.

당시에도 길거리 모집에 대해 비판의 소리가 높았다. 그런데 규제개혁위원회는 그것을 반시장적이라는 주장을 펴며 규제를 반대했다. IMF 사태로 실업자가 쏟아진 상황에서 신용조회도 않고 카드를 마구 발급했으니 신용불량자가 양산될 수밖에 없었다. 그 카드로 당장 현금을 빼서 썼으나 갚을 능력이 없으니 신용불량자가 무더기로 생길 판이었다.

그런 상황에서 카드사의 본업과 부업을 뒤바꾸어 놓고 과도한 이자율을 허용함으로써 신용불량자를 양산했다. 내수진작에 집착한 나머지 김대중 정권은 물불 가리지 않고 장려책을 남발함으로써 신용위기를 조장했던 것이다.

1999년 1월～2002년 12월 경제부처 요직을 지낸 인사는 카드대란을 초래한 책임에서 절대로 자유로울 수 없다. 재정경제부 장관, 청와대 경제수석, 금융감독원장, 규제개혁위원장과 함께 그 차석자도 이에 해당한다. 또 경기진작을 주도했던 경제정책조정회의 참석자에 대해서도 책임소재를 가렸어야 했다.

따라서 당시 국회는 국정조사를 통해 카드발급 규제철폐→카드사 과당경쟁→가계부채 급증→신용불량자 양산→카드 신용위기로 이어지는 전 과정에 대한 철저한 조사를 통해 책임소재를 밝혔어야 했다.

무능국회는 역시 책임을 방기했다. IMF 사태는 경제정책의 누적

적 실패에서 발단했다. 그럼에도 불구하고 김대중 정권은 원인규명
과 책임추궁을 하지 않았다. 그 까닭에 책임의식이 더욱 희박해진
관료집단은 무사안일에 탐닉하고 있었다.

　신용카드 남발규제와 같은 시장질서에 관한 규제는 완화대상이
아니다. 또 소형주택 건설의무비율, 분양가 상한가 규제와 경제적
약자를 위한 규제도 완화대상이 아니다. 그런데 그런 장치들을 철폐
함으로써 국민경제에 치명적 타격을 줬다.

# 비주류의 정권 재창출

## (1) 노무현의 정치실험과 탄핵

### 집권당의 분당→ 창당→ 탈당→ 창당→ 소멸

2002년 대통령 선거를 앞두고 새천년민주당은 대의원 투표로 후보자를 결정하던 과거의 방식을 바꿔 국민경선제를 도입했다. 국민참여경선제의 도입은 기존의 경선판도를 삽시간에 뒤바꾸었다. 2000년 4월 총선 당시 선거대책위원장을 맡아 새천년민주당의 전국 정당화에 일정 부분 기여했던 이인제가 당내에서 확고하게 대세론을 형성하고 있었다.

하지만 막상 경선을 실시하자, 초반부터 울산과 광주에서 노무현이 1위를 차지하면서 경선의 분위기는 순식간에 바뀌며 '노풍'이 불었다. 결국 노무현이 이인제를 이기고 새천년민주당의 대통령 후보로 선출되었다.

두 사람은 판사출신으로 13대 총선에서 김영삼의 권유로 정계에 입문해 청문회로 주목을 받았고, '자수성가형'이라는 공통점을 갖고 있었다. 그러나 1990년 3당 합당 이후 두 사람은 정치적 행보에서 큰 차이를 보였다.

이인제는 김영삼을 따라가 노동부 장관, 경기도 지사로 승승장구하며 1997년 대통령선거에서 대선주자로까지 성장한 반면에, 노무현은 3당 합당에 반대해 1992년, 1996년, 2000년 국회의원 선거, 1995년 부산시장 선거에서 낙선을 거듭하며 시련의 세월을 보냈다. 하지만 민주당 지지자들은 일관된 정치적 행보를 보였던 노무현의 손을 들어 주었다. 원칙을 지키는 그의 자세를 높게 평가했을 것이다.

노무현은 새천년민주당 후보로 선출된 다음 각종 구설수와 여러 가지 악재가 겹치며 지지율이 하락했다. 노무현 특유의 직설적 화법이 논란을 일으킨 탓도 있었지만, 주류세력의 거부감이 그의 지지율을 끌어내렸다. 후보로 선출된 이후에도 당내의 일부세력이 노무현을 끊임없이 흔들었던 것이 이를 방증한다.

한편 한나라당은 큰 이변 없이 이회창을 대통령 후보로 뽑았다. 무소속 정몽준이 월드컵의 성공적인 개최로 인기가 오르자 2002년 9월 17일 대통령 출마를 공식적으로 선언하고 창당작업에 나섰다. 11월 5일 정몽준의 국민통합21은 창당대회를 열고 그를 대통령 후보로 선출했다.

노무현과 정몽준은 한나라당의 이회창에게 지지율에서 큰 차이로 밀리자 11월 15일 후보단일화를 전격적으로 합의했다. 여론조사 방식에 따라 11월 24일 노무현이 단일후보로 확정되었다. 대통령 선거 전날 정몽준의 지지철회라는 촌극이 벌어졌지만, 오히려 지지층을 결속시키는 효과를 발휘하며 12월 19일 제16대 대통령 선거에서 노무현이 48.9%의 득표율을 올려 46.6%를 얻은 이회창을 이기고 대통령에 당선되었다.

대통령 당선자 노무현은 기자회견에서 새천년민주당의 환골탈태가 필요하다고 주문했고, 이를 계기로 대통령 선거과정 내내 불거졌던 당내갈등이 본격적으로 표출되었다. 이 무렵 한나라당은 2003년 2월 4일 '남북정상회담관련 대북비밀송금 의혹사건 등의 진상규명을 위한 특별검사임명 등에 관한 법률안'을 국회에 제출했다. 이 법안은 2월 19일 국회 법사위에서 통과되어 노무현의 대통령 취임식 다음날인 2003년 2월 26일 국회 본회의에 상정되었다.

법안이 국회에서 통과되자 새천년민주당은 대통령의 거부권 행사를 요구했다. 한나라당은 대통령이 거부권을 행사하면 강력한 대여투쟁에 나설 것이라고 경고했다. 노무현은 2003년 3월 14일 거부권을 행사하지 않고 특검법을 공포했다. 취임과 동시에 야당과 대립각을 세우기에는 정치적 부담이 크다고 판단했을 것이다. 그러나 이로 인해 새천년민주당의 당내갈등은 분열위기로 치달았다.

2003년 4월 24일 재-보궐선거 후보 공천문제를 놓고 그 대립은 극한으로 달렸다. 대통령 선거 당시 노무현 후보를 측면 지원했던 개혁국민정당과의 연합공천이 격돌의 근원이었다. 2003년 5월 16일

친노 성향의 의원들이 '정치개혁과 국민통합을 위한 신당추진 모임'
을 발족해 신당추진을 결의했다.

한 달 뒤 한나라당 의원 5명이 신당 합류를 선언하며 탈당했다. 새
천년민주당의 일부의원들이 탈당해 '국민참여 통합신당'이라는 새
원내 교섭단체를 등록했다. 의원수는 한나라당의 탈당의원을 포함
해 모두 41명이었다.

새천년민주당의 잔류 의원들은 노무현의 탈당을 요구했다. 일부
새천년민주당 의원들의 반대로 감사원장의 임명동의안이 국회에서
부결되었다. 이를 계기로 노무현이 새천년민주당을 탈당했다. 집권
초반기에 대통령이 소속정당을 탈당하는 유례없는 사태가 벌어졌던
것이다. 신당추진세력은 2003년 10월 22일 신당의 당명을 열린우리
당으로 정했으며 여기에 개혁국민정당이 합류해 모두 46명의 의원
으로 11월 11일 창당대회를 개최했다.

정권재창출에 성공한 여당이 분열한 것은 민주당 내에 존재하고
있던 영·호남세력의 이질적인 결합에서 근원적인 원인을 찾을 수
있다. 독재정권 때에는 한 뿌리였다고 할 수 있지만, 양김분열과 3당
합당을 거치면서 영남의 민주화운동세력은 한나라당에 속한 이들과
민주당에 자리 잡은 이들로 나뉘었다.

3당합당에 합류하지 않은 세력은 부산-경남지역에서 낙선을 거
듭했기 때문에 기존의 정치질서가 바뀌지 않으면 자신들의 정치적
미래를 장담할 수 없다고 판단했다. 즉, 호남에서 정당구도가 경쟁
적이어야, 영남에서의 한나라당 일당체제가 무너질 수 있다고 본 것

이다. 호남의 열린우리당-새천년민주당, 영남의 열린우리당-한나라당의 대립구도를 그린 것이다.

또한 정치적 야심이 컸던 일부 호남출신 정치인들도 이에 동조했다. 호남의 지지만으로는 대통령 선거에서 승산이 없기 때문에 영남의 지지를 얻을 수 있는 새로운 정당이 있어야 호남 출신도 대통령이 될 수 있다고 계산을 했을 법하다. 이러한 양측의 이해관계가 맞아떨어져 열린우리당의 창당이 가능했던 것이다.

하지만 집권당의 분열은 헌정사상 최초의 대통령탄핵이라는 사태로 이어졌다. 헌법상 대통령에 대한 탄핵소추는 재적의원 과반수 이상의 발의와 재적의원 2/3이상의 찬성으로 가능한 구조이다. 사실상 대통령에 대한 탄핵소추는 불가능한데, 여당이 분당하면서 대통령 소속당이 원내 의석의 1/3도 차지하지 못하는 상황이 벌어져 대통령에 대한 탄핵소추가 가능했던 것이다.

새천년민주당은 한나라당과의 공조를 통해 반노무현 전선을 구축했다. 2003년 11월 10일 대통령 측근의 비리를 조사할 목적으로 특별검사를 임명하자는 '노무현 대통령의 측근 최도술-이광재-양길승 관련 권력형 비리의혹사건 등의 진상규명을 위한 특별검사 임명 등에 관한 법률'을 재석 192명 중에서 찬성 183표, 반대 2표, 기권 7표로 통과시켰다.

대통령이 거부권을 행사하자, 양당은 12월 4일 국회에서 재석 266명 중에서 찬성 209표, 반대 54표, 기권1표, 무효 2표로 재의결함으로써 대통령의 거부권을 무력화했다. 대통령의 거부권이 무력화된 것은 헌정사상 49년 만에 처음 일어난 사건이었다. 이어서 헌정사상 최초로 대통령에 대한 탄핵소추가 이뤄졌다. 2004년 3월 12일 대통령 탄핵표결 처리과정에서 여야간에 벌어진 충돌은 제16대 국회의 대표적인 폭력사태였다.

2004년 2월 18일 노무현은 경인지역 6개 언론사와의 합동기자회견에서, "개헌저지선까지 무너지면 그 뒤에 어떤 일이 생길지는 나도 정말 말씀드릴 수가 없다"고 발언했다. 2월 24일 방송기자클럽 초청 기자회견에서는 "앞으로 4년 제대로 하게 해 줄 것인지 못 견뎌서 내려오게 할 것인지 국민이 분명하게 해줄 것", "국민들이 총선에서 열린우리당을 압도적으로 지지해 줄 것을 기대한다.", "대통령이 뭘 잘 해서 우리당이 표를 얻을 수만 있다면 합법적인 모든 것을 다 하고 싶다."고 발언했다.

한나라당은 즉각 노무현의 열린우리당 지지 발언이 탄핵사유에 해당하는지 법적 검토에 들어갔다. 3월 3일 중앙선거관리위원회는 대통령이 선거중립 의무를 위반했다는 유권해석을 내렸다. 이에 대해 3월 4일 청와대는 "존중하나 납득하지 못 하겠다"는 논평을 냈다.

3월 5일 민주당 대표 조순형이 "7일까지 사과하지 않을 경우 8일 탄핵소추안을 발의하겠다"고 공개적으로 천명했다. 3월 8일 노무현은 "탄핵사유에 대해서는 굴복할 수 없다"고 발표했고, 3월 9일 한나라당과 민주당은 탄핵소추안을 국회에 제출했다. 3월 11일 오전 노무현은 야당의 사과요구를 거부했다. 3월 11일 탄핵안의 국회 본회의 상정은 무산되었다.

이튿날 국회의장 박관용이 질서유지권을 발동했고, 몸싸움과 고성 속에서 이루어진 표결결과 총투표수 195표 중에서 가결 193표, 부결 2표로 탄핵소추안이 가결되었다. 헌정 사상 최초로 대통령에 대한 탄핵이 이루어졌던 것이다. 노무현의 대통령 권한은 정지되었고, 국무총리 고건이 헌법재판소의 결정이 내려질 때까지 대통령 권한 대행이 되었다.

대통령 선거가 끝난 다음 새천년민주당은 친노파와 반노파로 나뉘어 당내갈등이 갈수록 증폭되었다. 결국 분당의 길로 나가 열린우리당과 민주당으로 갈라섰다. 그런데 2004년 4월 17대 총선거에서 열린우리당이 1987년 이후 집권여당으로서 최초의 단독 과반수를 획득했다.

이와 같은 압승은 대통령에 대한 국회의 탄핵소추와 총선이 집권 초반에 실시된 점이 큰 영향을 미친 것으로 평가된다. 반면에 민주당은 호남지역에서만 의석을 얻어 소수당으로 전락했다.

2004년 4월 15일 실시된 제17대 국회의원 선거에서 열린우리당은 야당의 대통령에 대한 탄핵소추 덕분에 모두 152석(지역구 129석, 비례대표 23석, 득표율 39.2%)을 확보하는 승리를 거뒀다. 한나라당은 121석(지역구 100석, 비례대표 21석, 득표율 36.7%)을 얻었다.

새천년민주당은 9석(지역구 5석, 비례대표 4석, 득표율 7.2%)에 그쳐 군소정당으로 전락했다. 이에 비해 민주노동당이 선전하여 10석(지역구 2석, 비례대표 8석, 득표율 13.3%)을 획득함으로써 최초로 원내 진출에 성공했다. 반면에 자유선진당은 득표율이 2.9%에 그쳐 비례대표 의원을 배출하지 못하고 지역구 의원 4석을 확보하는 데 그쳤다.

그러나 2005년 4월 30일 실시된 재-보궐선거에서 한나라당은 5명, 무소속이 1명 당선되었다. 열린우리당은 참패하여 6석을 잃었다. 열린우리당의 의석이 152석에서 146석으로 감소함으로써 과반수 의석이 무너졌다. 한나라당은 의석이 121석에서 125석으로 늘어났다. 재-보궐선거의 패배로 인해 다시 여소야대의 상황을 맞았다.

이에 따라 정국불안이 고조되자 노무현이 2005년 7월 7일 한나라당에 이른바 대연정을 제안했다. 한나라당이 지역구도를 완화할 수 있는 선거제도에 대해 합의한다면 조각권을 넘겨줄 수 있다는 것이었다. 노무현의 대연정 제안은 열린우리당 내에서 파열음을 증폭시켰고 한나라당은 즉각적으로 반대했다.

노무현의 연정제안으로 인해 열린우리당의 갈등은 폭발위기에 달해 집권당으로서의 기능을 상실하고 무력증에 빠졌다. 2005년 4월 이후의 재-보궐선거에서도 한나라당은 연승가도를 달렸고, 열린우리당은 국회의원, 자치단체장, 광역지방 의원을 불문하고 단 한명도 당선되지 못하였다.

2006년 5월 31일 실시된 전국동시 지방선거에서도 열린우리당은 최악의 패배를 맛보았다. 한나라당은 전국 16개 시·도지사 중에서 수도권 3곳을 포함해 12곳에서 당선자를 배출하였다. 광역단체장 중에서 열린우리당 당선자는 전북도지사 한 명뿐이었다. 노무현의 권유에도 불구하고 문재인은 부산시장 출마를 거절했고 김두관은 경남 지사에 출마했으나 낙선했다.

잇따른 선거참배에 따라 열린우리당에는 위기감이 고조되는 가운데 2004년 총선에서 확보했던 과반수 의석이 무너졌다. 이런 상황에서 부적격자를 중용하는 인사파동으로 잦은 말썽을 빚더니 느닷없는 대연정이 반노파와 친노파의 갈등관계를 더욱 첨예하게 만들었다. 하지만 열린우리당은 여전히 원내 제1당의 지위를 유지하고 있어 야당과 원만한 협력관계를 형성했다면 안정적인 국정운영이 가능했을 것이다.

하지만 한나라당이 대연정을 일고의 가치가 없다고 거절하기도 했지만 처음부터 노무현한테서 그 같은 정치력을 기대하기에는 이미 한계를 드러냈다. 과거에는 대통령이 집권당을 장악함으로써 국회가 청와대의 시녀로 전락하여 의회기능을 상실하는 문제가 있었다. 그런데 노무현 재임기는 대통령의 취약한 당내기반이 국정운영의 불안정성을 고조시킨 시기였다.

노무현과 집권당의 갈등구조는 결국 2007년 12월 대통령 선거를 앞두고 열린우리당의 분당사태로 이어졌다. 열린우리당은 분열에 분열을 거듭하더니 2007년 2월 의원 24명이 탈당하여 열린우리당은 원내 제1당 지위를 한나라당에게 넘기고 말았다. 탈당 의원들 중에서 23명은 2월 12일 중도개혁통합신당추진모임을 결성하고 이어 5월 9일에는 20명의 의원이 중도개혁통합신당이란 명칭으로 신당을 만들었다.

또 6월에도 의원 34명이 탈당하는 바람에 열린우리당의 의석은 73석으로 당초의 절반 이하로 줄었다. 일부 탈당의원과 민주당 의원

14명은 중도개혁통합신당에 합류하여 의원 34명의 중도통합민주당을 출범시켰다. 또 다시 7월에는 열린우리당 의원 15명과 중도통합민주당의원 6명이 탈당해 열린우리당은 58석으로, 중도통합민주당은 28석으로 의석이 줄었다.

중도통합민주당 의원들이 또다시 탈당하여 8월 8일 무소속 의원들과 대통합민주신당을 창당했다. 그 대통합민주신당은 8월 21일 열린우리당을 흡수, 합당하는 방식으로 대통합민주신당을 출범시켰다. 대통령 노무현을 탄생시킨 새천년민주당은 친노파-반노파로 극단적 대립양상을 연출하더니 주류가 열린우리당을 창당했다. 그 열린우리당도 탈당, 창당을 거듭하더니 결국 소멸되어 버렸다.

## 국민을 두려워하지 않은 죄

민심은 천심이었다. 열린우리당이 창당-탈당-분당의 과정을 거치면서 2007년 12월 19일 실시될 17대 대통령 선거결과는 이미 예견됐었다. 집권당인 열린우리당은 2005년 4월 30일, 10월 26일 재-보선에서 0:27로 영패했다. 2006년 10월 25일 재-보선에서도 국회의원 0:2, 광역-기초의원 0:9로 참패했다.

2005년 이후 실시된 네 차례 재-보선에서는 후보자를 내지 못한 지역을 포함하면 0:40으로 완패했다. 국회의원만 따지면 0:16으로 연패했다. 이것은 집권세력에게 보내는 국민의 엄중한 경고였다. 그럼에도 노무현 정권은 그 의미의 중대성을 간과하고 오기정치에 몰입해 재집권의 기회를 저버렸다.

노무현 정권이 출범한 이후 처음 전국단위로 실시된 2006년 5월 31일 지방선거가 그것을 확실하게 말했다. 열린우리당의 비례대표 득표율이 21.2%에 그쳤다. 한나라당은 52.8%를 얻어 530만표 차이로 압승했다.

이것은 17대 대통령 선거를 1년 반이나 앞둔 시점에서 대선의 결과를 말하는 예고였다. 이 득표율은 정동영 후보 득표율 26.1%, 이명박 후보 득표율 48.7%와 비교적 근접했다. 표차는 530만표로 똑같았다. 양당에서 누가 나와도 이미 결정난 선거판세였다. 이것이 노무현 심판론이었다.

2002년 12월 '16대 대통령 노무현'의 탄생은 정치적 이변이었다. 빈한한 농민의 아들, 상고 졸업 변호사, 낙선으로 점철된 정치경륜 등등이 통념적 대통령의 의미와 자격을 파괴했다. 비주류인 그에게거는 기대는 기성체제에 대한 변화와 개혁이었다.

그러나 그의 다변은 숱한 실언을 낳아 급기야 탄핵정국을 자초했다. 다시 한번 열성적 지지자들이 손에 손에 촛불을 들고 나와 그를 정치적 유배에서 구출하는 응집력을 발휘했다. 이어 2004년 4월 총선거에서 급조정당 열린우리당에게 과반수의 의석을 안겨줬다.

탄핵에서 환생한 그는 자신의 정치력을 과신했던 모양이었다. 스스로 민심과 격리된 독선과 아집에 빠져 더 많은 설화를 쏟아냈다. 인사가 만사라고 했건만 고향 후배, 의원시절 보좌관, 정치적 협조자로 형성된 협소한 인맥에 의존했다.

그것도 이 자리, 저 자리로 돌려서 윗자리로 벼락출세시키는 방식
이었다. 요직에 포진한 이 입, 저 입에서 앞 다퉈 너무 많은 말을 토
해냈다. 그것도 오기, 독선, 무지로 가득 찬 말들의 성찬이었다. 집
권 5년간 갈등과 대립의 한복판에 늘 그가 서있었다. 집권당인 열린
우리당은 조정력을 상실한 채 국론분열과 국력낭비를 방관만 할 뿐
이었다.

임기단축-2선후퇴라는 소모적인 정치타령, 한나라당에 정치합
작을 제안한 대연정, 정치상황을 무시한 4년연임 대통령제 개헌, 지
지세력을 외면한 이라크 파병, 국론분열을 초래한 행정수도 이전,
한국경제의 미국종속화를 부르는 한-미 FTA <sup>자유무역협정</sup> 등등…. 국민
적 논의를 생략한 채 독단적으로 몰아붙여 지지세력의 이탈을 재촉
했다.

노무현 정권의 주축세력은 이른바 '386' 이었다. 학내시위에 가담
했다는 이유로 민주화의 주역인양 훈장처럼 자랑을 일삼는 이들이
었다. 도덕적 우월성을 내세워 윗세대를 서슴없이 매도했다. 그런데
노무현 정권의 인사정책은 그와 너무나 동떨어졌다. 도덕적 흠투성
이 부총리를 잇달아 발탁하자 많은 국민들이 실망을 넘어 분노를 표
출했다.

그 때마다 과거에는 관행인데 왜 시비를 거냐며 뻗댔다. 총리라는
사람은 상습적으로 골프말썽을 빚었다. 그 때마다 까불지 말라는 표
정으로 표독하게 되받아 치곤 했다. 권력중독에 의한 마비증상 말고
는 다른 표현이 어려웠다.

열린우리당은 납작 엎드려 청와대의 오기정치, 독단정치를 엄호하는 소리나 냈다. 친노파의 위세에 눌려 집권당이란 중책을 포기하고 정당정치마저 소멸시킨 꼴이었다. 집값 폭등, 비정규직 양산, 양극화 심화, 사교육비 급증에 피멍이 든 서민들은 비명을 지르나 늘 뒷짐 진 형국이었다. 대선이 가까워지자 불안했던지 친노파, 반노파가 티격태격하더니 탈당행렬이 이어졌다.

신당을 만든다고 부산을 떨더니 다시 모여 어깨동무하고 있는 모습이 '도로 열우당'이었다. 그 간판으로 재집권을 떠들었으나 국민의 냉소나 자아냈을 뿐이었다. 대선에서 재연된 5·31 지방선거 득표율이 그것을 말했다.

그 간판, 그 얼굴로 2008년 4월 17대 총선 채비를 서둘렀으니 패배는 필연이었다. 국민은 바보가 아니었다. 재-보선 결과가 되풀이될 뿐이었다. 진보의 가치에 먹칠한 그들에게 표가 간다고 생각했다면 그것은 오판을 넘은 착각이었다.


## (2) 노무현의 성공과 실패

### 노무현의 도전과 선택

'대통령 노무현'의 탄생이 주류사회에 주는 뜻은 충격 그 자체였다. 그의 성장배경, 교육환경, 정치경륜 등등이 통념적인 대통령의 의미와 자격을 파괴했다. 그 까닭에 이 나라의 비주류사회는 그가 기성체제에 대한 변화와 개혁을 일구어 내기를 기대했다.

한편 기득권을 위협받는다고 생각한 수구세력은 모든 국가적 사안에서 대척점을 설정하고 완강하게 저항했다. 그 전면에는 늘 주류신문으로서 수구세력의 선봉장격인 조-중-동이 서있었다. 그의 반대자들은 급기야 탄핵정국까지 연출하고 말았다.

그는 정치적 유배에서 되살아나는 위대한 생존력을 다시 발휘했다. 하지만 그의 다변은 잦은 실언을 낳아 지지율을 묶어놓고 말았다. 그러자 그가 변신하는 모습을 보이기 시작했다. 실용주의라는 말을 운위하더니 혁신이라는 말이 개혁을 밀어냈다. 보수세력을 끌어안아 지지기반을 확충해보려는 몸부림이었을 것이다. 한편 변화를 갈구하던 비주류사회는 그의 개혁이 벽면에 부딪쳤다고 생각했는지 이탈하기 시작했다.

사회변화를 갈망하는 사람들이 비주류 대통령을 탄생시켰다. 나라꼴을 바로 잡아 주기를 기대했을 것이다. 그런데 그는 집권기간 내내 갈등과 대립의 소용돌이에 파묻혀 있었다. 그것도 조정력을 상실한 채 국론분열과 국력낭비를 방관적 자세로 바라보면서 말이다. 정치적 고비마다 북핵위기가 출렁거렸지만 전임 정권과 마찬가지로 대북지원을 효과적으로 활용하지 못했다.

여론수렴을 생략한 한-미 FTA, 이라크 파병은 지지세력의 반발을 샀다. 방사선폐기물 처리장, 새만금 사업은 접점을 찾지 못해 표류를 거듭했다. 행정수도 이전은 위헌판결에 걸렸고 비충청권의 민심을 무마하는 숙제를 풀지 못했다.

이해세력간의 마찰은 늘 굉음을 냈고 계층-이념간의 충돌은 금속성을 터트렸다. 국책사업은 표류했고 사회-경제정책은 혼선을 거듭했다. 집권세력은 조정능력을 상실한 채 야당과 언론의 허물만 들추며 분을 삭이지 못하는 모습만 연출했다.

정권이 바뀌었지만 IMF 사태의 늪에 빠진 이들의 신음 소리가 그치지 않았다. 경제지표를 보지 않아도 민생이 도탄에 빠졌음을 알만했다. 빈 택시가 곳곳에 줄지어 서있었다. 이름난 음식점도 손님이 뜸했다. 불황을 모른다던 백화점이 할인판매를 해도 한산했다.

아버지는 '사오정'이라 직장에서 쫓겨났고 아들, 딸은 대학을 나서는 길로 일자리를 찾아 헤매어야 했다. 실업도 대물림하는 시대가 되어버린 것이다. 지하도는 노숙자의 보금자리로 변했고 생활고로 목숨을 끊는 이들이 늘어났다.

한편 아파트 투기가 극성을 부리면서 땀을 모르는 돈이 넘쳐났다. 골프장이 만원이라 해외로 나들이 가는 행렬이 점점 길어졌다. 한판 술자리 값이 중견사원의 월급보다 비싸다는 룸살롱에는 돈바람이 춤을 췄다. 없어서 못 판다고 외제차를 공수까지 하는 판이었다. '땡처리'는 파리를 날린다는데 '명품'은 날개를 달은 듯 팔려나갔다. 아파트 값이 한 달 새 1억원이나 뛰는 곳도 있었으니 투전판이 따로 없었다.

상고 출신 대통령. 그는 학벌사회의 모순을 몸으로 뼈저리게 느꼈을 것 같았다. 많은 이들이 그가 무엇보다도 학벌사회의 폐습을 과감하게 타파해 줄 믿었고, 또 그렇게 할 것으로 기대했을 것이다. 그런데 어디에서도 그런 노력을 볼 수 없었다. 초등학교부터 과외공부에 매달려야 대학 문턱을 넘을까 말까하는 교육현실은 전혀 달라지지 않았다. 그것도 아빠 월급의 절반을 사교육비에 바치는 공교육의 실종이 그냥 이어졌다.

이 나라의 교육은 돈이 대학입학으로 가는 보증수표이다. 그것이 전혀 바뀌지 않았으니 차라리 유학이 싸게 먹힌다며 지금도 어린 자녀들을 외국으로 내몰고 있다. 모순 덩어리 교육제도가 '기러기 아빠'를 양산하고 있었다. 그것도 모자라는지 국적마저 바꾸려는 '뻐꾸기 엄마'의 원정출산이 유행이었다. 이 꼴, 저 꼴 다 싫다며 서로 이민선이나 타야겠다는 탄식이 쏟아졌다. 그러더니 어느 날 그가 교육도 산업이라는 말로 교육문제를 자본논리-시장논리로 풀려고 나섰다.


## 부동산 '죽이기', '살리기' 정책혼선

노무현 정권의 부동산 정책을 보면 혼란스럽기 짝이 없었다. 출범하자마자 전임정권의 정책실패로 인한 아파트 투기에 덜미가 잡혀 정신을 차릴 여유가 없었다. 온갖 억제책을 동원해서 투기망령과 힘겹게 싸우는 모습이었다. 주택관련 세금을 몽땅 올리고 투기과열지구를 지정하고 주택거래신고제도 실시했다.

여기에다 많은 논란과 반대를 무릅쓰고 종합부동산세를 도입했다. 투망식 억제책을 연발하더니 결국 투기를 차단하는 데는 성공했다. 하지만 무차별적인 세금부과는 세금폭탄이란 말이 나면서 중산층이 등을 돌리게 만들었다, 또 경기침체를 가속화시키고 말았다.

부동산 투기의 근원은 저금리였다. 미국도 당시 부동산 투기를 잡고자 금리를 꾸준히 인상했다. 그런데 노무현 정권은 거꾸로 갔다. 정작 금리는 계속 내려 투기를 부추기면서 다른 한편 투기를 잡는다며 실수요, 가수요를 가리지 않고 무차별적인 중과세 정책을 남발했다.

평생 돈을 모아 집 한 채 가졌는데 보유세를 크게 올렸다. 투기를 모르고 붙박이처럼 사는 사람들이 날벼락을 맞은 꼴이었다. 그것도 모자라 등록세, 취득세, 양도세와 같은 거래세도 대폭 인상했다. 주택소유자들이 불만을 제기하면 강남부자니 보수세력이니 하며 공격했다. 이것은 조세불만을 촉발했고 내수부진을 심화시켰다.

문제는 정상적인 거래마저 죽인 데 있었다. 중소건설업체들이 심각한 자금난을 겪고 있었다. 미분양 아파트가 늘어나 납품대금을 제대로 결제하지 못하고 임금마저 체불하는 실정이었다. 분양한 아파트도 계약을 해지하거나 잔금을 연체하는 바람에 텅텅 비어있었다. 대형 건설업자들도 분양계획을 연기하거나 취소하고 있었다. 이대로 가면 집단도산마저 우려되는 상황이었다.

전세도 거래가 끊기면서 값이 뚝 떨어지고 있었다. 이사를 가도 오도 못하니 부동산중개소의 휴-폐업이 크게 늘어나고 있었다. 세금이 무서우니 거래가 단절될 수밖에 없었다. 내수시장을 지탱해오던 주택경기가 침체의 늪에서 헤어나질 못했다. 그런데도 부동산 보유세를 더 물리겠다고 밀어붙였다. 주택을 소유개념에서 주거개념으로 바꾸겠다는 허광한 탁상논리를 맹신한 탓이다.

그 즈음 경기상승을 주도하던 수출산업이 고유가에다 환율급락까지 겹쳐 직격탄을 맞았다. 뒤늦게 그 심각성을 깨달았는지 경기진작을 꾀한다고 규제완화로 돌아서는 듯했다. 주택투기지역과 토지거래허가제를 부분적으로 해제했다. 여기에다 지역에 따라 분양권 전매도 허용했다. 병 주고 약 주는 식의 처방을 내렸던 것이다. 분양권 전매는 시세차익을 노리는 전형적인 투기수법이다. 투기자본이 실수요자의 돈을 뺏어 가는 부도덕한 행위다.

그런가하면 투기와 상관없어도 다시 보유세를 크게 올렸다. 투기이득은 허용하면서 집 하나 가지고 있다는 이유로 중과세한 것이다. 이와 동시에 부양책으로 거래세는 내렸다. 투기를 잡는다고 하면서 투기이득을 보장하고 경기를 살린다고 하면서 보유세를 더 물리는 모순을 저지른 것이다. 경기를 살리고 죽이는 정책을 병행한 꼴이었다.

지방세인 재산세, 종합토지세에 더해 국세인 종합부동산세를 신설했다. 시-군-구가 부동산에 대해 과세하고 나면 중앙정부가 나서 개인별로 전국에 소유하고 있는 부동산가액을 합산해서 다시 누진세율로 과세하는 것이다. 특히 1가구 1주택에 대해서는 논란이 커지자 9억원이 넘는 주택에 대해서는 중과세키로 했다. 집권 2~3년 사이에 아파트 값이 지역에 따라 2~3배 나 폭등했다.

하지만 이것은 정책실패에 따른 가격앙등이고 주택소유자의 입장에서는 미실현 이득일 뿐이다. 투기를 해서 돈을 번 것이 아니고 가

만히 앉아 있는데 집값이 올랐다. 그것은 주택소유자의 잘못이 아니다. 팔아서 차익을 챙기지도 않았으니 이익이 발생하지도 않았다. 그런데도 징벌적 세금을 물렸던 것이다. 결국 중산층이 정권지지를 철회하는 결정적 요인이 되었다.

집 한 채만 가졌지만 거의 소득이 없는 은퇴자-퇴직자는 집을 팔거나 빚을 내서 세금을 내야 했다. 집을 팔면 양도소득세를 내고 새로 사면 등록세, 취득세를 내며 사고팔 때 중개수수료를 내야 하니 엄청난 재산상의 피해를 입는다. 세액도 살인적이었다. 이것은 응능부담應能負擔의 원칙에 위배된다.

세금을 내기 위해 집을 팔아야 할 판이었다. 이것은 거주이전의 자유에 대한 제약이다. 또 헌법이 보장한 재산권과 행복추구권에 대한 중대한 침해다. 이런 징벌적 세제는 반드시 조세저항을 유발한다는 점을 명심했어야 한다. 이른바 '집부자'를 때림으로써 정치적으로 지지세력을 규합하는 데는 성공했는지 모르지만 산업의 역군으로 살아 온 50대 이상 중산층의 이탈을 촉진했다.

어떤 경제정책도 경기전망과 시장상황에 대한 고려가 전제되어야 한다. 노무현 정권의 주택정책은 빈사상태에 빠진 주택경기를 살리자는 것인지 죽이자는 것인지 알 수 없었다. 세금을 올리더라도 경기가 풀린 다음에 해도 늦지 않았는데 앞뒤를 모르고 세금정책을 남발해 다.

어떤 중과세 정책도 정치적으로 인기가 없다는 사실을 알았어야 했다. 정책실패를 선량한 주택소유자한테 떠맡긴 꼴이었다. 같은 세

원에 대해 지방정부에 이어 중앙정부가 다시 과세하니 이것은 조세
원칙에 어긋나는 이중과세다.


## 신도시, 골프장 무더기 건설

노무현 정권의 부동산 정책을 보면 정말 정신이 헷갈렸다. 집값을
잡는다며 거의 한 달에 한번 꼴로 억제책을 남발해 왔다. 그런가 하
면 온갖 도시개발계획을 쏟아내 전국의 땅값을 들쑤셨다. 행정도시
에 이어 전국 곳곳에 혁신도시, 기업도시를 짓는다고 야단이었다.
지식기반도시란 것도 만든다고 했다.

그것도 모자랐는지 수도권에 걸핏하면 신도시 건설계획을 내놓았
다. 지자체들도 덩달아 서로 신도시니 뭐니 하는 도시를 짓는다고
설쳤다. 이대로 가면 온 나라가 무슨 무슨 도시로 뒤덮일 판이었다.

노무현 정권이 발표한 도시형태의 개발계획만도 무려 40여개나
되었다. 행정도시 1개, 혁신도시 12~14개, 기업도시 6개, 지식기반
도시 8개 등이었다. 경제자유지구도 4곳이나 짓는다고 했다.

여기에 편승하여 지자체들이 지역특화발전특구를 16곳이나 건설
한다고 나섰다. 낙후지역을 개발한다며 중앙정부에 지원을 요청한
신활력지구만도 70곳에 이르렀다. 혁신도시니 지식기반도시니 하는
용어도 아리송했다. '…특화특구', '신활력…' 따위는 뭔지 도통 모
를 일이었다.

행정수도 이전은 위헌시비에 휘말려 결국 좌초되고 말았다. 그 대

안으로 충남 연기-공주에 2,210만평 규모의 행정중심복합도시 건설을 추진했는데 그 길이 정말 평탄하지 않았다. 수도권의 이상팽창은 국가의 발전역량을 제한한다. 국가기능을 어떤 형태로든지 분산해야 한다.

하지만 충분한 논의 없이 추진하여 국론분열에 이념논쟁까지 유발되었다. 일부 원주민은 토지수용을 반대하면서 소란하기 짝이 없었다. 행정도시 건설만도 역사적 대역사大役事인데 그 많은 도시들을 무슨 돈으로 어떻게 지을지 의문이었다.

수도권에 소재한 176개 공공기관의 지방이전이 확정됐다. 이에 따라 수도권과 그리고 행정도시가 들어서는 대전-충남지역을 제외한 나머지 시-도에 11개의 혁신도시를 건설한다고 했다. 그런데 대규모 토지를 확보하기 어려운 부산, 대구, 울산에는 복수의 도시건설도 허용한다고 했다. 많게는 14개의 혁신도시를 짓는다는 이야기였다.

공공기관과 함께 유관기관, 학교 등이 들어서는 도시로서 규모가 10만~200만평이라고 했다. 2005년 9월말까지 입지를 결정하고 2012년에는 건설을 마친다는 계획이었다. 수도권을 분산하기 위해 혁신도시를 건설한다더니 생뚱맞게 수도권개발계획도 따로 마련한다고 발표했다. 도대체 뭔지 알 수 없었다.

기업도시도 짓는다는 계획이었다. 강원 무주, 충북 충주, 전북 무주, 전남 무안 등 4곳을 사업지로 확정했다. 이어 1차에서 탈락한 충남 태안, 전남 해남-영암도 추가했다. 사업주체인 기업에게 토지강제수용권도 주고 시설투자에 재정지원도 한다는 것이었다. 개발부담금, 교통유발부담금도 감면해 준다고 했다.

이것은 농지전용과 환경훼손을 무릅쓰고 기업에 온갖 정책-재정 특혜를 주면서 토지집중을 촉진하는 정책이었다. 그런데 웬일인지 굴지의 재벌들은 사업성이 없다고 판단했는지 관심을 보이지 않았고 중견기업들만 참여의사를 밝혔다. 사업내용도 관광에 치중하여 균형발전과 고용창출에 얼마나 기여할지 의문이었다. 사업주체가 과연 자금을 동원할 능력이 있는지도 의문이었다.

서울 강남의 아파트 투기가 안 잡힌다고 신도시로 맞불을 놓겠다고 나섰다. 강남에 버금가는 도시를 만든다는 것이었다. 그 목적으로 이미 판교에는 신도시를 짓고 있었는데도 또 신도시를 건설한다는 계획을 내놓았다. 수도권에는 판교 말고도 동탄, 수원, 파주, 김포에 신도시를 건설하고 있었다.

또 삼송, 별내, 옥정과 충남 아산과 대전 서남부에도 신도시를 짓기로 했다. 수도권에 그런 대규모의 국유지가 있는지도 문제였다. 사유지를 수용해서 지으면 땅값이 비싸니 집값 안정에 얼마나 도움을 줄지 모르는 일이었다. 수도권에 얼마 남지 않은 녹지공간을 마구 헐어낼 기세였다.

어떤 근거로 도시수급을 예측했는지, 그 엄청난 재원은 어디서, 어떻게 조달하는지 알 수 없었다. 아파트 투기가 광란을 부리는데 전국을 개발계획으로 들쑤셔놓으니 땅 투기가 기승을 부리기 마련이다.

갈 곳 없는 400조원이 넘는 부동자금이 저금리를 지렛대 삼아 대

공세에 나섰다. 여기에 규모를 알 수 없는 토지수용비가 합세해 전국의 땅값, 집값을 들쑤셨다. 불을 끈다고 떠벌리며 물이 아닌 기름을 퍼붓는 꼴이었다.

1972년 일본의 다나카 가쿠에이가 수상에 등극했다. 그는 일본열도 개조론을 야심차게 밀어붙였다. 태평양 연안지대에 집중된 개발계획을 발전낙후지역으로 돌려 국토의 균형발전을 이루겠다는 구상이었다. 금리가 싸니 기업이고 가계고 은행돈을 빌려 땅 사재기에 나섰다. 지가폭등은 온갖 처방을 마다하고 그를 무참하게 침몰시키고 말았다. 일본열도 개조론이 남긴 교훈이다.

그런데 노무현 정권은 도시개발계획을 무더기로 쏟아냈다. 졸속계획이 몰고 올 부작용과 후유증이 긴 포물선을 그리며 나타날 것이 참으로 걱정스러웠다. 노무현 정권은 신도시만 무더기로 짓겠다는 것이 아니었다. 골프장도 무더기로 짓겠다고 나섰다.

골프 치는 값이 비싸니 그 값을 낮추고, 또 골프장 예약이 어려워 해외에 나가는 사람들이 많으니 그들을 붙들어 두기 위해 골프장을 무더기로 짓겠다는 것이다. 그러면 경기가 살아난다는 것이었다.

2004년 7월 경제부총리 이헌재가 불쑥 '골프장 경기부양론'을 들고 나왔다. 이헌재는 경기를 살린다며 허가를 기다리고 있던 230개 골프장을 넉 달 안에 일괄적으로 심사해서 매듭을 짓겠다고 다짐했다.

골프장 허가를 신속하게 처리하기 위해 행정절차를 규제개혁위원회에 맡겨서 한꺼번에 풀겠다는 것이었다. 이에 앞서 시-군-구별로 건설할 수 있는 골프장의 총면적을 지역별 임야면적의 3%에서

5%로 확대했다.

클럽 하우스의 면적제한은 아예 없애 버렸다. 또 스키장 부지가 전체 슬로프 면적의 200배를 넘어서는 안 된다는 규정도 폐지했다. 그 이전인 2004년 2월에는 문화관광부가 5년 내에 퍼블릭 골프장 50개를 건설하겠다고 발표한 바 있다. 여기에 더해 재정경제부가 논밭에다 골프장을 싸게 만들도록 하겠다고 나섰다. 이른바 반값 골프장이다.

당시 전국에는 181개의 골프장이 있었다. 그 시점에 68곳이 건설 중이었고 미착공이 15곳이나 있었다. 모두 완공되면 264개로 늘어나게 되어 있었다. 지자체가 골프장 유치나 조성을 공약사업으로 내걸고 추진 중인 골프장도 22곳이나 되었다. 여기에다 기업도시에도 골프장을 짓겠다고 했다.

다 합치면 수년 내에 골프장이 500개를 훨씬 넘을 판이었다. 당시 전체 골프장 면적은 5,500여만평으로 여의도 크기의 21배나 되었다. 모든 골프장이 완공되면 그 면적이은 수원, 안양, 부천, 광명시를 합친 것보다 더 큰 규모가 된다.

원칙적으로 환경보존을 위한 규제는 완화대상이 아니다. 골프장 건설은 응당 면밀한 환경평가를 거쳐 생태계 파괴를 최소화하는 조건이 전제되어야 한다. 군사보호구역과 개발제한구역은 마땅히 제외되어야 한다. 그런데 개별 골프장의 특수성을 무시한 채 일괄적으로 처리한다고 나섰으니 졸속심사는 너무나 자명했다. 경기부양 효과도 의심스러운데 무분별한 산림훼손을 우려하지 않을 수 없었다.

농지법은 농지의 이용과 전용을 엄격하게 규제하고 있다. 식량안보 차원에서 농지투기와 농지잠식을 막기 위한 것이다. 공장건설이 까다로운 것도 그 까닭이다. 그런데 농지를 출자해서 골프장을 만들면 농지전용부담금, 법인세, 취득세, 등록세를 감면해준다고 했다. 부대-운영시설의 설치도 자율에 맡기겠다고 했다. 2004년 10월에는 범정부 차원의 지원팀까지 만들어 추가 지원책을 마련하겠다고 발표했다.

한국농업은 경쟁력이 취약하다. 땅이 좁아 농사를 지을 논밭이 부족하기 때문이다. 농지가 넓다면 지대가 낮아 생산비가 적게 든다. 농지를 줄이면 줄일수록 농업경쟁력은 더 취약해져 수입의존도가 높아진다. 같은 이치로 땅값이 비싸니 골프장 이용료도 비싸다. 산지가 전국토의 70%를 차지해 골프장을 지을 땅도 많지 않다. 그렇다고 식량안보는 뒷전에 두고 논밭에다 무턱대고 골프장을 짓겠다고 나선 것이 노무현 정권이었다.

골프장의 절반은 돈 많은 서울 사람들이 드나들기 편한 경기도에 몰려 있다. 당시 허가대상인 230개의 절반도 아마 이곳에 들어서지 않나 싶었다. 수도권은 전국토의 11.8%에 불과한데 인구는 47%나 몰려 산다. 땅은 좁은데 사람이 많으니 어디를 가나 논밭을 뒤집고 산을 헐어내고 아파트와 공장을 건설하는데 골프장까지 짓겠다는 것이었다.

당시 경기도에는 골프장이 전체면적의 1%나 차지했다. 전국 평균 비율 0.2%와 비교하면 5배나 높았다. 골프장이 많다는 일본의 비율은 0.04%에 불과하다. 여기에다 일괄적으로 처리한다는 골프장의 절반만 경기도에 들어서도 그 비율이 2%로 올라선다.

당시에만도 위성사진을 보면 산간마다 움푹 움푹 산림을 파먹었는데 그 몰골이 더 흉측해질 판이었다. 김대중 정권이 그린벨트를 대폭 완화한데 이어 노무현 정권은 골프장을 무더기로 허가하여 수도권의 녹지가 더욱 줄게 만들었다.

골프는 원래 영국에서 생긴 운동이다. 평지가 많고 여름에는 서늘하고 겨울에는 따뜻하며 하루걸러 가랑비가 와서 잔디가 늘 푸르기 때문이다. 이 나라는 한마디로 토질과 기후가 골프장에 맞지 않다. 국토의 70%가 산지라 경사가 급하고 유로流路가 짧다. 산림지대의 토질은 거의 화강암과 편마암으로 구성되어 있다. 피복토가 얇다보니 나무가 자라기 어려워 보수력保水力이 약하다. 비도 6~9월에 집중적으로 내린다.

그러니 산지를 억지로 밀어내고 깎아내서 골프장을 만든다. 울창한 수림을 마구 잘라냈으니 큰비가 오면 산사태가 나고 토사유출에 따른 피해가 크다. 잔디가 자라기 어려운 토양인데 비도 몰려서 오고 겨울이 길다. 그 까닭에 수입잔디를 심고 늘 물을 주고 비료와 농약을 뿌린다. 그러니 인근 농지와 수질이 오염되고 지하수마저 고갈되어 농촌의 피해가 막심하다.

그 시점에 서울과 가까운 수도권 골프장 회원권 가격이 급등세를 보였다. 하지만 서울에서 근접성이 낮은 영-호남지역과 제주도는 보합세를 유지하고 있었다. 공급과잉은 집단도산을 부르기 마련이다. 일본의 경험이 그것을 말했다.

그런데도 재정경제부가 일본은 골프장이 2,440개인데 한국은 턱없이 부족하다는 푸념을 일삼았다. 일본도 1990년대 장기불황을 극복한다고 골프장을 무더기로 지었다. 그 결과 2000년대 들어 한해 평균 100개꼴로 도산하고 있었다.

노무현 정권이 임기를 마감할 시점까지도 골프장 덕택에 경기가 살아났다는 소리를 듣지 못했다. 오히려 해외골프 나들이가 더 늘었다는 소식만 들렸다. 이 나라는 겨울이 추운 탓에 땅이 얼고 잔디가 나지 않는다. 그 까닭에 겨울철 해외골프 나들이가 많다. 산기슭을 헐어내고 깎아내서 또는 논밭을 뒤엎어 골프장을 만든들 겨울에는 아무 소용이 없다는 소리다.

2007년 31조원까지 치솟았던 골프장 회원권 시가총액이 2012년 2월1일 기준 21조4,000억원으로 뚝 떨어졌다. 5년 새 10조원이나 빠져나간 것이다. 2011년 시가총액이 25조8,000억원이었으니 1년 동안 4조4,000억원이나 줄었다. 경기침체가 원인이기도 하지만 공급과잉으로 값이 폭락세를 보이고 있는 것이다. 일본의 값비싼 교훈을 무시한 결과이다.


## 사전에 절반 양보한 한-미 FTA

국제협상이란 상대에 따라 유효한 전략이 필수적이다. 양보를 최소화하는 한편 요구를 최대화하여 국익을 극대화하기 위한 전략이 필요한 것이다. 손실을 최소화하기 위해서는 양보에도 단계가 있고 수순이 있어야 협상을 성공적으로 이끌 수 있다.

무엇보다도 상대가 경제적-군사적 우월자라면 현실적으로 비대칭 협상이라는 점에서 전략의 의미는 더욱 중요하다. 그런데 노무현 정권이 추진한 한-미 FTA 협상을 보면 국익을 망각한 채 전략은 없고 일방적인 양보만 거듭했다.

어떤 국가정책도 긍정적-부정적 효과를 동시에 수반함에 따라 국민 사이에 이해가 엇갈린다. 따라서 국민에게 충분한 정보를 제공하고 공론화를 통해 이해득실을 따져야 한다. 그런데 노무현 정권은 국민적 논의도 거치지 않고 느닷없이 2006년 2월 2일 미국과 FTA 협상을 개시한다고 밝혔다.

그것도 미국 의회의 지지가 필요하다는 이유로 서울도 아닌 워싱턴에서 발표했다. 처음부터 국민은 안중에도 없었고 미국의 국익을 우선시했던 것이다. 그나마도 공청회조차 한번 갖지 않고 군사작전하듯이 밀어붙였다.

협상도 개시하기 이전에 이른바 4대 선결조건이라고 해서 양국간의 핵심적인 통상현안을 미리 양보해 버렸다. 스크린쿼터 축소, 미국산 쇠고기 수입재개, 건강보험약가 현행유지, 자동차 배기가스 기준적용 예외 등이 그것이다.

본협상에서 미국측의 어떤 양보를 이끌어내더라도 그 대가로도 양보하기 어려운 현안이었다. 협상 테이블에 나서기도 전에 절반을 양보한 꼴이었다. 이른바 4대 선결조건에 대한 반발이 커지자 강력히 부인하다 나중에 사실이라고 실토하는 부정직성도 드러냈다.

농축산물 중에서 미국의 최대관심품목은 쇠고기였다. 쇠고기 수입의 재개는 통상이 아닌 질병의 문제였다. 미국에서 광우병이 발병해서 쇠고기 수입을 중단했던 것이다. 광우병의 위험이 없어지지도 않았는데 다시 문을 열었다. 처음부터 국민의 생명을 위협하는 문제를 가볍게 처리했으니 협상이 신뢰를 얻지 못했다. 일본도 비슷한 시기에 문을 열었다가 광우병이 재발하자 다시 닫았다.

스크린 쿼터 축소는 문화의 다양성을 무시한 처사였다. 미국업자가 국산영화를 많이 상영하는 극장에 헐리웃 영화를 배급하지 않을 텐데 영화를 아무리 잘 만든들 무슨 소용이 있나? 세계시장을 지배하는 헐리웃 영화와 어찌 대결한다고 경쟁촉진이란 가식적 논리를 내세워 스크린 쿼터를 축소했다.

약값 인하정책은 건강보험의 취약한 재정구조를 개선하기 위한 제도이다. 그런데 포기를 약속했다. 국민의 주머니를 털어 미국의 초국적 제약사 이익을 챙겨주는 짓이다. 도시의 대기오염은 자동차 배출가스가 주범이다. 그것을 줄이려는데 미국산 자동차는 예외로 하라는 요구를 들어줬다.

4대 선결조건은 교역의 범위를 넘어선 문제다. 그런데 선 뜻 내주고는 미국에게는 엉뚱한 요구나 늘어놓았다. 그 첫째가 개성공단 생산제품을 한국산으로 인정해달라는 요구였다. 한국의 입장에서는 민족간의 내부거래이고 역외가공무역으로 볼 수 있다. 하지만 미국의 입장에서 북한은 하나의 독립국가이다. 북한의 국제법적 지위를 떠나서 북-미간의 대립관계를 고려하더라도 미국이 들어줄리 만무한데 애걸했다.

미국은 모든 외국인 입국자를 잠재적 밀입국자로 보고 통관단속이 엄격하다. 그럼에도 불법이민자가 1,200만명에 이른다. 그런데 비자면제를 강하게 요구했다. 사업차 복수비자를 받으면 5년간 유효하다. 불편하지만 비자를 발급 받지 못해 사업을 못하는 경우는 거의 없다. 그런데도 비자면제 따위에 매달렸던 것이다.

또 앤티덤핑-상계관세 제소를 남발하지 말라고 요구했다. 미국은 수입물량이 늘어나면 앤티덤핑, 상계관세를 통해 수입물량 규제에 나선다. 국내산업의 피해를 구제한다는 명목이다. 관련업계가 제소해서 확정판결이 나려면 1년이 걸리며 최종관세율을 예측하기 어렵다. 그래서 한번 걸리면 최종판결이 날 때까지 상계관세는 수입제한, 앤티덤핑은 수입금지의 효과를 갖는다. 그것을 노려 관련업계가 남발한다.

제소권은 피해당사자인 산업계가 갖는데 한국정부가 규제하라고 요구한다고 해서 미국 행정부가 산업계에 자제하도록 요구할 수 없다. 또 한국에만 법적용을 예외로 할 수도 없는 일이다. 미국 협상단은 TPA 무역촉진권한법에 의해 FTA를 추진한다. 협상범위는 의회로부터 위임받은 권한을 벗어나지 못한다. 그런데 본질적인 문제는 뒷전에 두고 엉뚱한 요구에 매달렸던 것이다.

## 국민 무시한 굴욕적 한-미 FTA

2006년 2월 2일 한·미 양국 정부대표는 워싱턴에서 FTA 협상을 개시한다고 선언했다. 이 날 로버트 포트만 USTR <sup>미국무역대표부</sup> 대표는 상하양원 의장에게 보낸 공한에서 포괄적인 협상방향을 제시했다. 예외 없는 개방을 강조하면서 협상과정에 의회는 물론 재계와도 긴밀하게 협의하겠다고 천명했다. 그러면서 이에 앞서 6~8개월간 한국과 집중적인 협의를 가졌다고 밝혔다. 그 때 이미 협상방향의 골격이 섰다는 이야기다.

그런데 노무현 정권은 이 사실을 밝히지도 않고 의견청취-여론수렴도 없이 돌연 한-미 FTA 추진을 선언했다. 협상과정에서도 구체적인 내용을 투명하게 공개하는 국민적 설득작업이 없었다. 민주적 절차를 무시하고 사회적 합의를 외면했던 것이다. 협상내용은 전문적이고 복잡하고 난해하다. 그런데 국익증진이라는 구호로 단순화해서 대대적인 홍보활동을 폈다. 반면에 이해집단-계층의 의사표시는 대규모 경찰병력을 동원해 원천봉쇄했다.

미국의 통상정책은 기본적으로 국민과 기업의 이익이 그 방향을 결정한다. 그래서 미국은 2006년 3월 14일 공청회를 갖고 관련기업-단체의 요구와 의견을 청취했다. 그 내용이 모두 개별기업의 이익과 직결되는 사안이었다.

이와 대조적으로 노무현 정권은 단 한 차례 공청회를 열다가 반대가 심하다는 이유로 그만 두고 더 이상 열지 않았다. 협상준비도 전혀 하지 않았다는 사실이 뒤늦게 드러났다. 협상개시를 발표한지 50

일이나 지난 2006년 3월 21일에야 국무회의를 열어 59명의 협상단 인력충원계획을 의결했다. 그들이 뒤늦게 미국의 통상제도를 숙지하고 산업현황을 파악해서 협상대책을 강구하고 피해대책을 수립했다고 볼 수 없는 일이다.

반면에 미국은 USTR이 나서 미국기업이 외국정부-외국기업과의 거래과정에서 겪는 애로사항을 즉각적으로 보고를 받는다. 주재국의 미국상공회의소가 창구역을 맡는다. USTR은 여기에 근거하여 무역장벽보고서를 작성해 매년 3월 31일 대통령과 의회에 제출한다. 이것이 통상정책의 근간을 이루고 통상압력의 자료로 활용된다.

2006년 보고서 712쪽 중에는 한국부분이 40쪽을 차지했다. 무엇보다도 농산물 시장개방에 강한 집착을 보였다. 또 개별기업의 이익과 직접적으로 연관이 되며 내정간섭에 해당하는 내용이 많았다.

추진과정을 보면 국민은 안중에도 없었다. 국민적 논의도, 국회와의 협의도 무시한 채 졸속협상-밀실협상으로 일관하면서 그 내용을 일체 알리지 않았다. 자국이익은 팽개치고 미국이익을 챙기려고 양보에 양보를 거듭하는 굴욕적인 협상자세를 견지했다.

일반국민은 물론이고 국회의원의 알 권리를 무시하는 독선적-고압적인 자세로 너희가 왜 국익을 묻고 주권을 따지느냐는 투였다. 국회에서도 개괄적인 내용조차 공개를 거부했다. 다만 질의과정에 부분적인 윤곽이 드러났을 뿐이다.

노무현 정권은 국회에 협정내용을 밝히겠다고 공언했다. 그런데 협정문 본문과 부속서 일부만 공개했다. 핵심적인 내용인 관세 양허

안, 서비스투자 유보안, 품목별 원산지 기준, 관련용역보고서, 기술협의회 회의록 등은 빼고 말이다. 그것도 문서의 형태가 아니었다. 제한된 장소에 설치된 컴퓨터의 화면을 통해서만 열람하도록 제한했다.

인쇄는 물론이고 필기도 허락하지 않았다. 분량이 500쪽에 가깝다니 암기도 불가능한 일이었다. 이것은 말이 열람이지 협정문이 어떻게 생겼는지 보는 관람이라는 표현이 옳았다. 그나마도 통일외교통상위원회와 FTA 특별위원회 소속 의원과 그 보좌관 1명으로 제한했다.

한-미 FTA는 경제제도-사회체제에 일대 변혁을 가져온다. 따라서 협상내용은 모든 상임위원회의 업무와 연관성이 있다. 특히 농수산위, 재경위, 정무위, 산자위, 보건복지위, 법사위는 그 내용을 면밀히 파악, 검토해야 관련법 개폐작업에 착수할 수 있다. 또 후속조치로서 대책을 마련할 수 있다.

열람의 범위를 소수의 의원에게 제한한 것은 국회의 권위를 무시한 처사다. 열람대상 협정문은 영어로 작성되어 있다. 사전의 도움 없이 해독할 수 있는 의원이 몇 명이나 있을지 의문이었다. 설혹 영어에 능통하더라도 내용이 방대하고 난해하여 분야별로 전문적 조언을 얻어야 분석과 판단이 가능했다. 영어의 문제만이 아니었다.

반면에 미국 의회는 TPA<sup>무역촉진권한</sup>에 따라 4~6월 청문회를 열어 협상내용의 유-불리를 따졌다. 그 작업을 위해 민간전문가 700여명을 구성된 33개 자문위원회에서 협정내용을 검토하고 대안을 제시했다. 미국 협상단이 한국측 요구를 번번이 거부하는 이유를 들어보면 의회가 동의하지 않는다는 것이었다.

그런데 한국 국회는 구체적인 내용도 모른 채 행정부가 비준동의 안을 제출하면 '가' 아니면 '부'라는 단답식으로 처리하도록 노무현 정권이 추진했던 것이다. 국가의 장래가 달린 중차대한 사안을 관료 몇 사람의 손에 맡긴 꼴이다. 국민은 비선출직 공무원에게 그 같은 막강한 권한을 부여한 바 없다.

이해당사자들의 반발이 드셀 수밖에 없었다. 영화인들이 반대하고 나서자 집단이기주의라고 매도했다. 농민들이 거리로 뛰쳐나와 반대하자 폭력시위라며 무자비하게 진압했다. 협상장 주변에는 시위대보다 훨씬 많은 전경을 풀어 곤봉과 방패로 집회를 원천적으로 봉쇄하곤 했다. 그것도 미국 대표단 앞에서 국민의 기본권인 집회-표현의 자유를 탄압하면서 말이다. 막상 원정시위대가 미국에 가서 반대의사를 표현했으나 그곳에서는 자유로운 시위를 보장했다.

국가간의 협상에서는 반대여론이 주효하다. 그것을 지렛대로 삼아 양보를 최소화하고 요구를 최대화하는 전략을 구사할 필요가 있는 것이다. 그런데 노무현 정권은 그 같은 노력을 포기했다. 언론도 FTA에 따른 농업피해를 알리지 않자 농민들이 돈을 모아 방송광고를 제작했다. 이마저도 방영을 가로 막았다. 국민의 기본권인 표현의 자유에 재갈을 물린 채 FTA를 추진했던 것이다.

미국의 입장에서는 무리한 시장개방에 따른 한국내의 반대여론이 전체협상에 미칠 악영향을 의식할 필요성조차 없었다. 여기에다 협상중도에 청와대에다 경제부총리 출신 한덕수를 수장으로 하는 체결추진위원회를 설치했다. 그리곤 정부의 홍보체제를 총동원하여 FTA만이 살길이라며 허구적인 홍보에 혈안이었다. 반대여론을 쇄국주의자니 극단주의자니 하며 FTA의 파괴성을 호도했다.

이것은 어떤 난관과 장애에도 불구하고 협상을 타결하겠다는 정치적 결단의 표현이었다. 그 뜻을 간파한 미국은 무리한 요구를 거듭했고 그 판단에 따라 밀어붙여 자국의 이익을 챙겼다.


## 한국경제의 미국종속화 한-미 FTA

한-미 FTA는 일반적으로 알려진 것과 달리 단순한 역내 상품교역의 자유화가 아니다. 포괄적 경제통합으로서 한국경제를 세계유일의 초강대국인 미국에 종속시키는 것을 의미한다.

미국의 입장에서는 상품의 범위를 넘어 자본-기술-용역-인력의 자유로운 이동을 뜻한다. 쉽게 말해 미국인이 한국에 와서 내국민과 동등하게 영역의 제한 없이 돈을 벌겠다는 것이 FTA이다. 상품은 물론이고 법률, 의료, 회계, 통신, 방송, 택배, 금융, 보험, 특허 등등 공공성이 강한 분야도 더 열라는 소리다. 여기에다 전기, 가스, 철도, 수도 등 공공서비스도 미국의 사업영역으로 삼겠다는 것이다.

따라서 협정에 맞춰 한국의 법령체계를 전면적으로 개편해야 한다. 추진 당시 최재천 의원(열린우리당)이 조사한 바로는 국내법 1,163개중에 15%인 169개가 협상내용과 상충한다는 것이다. 관련

법령을 개폐해야 한다는 소리다. 이것은 그 만큼 국민생활에 미치는 영향이 광범위하다는 뜻이기도 하다.

이에 따라 경제제도-사회체제에 일대변혁이 일어난다. 경제주권-사법주권에 이어 식량안보까지도 포기해야 하는 사태가 발생한다. 그 내용이 방대하고 난해하며 전문적이다. 이 중에는 국민경제-사회생활에 파괴적인 악영향을 미치는 독소내용이 수두룩하다. 그럼에도 노무현 정권은 국민적 논의를 배제했다.

투자자국가제소권은 미국 투자자한테 한국법의 초월적 지위를 부여하는 제도이다. 미국 투자자가 한국정부의 정책이 협정을 위반하여 손해를 보거나 기대이익을 얻지 못했다는 이유로 국내법원을 떠나서 세계은행 산하의 국제분쟁중재센터에도 제소할 수 있다. 국내법원과 헌법재판소의 판결도 제소대상으로 삼는다. 미국 투자자의 이익이 국가의 공공정책과 법률체계를 우선한다는 점에서 헌법위반이다.

투자자정부제소권은 한마디로 미국기업이 한국의 국가정책에 간섭할 수 있는 길을 튼 것이다. 이것은 사법주권의 포기다. 식량안보 없이 국가독립은 없다. 식량자급률이 25%선에 불과하여 추가개방은 농촌붕괴로 이어진다. 식량주권 포기에 따라 340만 농민의 생존권이 위협받는데도 밀어붙였다.

세목과 세율은 국회가 정한다고 헌법은 규정하고 있다. 그런데 협상단은 특별소비세를 비롯한 자동차 세제개편을 양보했다. 국회와 협의도 않고 조세주권을 협상대상으로 삼았다. 국민건강과 직결되는 의료정책은 통상대상이 아니다. 그런데 신약 특허권 연장과 함께 약가산정에 대한 다국적 제약사의 이의신청을 보장했다.

정책결정권을 포기하고 국민부담을 가중시키나 국회는 강 건너 불처럼 쳐다봤다. 막상 미국에서는 민주당 하원의원 12명이 국민건강권보다는 특허연장에 역점을 둔 협상이라며 문제점을 지적하고 나섰다. 정부조달시장을 개방하면서 미국의 주정부는 예외로 했다. 명백한 불평등 협상이나 국회는 이 또한 본 척도 하지 않았다.


## 식량안보 포기한 한-미 FTA

1994년 1월 미국은 멕시코와 캐나다를 묶는 NAFTA<sup>북미자유무역협정</sup>를 출범시켰다. 멕시코는 당시 FTA를 통한 수출증가가 경제성장을 견인하리라고 믿었다. 미국은 교역확대로 멕시코 경제가 성장하면 미국으로 몰려드는 불법이민이 크게 줄 것으로 판단했다. 그런데 결과는 거꾸로 나타났다. 농업기반이 붕괴되면서 농민들이 도시의 걸인으로 전락하여 불법이민이 오히려 더 늘어나는 실정이다.

미국이 경제난민의 물결을 막으려고 멕시코와의 국경선에 장벽을 치고 방위군을 투입하고 있다. 1996년 미국내 불법이민은 500만명이었다. 그런데 NAFTA 출범 이후 1,200만명으로 늘어났다. 그 중 78%가 멕시코와 남미에서 가난을 피해 목숨을 걸고 넘어온 사람들이다. 미국의 값싼 농축산물이 멕시코의 농업을 망쳤다. 도시빈민으로 전락한 농민들이 살길을 찾아 미국으로 밀입국을 감행하는 것이다.

미국은 한국과 비슷한 시기에 스위스와도 FTA를 추진했으나 실패했다. 스위스가 농업시장 개방을 반대했기 때문이었다. 2006년 2월 1일 스위스는 미국과의 FTA를 보류한다고 발표했다. 한-미 FTA 협상개시가 발표되기 하루 전날이었다. 미국이 농업을 포함해 예외 없는 개방을 주장하면서 농산물에 GMO <sup>유전자변형식품</sup> 표시에도 반대했기 때문이었다.

스위스는 대외의존도가 높은 나라이다. 한국은 70%인데 77%에 달한다. 농업인구비중은 2.9%로 한국의 7.8%에 비해 훨씬 낮다. 농업이 GDP <sup>국내총생산</sup>에서 차지하는 비중도 1.5%로 한국의 3.2%에 비해 절반 수준이다. 그런데도 농업을 보호하기 위해 미국과의 FTA를 포기했다. 같은 이유로 스위스는 EU <sup>유럽연합</sup>에도 가입하지 않고 있다.

미국이 1994년 1월 NAFTA를 출범시키기까지 35개월이 소요됐다. 미국은 이어 남-북아메리카를 하나의 경제권으로 묶는 작업에 나섰다. 그것이 FTAA <sup>전미주자유무역협정</sup>이다. 1995년 11월 마이애미에서 34개국 정상회담을 갖고 10년 이내에 성사시키기로 합의했다. 미국이 10년간이나 FTTA를 추진해왔지만 막상 10년만인 2005년 11월 열린 미주정상회담에서 남미의 5개 좌파정권 국가들이 반대하여 FTTA가 좌절됐다. 미국이 '2002 농촌법'에 따라 기업농한테 막대한 정부보조금을 지급하고 있어 FTA가 체결되면 남미국가의 농업이 붕괴된다는 것이 첫째 이유였다.

미국은 남미국가들이 FTAA에 소극적이자 압박수단으로 중미 5개국과 도미니카를 엮는 CAFTA를 추진하여 비준까지는 32개월이 소요됐다. 이어 미국은 FTTA 대신에 호주, 싱가포르, 한국에 FTA를 맺자고 강압하기 시작했다. 그런데 노무현 정권은 단시일 내에 한-미 FTA를 체결하겠다고 앞뒤도 가리지 않고 서둘렀다.

한-미 FTA를 추진할 즈음 2년 동안에만도 40여개국이 미국과 FTA 협상을 추진하다 중단했다. 2007년 3월 24일에는 한국과 비슷한 시기에 미국과 FTA 협상을 개시한 말레이시아가 그 대열에 섰다. 말레이시아는 정부조달에서 경제적 약자인 말레이족과 원주민에게 우대조치를 줘왔다. 그런데 미국이 그것을 철폐하라고 요구했다. 또 협상선결조건으로 이란과의 가스개발계약을 취소하도록 강압했다.

결국 말레이시아가 내정간섭이라고 항의하며 협상을 포기했다. 그러자 스티브 노튼 USTR 대변인은 말레이시아와 협상을 계속하겠다는 뜻을 밝혔다. 협상을 결정하는 요소는 내용이지 시한이 아니라는 발언이었다. 반면에 한국은 미국의 TPA <sup>무역촉진권한</sup>에 목을 매고 양보로 일관했다. 한국이 미국법이 규정한 시한에 얽매여 협상에 끌려다녔던 것이다. 이것은 독립국가의 주권을 포기한 것이나 진배없는 짓이다.

'국경 없는 세계경제'는 미국의 국가발전전략이다. 미국의 상품-용역-자본-노동의 이동을 가로막는 모든 장애물을 군사력을 배경으로 철폐하겠다는 것이다. 그 첫째가 다자간 협정인 WTO로 대표되는 세계화이다. 그 다음이 양자간 협정인 FTA이다.

그런데 WTO가 농업부문에서 만족할 만한 성과를 내지 못했다는 것이 미국의 판단이다. 미국이 FTA에 매진하는 것은 그 까닭이다. 개별국가를 상대로 시장개방이 미흡한 분야를 열어 제친다는 전략이다. 한국에 대한 주요목표는 농업이라고 보면 틀림없다. 그 뒤에는 세계식량시장을 장악한 초국적 기업들이 도사리고 있다.

2006년 2월 2일 한·미 FTA 협상개시를 선언하면서 데니스 하스터트 USTR 대표가 상-하양원 의장에게 보낸 장문의 공한에서도 그 뜻이 드러났다. 이 협정의 이익이 농민, 노동자, 기업인과 그 가족에게 돌아가도록 추진하겠다며 농민을 먼저 강조하고 나섰다. 분야별로도 농업을 앞세워 개방의 중요성을 역설했다.

그는 한국은 미국의 6번째로 큰 농축산물 시장이라고 강조했다. 또 협정이 체결되면 한국은 미국산 농축산물에 대한 관세철폐와 함께 모든 무역장벽을 시정할 것이라고 공언했다. 무엇보다도 협상과정에 의회와 농업계와 긴밀하게 협의할 것임을 천명했다. 농업계의 이익을 최대한 반영하겠다는 뜻이다.

미국의 가장 경쟁력 있는 산업은 농업이다. 경작지가 세계에서 가장 넓다. 미국의 농업은 초국적 기업농이 영위한다. 비행기로 파종하고 비행기로 농약을 살포한다. 그런데 한국은 식구끼리 먹고살려고 농사짓는 가족농이다. 경쟁이란 있을 수 없다. 값싼 미국산 밀에 밀려 이 나라에서 밀밭이 사라졌다. 미국산 오렌지가 제주도에서 감귤나무를 뿌리 채 뽑아내고 있다.

미국은 또 세계최대의 축산물 수출국이다. 미국은 쇠고기 세계 2위, 닭고기 1위, 돼지고지 2위의 수출물량을 자랑한다. 미국의 최대

관심품목은 축산물이다. 한-미 FTA 체결에 따라 관세가 철폐되면 이 나라에서 축산업도 설 땅이 없어진다. 육류도 유제품도 수입해서 먹어야 하는 세상이 된다. 미국에서 밀, 옥수수를 수입해서 사료를 만들어 그것을 먹여서 소, 닭, 돼지를 키워야 하니 미국 축산업자와 경쟁할 수 없다.

지금은 모든 농축산물을 싸게 수입해서 먹는다. 하지만 농업기반이 붕괴된 다음에도 그것이 가능하다고 믿으면 큰 오산이다. 전두환 일당이 정권을 찬탈한 1980년에는 하늘도 울었던 모양이다. 그 해 여름은 냉기를 느낄 만큼 서늘했다. 냉해로 대흉년이 들었다.

미국은 물론이고 동남아를 휩쓸고 멀리 스페인까지 가서 쌀을 사왔다. 값을 몇 배나 더 쳐줬는데도 장기도입계약을 맺으라는 바람에 해를 넘기면서 더 사야만 했다. 그 쌀이 남아돌아 재고미로 쌓여 오랫동안 쌀값 파동으로 이어졌다.

미국산 농축산물 수입가격은 한국산에 비해 20~50% 수준으로 싸다. 그 미국산이 관세를 물지 않은 채 들어오면 한국시장을 싹쓸이하고 만다. 쌀은 물론이고 옥수수, 감자, 과일류, 쇠고기, 닭고기 등 어느 것 하나 살아남기 어려워 밀의 운명이 따로 없다. 한마디로 이 나라에서 농업이 사라진다.

철옹성 같던 공산주의가 일순간에 붕괴되었다. 동구에서 공산주의가 몰락한 데 이어 소련이 해체되자 공산주의가 삽시간에 와해되고 말았다. 세계의 절반을 둘러친 철의 장막이 도미노의 모습을 연출하며 쓸어져버린 것이다.

원인이야 복합적이지만 그 첫째가 만성적인 식량난이었다. 먹을 것을 찾아 많은 사람들이 무작정 서쪽으로, 서쪽으로 가다 베를린 장벽에 부닥쳤다. 그 장벽을 깨는 망치소리가 주술을 부렸는지 그 충격파에 세계를 지배하던 양대축의 하나가 맥없이 무너졌다.

냉전체제하에서 미국에 대적하던 소련은 무기강국이기는 하나 경제강국은 아니었다. 짧은 기간 안에 공업화는 성공했지만 집단농장이 실패한 까닭이다. 시베리아의 식량난은 겨울의 혹한보다 더 무서웠고 구상무역으로 들여온 쿠바의 감자로 허기를 채워야 했다.

구조적인 식량난은 미국과의 대결국면에서도 서방세계에 구호의 손길은 내밀게 만들었다. 소련이 아프가니스탄을 침공하자 미국은 곡물수출금지를 선언하고 나섰다. 식량무기화로 소련의 목덜미로 죄였던 것이다. 냉전시대에 미국의 최대무기는 식량이었다.

냉전체제 이후 세계유일의 초강대국 미국이 세계를 지배하지만 21세기 국제정치 판도에는 변화가 예고된다. 중국이 경제대국으로 부상함으로써 미국과의 대결은 필연적이다. 중국이 고속성장의 가도를 질주하지만 자원부족이란 아킬레스건에 걸려있다.

그 까닭에 성장의 원동력인 석유자원을 확보하려고 미국의 뒷마당인 남미는 물론이고 아프리카, 중앙아시아로 활로를 모색하고 있다. 세력확장을 둘러싼 보이지 않는 갈등이 증폭되는 가운데 미국이 견제정책을 구사하고 있다.

중국의 또 하나의 고민은 식량이다. 중국이 5,000년만에 식량자급을 이룩했다지만 그것은 잠시였다. 산업화-도시화-사막화가 진행되면서 농지를 급속하게 잠식하고 있다. 여기에다 젊은이들이 돈벌이를 찾아 농촌을 떠나면서 이농민이 해마다 1,500만명씩 발생했다. 중국의 곡물수요는 4억8,500만 t 이나 1998년 5억1,200만t을 생산한 이후 줄곧 생산량이 감소하고 있다. 곡물순수출국에서 곡물순수입국으로 전락하여 미국에서 밀을 수입하는 실정이다.

식량공급을 해외에 의존하는 경제대국이란 존재할 수 없다. 이 사실을 잘 아는 중국이 식량증산에 나섰다. 농지세를 2006년부터 아예 없애버렸다. 휴경지에 생산을 재개하고 이농민의 귀농을 독려하고 있다. 그것을 위해 농촌의무교육을 무료화하고 의료혜택을 확대했다. 증산정책은 고도성장에 따른 도시－농촌간의 소득격차를 완화하려는 사회－경제정책의 일환이기도 하다. 심각한 사회문제로 대두된 양극화를 중농정책으로 완화하려는 것이다.

일본은 식량안보를 현실적 위기로 판단하고 자급을 위해 발 빠르게 움직이고 있다. 40%수준인 식량자급률을 45%로 끌어올린다는 계획이다. 2005년 '21세기 신농정－공격적인 농정으로의 전환'을 선언하고 농업체질 개선에 착수했다. 이어 농업정책을 효율적으로 추진하기 위해 관계부처를 망라한 '21세기 신농정 2006'을 추진했다. 일본은 유사시에 휴경지 100만ha을 삽질하면 식량위기는 쉽게 극복된다.

이 나라의 식량자급률은 25%에 불과하다. 쌀을 자급하니 그나마 유지된다. 농업이 죽어 식량을 전적으로 외국에 의존한다면 수출국이 절대로 싸게 팔지 않는다는 점을 심각하게 고민해야 한다. 식량안보의 중요성도 깨달아야 하지만 농업은 생산기능 이외에도 다원적 기능을 가졌다는 점도 알아야 한다. 농업은 식량안보와 함께 홍수조절, 대기정화, 환경보존이라 가치를 지녔다.

FAO세계식량기구는 이것을 농업의 다원적 기능이라고 말한다. OECD는 1998년 농업각료회의에서 이 기능의 중요성을 인정하고 회원국이 확보해야 할 공동목표로서 선언문에 채택했다. WTO는 이 기능을 비교역적 관심사항 non-trade concerns이라고 규정하고 농업의 가치를 존중하고 있다.

논밭이 없다면 비가 와도 그대로 강으로 흘러 바다로 간다. 이 경우 심각한 용수난이 예상된다. 논둑의 높이는 대게 20cm이고 평소에는 3cm 가량만 물을 담는다. 나머지는 비가 오면 저수지 노릇을 하는 셈이다. 논 면적이 계속 줄어 100만ha가 될까 말까하다. 이렇게 계산하면 17억 t 쯤 된다. 이 저수량은 대형 댐 6개의 홍수조절수량보다 많다. 밭의 저수량은 이보다 훨씬 작지만 그 기능 또한 크다.

논밭에서 증발되는 수분은 대기 중에서 열을 뺏어 기온을 낮춰준다. 그 까닭에 농촌이 도시보다 시원하다. 물론 도시에는 빌딩과 자동차에서 열배출이 많기도 하지만 말이다. 논밭이 없다면 여름이 훨씬 무더울 것이다. 논밭은 이 말고도 수질을 정화하고 지하수도 보존한다. 연중 강우량의 65%는 6~9월에 집중되어 홍수가 잦다. 논밭이 있어 웬만큼 큰비가 내려도 토사유실을 막아준다.

공업화-도시화로 산림이 줄어들고 화석연료 사용이 늘어난다. 탄소동화 작용을 통해 탄산가스를 산소로 바꾸는 지구의 자정능력이 그 만큼 떨어진다는 뜻이다. 기상이변이 잦자 지구적 차원에서 온난화 가스 배출을 규제하려는 노력이 강화되고 있다. 이런 상황에서 논밭에서 뿜어내는 산소량을 공업적 가치로 환산한다면 이 또한 막대할 것이다. 논밭이 대기를 정화하며 국민의 허파 노릇을 하는 셈이다.

근시안적으로 국정을 운영하니 눈에 보이지 않는 농업의 가치를 모른다. 식량안보의 중요성을 모르니 개방농정을 부르짖는다. 수자원 확보와 대기정화라는 가치는 더욱 모를 것이다. 자연경관을 보존하고 전통문화를 유지하는 가치 또한 하찮게 여길 것이다. 유럽 국가들은 농업이 지닌 다양한 공익적 가치를 소중히 여기고 농업에 대한 지원을 아끼지 않는다. 생명산업이자 환경산업인 농업을 교역대상으로만 보아서는 안 된다.


## 언론과 싸우다 끝난 언론정책

일반적으로 정치인은 언론과 원만한 관계를 유지하려고 노력한다. 이 같은 자세는 호의적인 보도에 힘입어 정치적 이득을 보자는 계산이다. 그런데 노무현 정권은 출범하기 전부터 언론과 불편한 관계를 보여 왔다.

보도-논평내용에 불만이 있으면 즉각적으로 노골적인 반응을 보였다. 특히 조-중-동이라는 수구신문과 적대관계를 유지하는 데 주저하지 않았다. 조-중-동은 민주당 대통령 경선과정에서부터 노무현 후보를 집요하게 공격했다.

조-중-동은 정권이 출범한 이후에도 사사건건 악의적인 보도-논평을 통해 공격의 강도를 늦추지 않았다. 이 같은 과정을 거치면서 서로 감정적으로 대응하고 그것이 반복되면서 관계가 극도로 악화됐다. 과거의 정권들이 언론과 유착관계를 형성하여 국민을 오도해 왔다는 점에서 정책방향은 바람직했다. 하지만 문제의 심각성은 긴장관계가 아닌 적대관계로 발전했다는 데 있다.

대통령 노무현의 다변이 적지 않은 실언을 낳은 것은 사실이다. 그럴 때마다 조-중-동은 노무현의 부적절한 표현의 말꼬리를 집요하게 붙들고 늘어졌다. 본질적인 내용은 제쳐두고 지엽적인 표현방식과 어휘선택의 문제점을 부각시켜 쟁점화하곤 했다. 적절하지 않는 어휘나 비유를 아주 자세하게 보도함으로써 지도자답지 않은 언사를 쓰는 사람으로 묘사했다.

대통령이 말을 너무 함부로 한다는 인상을 부각시키기 위해 문제나 화제가 될 만한 내용을 집중적으로 과장보도했다. 주류신문의 이 같은 보도행태는 국민들에게 대통령에 대한 거부감을 불러일으켰다. 문제의 심각성은 여기서 그치지 않고 정권신뢰를 실추시키고 정책불신을 조장했다는 점이다.

이런 보도행태는 정권에 정치적 타격을 주려는 의도를 가졌다는 점에서 일종의 적대언론adversary journalism 이란 평가가 가능하다. 기사의 가치를 떠나서 단순히 공격을 위한 공격을 했던 것이다. 여기에 대응하는 노무현 정권의 자세도 비슷했다. 대통령이 직접 나서 조목조

목 불만을 토로했다.

물론 이해되는 대목이 많았다. 입장을 해명하고 설명할 필요도 있지만 악의적인 보도-논평을 인해 지지율이 하락했다는 점에서 적절한 대응일 수도 있다. 하지만 참모들을 제쳐놓고 대통령이 직접 나서 보도-논평에 대해 일일이 대응할 필요가 있었느냐는 문제가 제기된다. 대통령이 직접 나서 대응하거나 관계자가 반박하는 과정에서 감정적인 모습을 너무 많이 보였다.

일종의 관영매체 형식을 갖춘 청와대 브리핑을 통해 정당한 보도-논평내용에 대해서도  문제점을 지적하고 불만을 토로했다. 여기에 더하여 법적 대응도 남발했다. 그 근본적인 원인은 수구신문의 보도행태에 있지만 문제는 이 같은 접근자세가 일반화하면서 언론과 대립감정을 증폭시켰다는 점이다.

노무현 정권의 언론정책이 무엇이었느냐고 묻는다면 그 해답은 부정적이다. 즉흥적인 대응책은 있었지만 정책적 접근은 없었다고 해도 과언이 아니다. 또 특정매체가 아닌 전체매체에게 불편을 주거나 자존심을 해치는 조치를 많이 취했다. 조간신문 가판구독 금지를 한 예로 들 수 있다. 정부의 홍보기능은 언론매체를 통해 국민에게 정책내용-방향을 널리 알리는 것이다.

그런데 정책당국의 자료미비나 취재기자의 이해부족으로 인해 오해가 발생할 수 있다. 이런 문제라면 기사를 빼달라고 부탁할 필요가 없다. 반론권을 당당하게 주장해서 정책의미를 국민에게 올바르게 전달되도록 노력했어야 했다. 그것은 빠를수록 좋다. 그런데 정당한 권리를 포기한 것이 옳은지 자문할 필요가 있었다. 무엇보다도 말단 행정조직에서 가판구독 금지가 얼마나 잘 지켜졌는지 궁금하다.

기자들과 소주 마시지 말라는 문제도 심각하게 생각해 봐야 했다. 기자에게 잘 봐달라고 부탁할 필요가 없다는 뜻으로 짐작된다. 향응, 접대, 촌지는 보도윤리 차원에서 마땅히 근절되어야 한다. 하지만 이런 문제라면 내부지침 정도로도 충분했다. 이것은 국민들에게 기자란 정부관리한테서 술이나 얻어 마시려는 부류라는 인식을 줄 수 있었다. 또 기자라는 직업군에게는 집단적으로 자존심을 해치는 모독적인 조치였다. 이 역시 얼마나 잘 지켰는지 의문이다.

노무현 정권은 출범한 이후 서둘러 기자실을 폐쇄하고 브리핑 룸을 도입했다. 기자실과 같은 거점취재는 취재원과 밀착관계를 형성하는 문제점을 지니고 있다. 따라서 직업윤리를 훼손하는 문제를 일으킬 소지가 많다. 촌지, 향응, 접대의 대가로 취재원의 의도된 이익을 대변하는 경우가 있을 수 있는 것이다. 따라서 기자실 폐쇄는 언론계 내부에서도 오랫동안 논의되어 왔다는 점에서 방향 자체는 타당했다.

기자실은 주류매체 중심으로 운영되어온 폐쇄적 공간이었다. 그런데 언론환경이 급변하면서 기존의 운영방식은 이미 한계에 달해 있었다. 인터넷 매체가 활발하게 활동하면서 기자실을 더 이상 배타적으로 운영하려면 필연적으로 많은 마찰과 반발을 일으킬 수밖에 없었던 상황이었다. 그런데 사전-사후 준비도 되지 않은 상태에서 무리하게 브리핑 룸을 도입해 취재기자에게 많은 불편을 주었고 이 것이 정권에 대한 반감을 불러일으키게 만들었다.

문제는 기자실이 아니라 기자단이다. 직업윤리상의 문제는 배타 적인 기자단과 연관이 있지 기자실이라는 공간과는 상관관계가 적 다. 그런데 이미 개방추세를 보이는 기자실을 무리하게 폐쇄하면서 불필요한 반발을 일으켰다. 정보공개법을 정비하고 정보공개에 거 부적인 관료집단의 의식을 바꾸는 일이 선행되었어야 했다. 기자실 을 먼저 폐쇄한다고 발표하고 브리핑 룸을 만든 것이 잘못이었다.

나중에 반발을 의식했던지 기자실을 폐쇄한 것이 아니라 기자단 을 해체했다고 말을 바꾸기도 했다. 기자단은 임의의 결사체이기 때 문에 정부가 개입할 문제가 아니었다. 특히 사무실 출입제한은 취재 기자에게 많은 불편과 함께 애로를 주었다. 기자들이 무시로 사무실 을 들락거리다보면 공직자의 업무를 방해하는 측면이 있다. 이것은 틀림없이 잘못된 취재관행이고 마땅히 개선되어야 했다.

모든 취재는 대면방식에 의해 이루어진다는 점에서 출입제한은 신축적으로 운영되도록 했어야 했다. 그런데 특정한 공간을 설정하 고 접촉인사를 제한했다. 정부의 홍보기능은 정책의미를 설명하여 국민의 알 권리를 충족시키는 것이다. 그런데 언론사에 관급기사나 제공하는 것으로 잘못 이해하니 이런 정책이 나오는 것이다. 이것도 얼마나 잘 지켰는지 모르겠다.

취재를 직업으로 하는 기자의 입장에서는 불만이 클 수밖에 없었 다. 실제 많은 기자들이 취재애로를 토로했다. 휴대전화를 걸면 안

받고 사무실 전화를 걸면 번번이 회의 중이라는 답변만 들을 수 있었다는 것이다. 그러다 보니 확인작업이 어려워 취재내용에 오류가 나오기 마련이다.

취재 거리는 없고 그래서 가십 거리가 크게 보도되는 경우가 많았다는 현장기자의 솔직한 실토를 들을 수 있었다. 매일 매일 취재 거리를 찾아 나서야 하는 기자의 입장을 이해할 만한 대목이다. 이 같은 취재불만이 누적되다보니 정권에 대한 반감이 쌓인 것이다.

청와대 공보 비서진도 비판적인 언론보도에 대해 아주 감정적인 반응을 보였다. 보도-논평이 사실관계에 근거하지 않은 악의적 내용을 담고 있다면 법적으로 대응하면 되는 것이었다. 이것은 장차 악의적인 왜곡-날조-허위보도를 막기 위해서도 중요했다.

일부에서는 정치권력의 과도한 법적대응은 위축효과 chilling effect를 일으킨다고 비판할지도 모른다. 그러나 실제 악의적인 보도-논평이 난무하는 실정에서는 언론환경의 변화를 이끌어내기 위해서도 필요했다. 그러나 이런 효과적인 대응에도 적극적이지 않았다.

# 제5장

# 구체제로의
## 복　　　귀

# 노무현이 만든 이명박

## (1) 싱겁게 끝난 대선

### 한나라당 끼리의 경선이 본선

노무현 정권은 출범과 동시에 '탄핵돌풍'에 휩싸였다. 그 회오리 바람은 역풍을 몰고 와 2004년 4월 15일 실시된 17대 총선에서 열린우리당이란 급조정당에게 압승을 안겨줬다. 그런데 이상하게도 그때부터 사람들이 다음 대통령은 누가 되겠느냐는 궁금증을 말하기 시작했다. "나도 할 수 있다"는 유행어가 나돌더니 "나는 더 잘 할 수 있다"고 되받아 치는 풍자 짙은 말이 세태를 반영했다.

같은 맥락에서 역대 어느 정권 때보다도 일찍이 언론에 예비주자니 차기주자니 하는 말이 등장했다. 열린우리당의 김근태, 정동영, 천정배가 입각하자 장관 직함 앞에 예비주자니 차기주자니 하는 수

식어를 붙여 그들의 언행에 정치적 의미를 부여했다. 이들과 한나라당의 박근혜, 이명박를 넣어 여론조사를 벌리곤 했다. 그러면 여당 주자는 없어지고 야당 주자끼리 다투는 형국이 반복적으로 나타났다.

대통령 선거전이 중반전에 들어서서도 이른바 범여권에서는 아직 뚜렷한 주자가 출발점에도 서지 못한 반쪽 선거전이었다. 여권과의 무경쟁상태에서 한나라당의 이명박-박근혜가 선두에서 그야말로 자웅을 겨누며 각축을 벌이고 있었다. 한나라당의 예선통과가 사실상 본선승리라는 예측이 지배적인 형국이었다.

본선보다 한나라당에서 더 치열한 예선이 전개되다보니 양측의 검증공세가 갈수록 격렬해졌다. 폭발성이 낮은 정책검증, 능력검증은 뒷전으로 밀려났고 날로 증폭되는 비리의혹이 기선을 잡아 나가는 형세였다. 이명박의 BBK주가조작, 위장전입, 차명재산, 재산은닉, 직권남용 등등과, 또 박근혜의 정수장학회, 최태민 목사관련 등등이 그것이었다.

그런데 양측의 대응자세를 보면 아주 상투적이었다. 무조건 아니라고 부인하고 난 다음에 무고니, 음모니 하는 식으로 나왔다. 막말을 주고받는 공방을 거듭하더니 막판에는 정권배후설, 권력개입설 따위로 본질을 호도했다. 거기에는 구체적인 증빙자료-해명자료도 사실규명도 없었다. 다만 상대방을 비난-공격하는 정치공세만 있을 뿐이었다. 급기야 고소-고발 사태로 이어지더니 검찰까지 불러들였다.

경쟁구도가 형성되지 않자 언론사들은 출마의 뜻을 밝히지 않은 인사들과 대진표를 짜서 여론을 떠보곤 했다. 국무총리를 역임한 고건이 대표적인 인사였다. 하지만 그는 출마할지 말지 확답을 피한 채 고공행진을 즐기는 표정만 지었다. 그러자 언론사들은 서울대 총장을 지낸 정운찬을 불러냈다. 예상과는 달리 지지율이 저조했다. 느닷없이 노무현이 그들의 자격에 시비를 걸고 나섰다. 그 탓인지 두 사람의 지지율은 주저앉았다.

그 사이 열린우리당의 지지율이 줄곧 바닥에 머물렀다. 재집권이 어렵다고 판단되자 반한나라당 세력을 규합한다며 줄줄이 탈당행렬에 섰다. 친노-반노세력이 대립양상을 보이는 가 싶더니 손을 잡고 대통합민주신당이란 정당을 다시 만들었다. 돌고 돌아 왔지만 그 모습은 '도로 열린우리당' 이었다. 한나라당에서 이적해온 손학규나 눈에 뜨일 뿐이었다.

간판은 바꿔 달았지만 국정실패를 반성할 줄 모르니 지지율이 바닥에서 다람쥐 쳇바퀴 돌 듯했다. 정동영, 손학규, 이해찬이 국민 없는 경선을 치르면서 서로 삿대질하더니 정동영이 후보로 뽑혔다. 하지만 승수효과가 없어 지지율이 미등에 그칠 뿐이었다. 정동영이 호남 출신인데도 그 곳에서도 표가 응집할 기미를 보이지 않았다. 한나라당의 고정표처럼 굳은 영남지역과는 이상하게도 다른 모습이었다.

노무현 정권 들어 빈부격차는 더욱 심화되었고 한-미 FTA는 농촌 붕괴를 예고한 상황이었다. 민주노동당 대통령 후보 권영길이 노동자, 농민의 아픔을 보듬겠다고 외쳤다. 그들의 표도 어디로 갔는지 지지율이 정당의 그것에 절반이 될까 말까 할 정도였다.

뒤늦게 기업인 출신 문국현이 불쑥 출사표를 던졌다. 그는 자신의 입지를 '스타탄생'으로 알았는지 몰라도 국민들은 그를 몰랐다. 학식과 덕망에다 인품도 훌륭하다고 알려진 인사들은 여론조사에서 지지도가 잡히지도 않는 모양이었다. 서울대 총장 출신 이수성과 과학기술처 장관을 지낸 정근모가 그들이었다.

1987년 6월 항쟁 이후의 역대 대통령 선거를 되돌아보면 지역구도가 확연했다. 지역연고에 따라 맹목적적으로 지지했다. 아니면 민주-반민주, 개혁-안정, 진보-보수로 나눠 유권자들이 일찌감치 마음을 정하는 편이었다. 그 까닭에 사석에서 지지후보를 놓고 감정 섞인 격론을 벌이기도 했다. 그런데 17대 대통령 선거에서는 그런 모습은 찾기 어려웠다. 오히려 이 후보, 저 후보의 흠집을 들춰내고서는 찍을 사람이 없다며 답답한 심정을 토로했다.

여러 여론조사를 보면 이명박, 정동영, 이회창, 문국현, 이인제, 권영길 후보 등의 순서로 윤곽을 드러냈다. 그러나 응답률이 10%대이고 절반가량이 부동층이라는 사실에 주목한다면 많은 유권자들이 선거일에 임박한 시점에서도 지지후보를 정하지 못해 방황했다는 점을 알 수 있었다. 1987년 이후 가장 많은 12명의 후보가 나왔으나 찍을 후보가 없어 고민했다는 뜻이다.

어쨌든 대선가도에는 한나라당의 이명박의 독주만 있었다. 재산형성을 둘러싼 온갖 추문에도 불구하고 50%대의 지지율로 돌파했다. 그 앞에서는 '묻지마' 만 있을 뿐이었다. 그는 그 숱한 여론조사에서 압도적으로 선두를 달렸다. 그를 둘러싼 온갖 의혹이 꼬리를 물었으나 그것들을 뚫고 단연 1위를 나타냈다.

위장전입, 위장취업, 도곡동 땅, 차명재산, 전과사실 등등 주로 돈과 관련한 추문이 너무나 많았다. 주가조작 혐의가 있다는 BBK가 대선가도를 달구었다. 하나, 하나가 핵탄의 폭발력을 지녔지만 번번이 불발탄에 그치는 모양새였다. 무경쟁이 17대 대통령 선거에서는 돌발변수가 없다는 소리를 정설처럼 굳히는 형세였다.

그런데 결선일을 한 달 쯤 앞두고 이명박이 이회창이란 날벼락을 맞았다. 불법 선거자금 '차떼기'의 주역이란 허울을 지고 살줄 알았던 이회창이 하루아침에 정계은퇴 번복, 한나라당 탈당, 무소속 출마를 선언했다. 그는 단박에 지지율 20%를 뛰어넘으며 이명박의 지지율을 30%대 내려 앉혔다. 그가 한나라당 당원이었으니 이것은 정당정치를 무력화하는 행위였다.

그럼에도 그의 높은 지지율이 진보진영을 소멸시키고 보수세력끼리 대결하는 하는 국면으로 몰고 갔다. 이회창이 좌파정권 타도를 명분으로 내세웠으나 노무현 정권의 경제-사회정책은 결코 좌파적이 아니라는 점에서 소구력이 없었다. 민주당의 이인제가 경선불복이란 멍에에 눌려 날개를 펴지 못했던 모습과는 너무나도 달랐다.

인물검증도 정책검증도 실종해 버리고 저마다 경제대통령이라고 자처했다. 국정전반과 경제일반에 대한 이해가 부족하여 엉뚱한 소리나 늘어놓아도 메아리가 없었다. 국가경영은 상업적인 이윤을 추

구하는 기업경영과는 달라 계층-집단간의 다양한 이해를 조정하고
나아가서 공공성-공익성을 실현해야 한다. 국가경영은 기업경영과
같을 수가 없는 일이다.

하지만 그들은 너절한 공약을 내놓았고 그나마도 실천의지도 국
가관도 엿보이지 않았다. 그런데도 언론도 국민도 묻지 않았다. 대
통령 선거라면 국가미래를 그리는 청사진을 제시해야 하나 그것을
찾을 수 없었다. 책임정치도 정당정치도 실종하고 자질검증도 정책
대결도 증발해 버린 대통령 선거였다. '노무현 심판론' 이 빚은 이상
현상이라고 말하나 그것만으로 설명이 부족했던 선거였다.


## 여야 경선과 이명박의 당선

2007년 2월 1일 한나라당은 대통령 후보의 경선방식, 시기 등을
결정할 경선준비기구인 '2007 국민승리위원회' 를 출범시키고 본격
적인 대선준비에 나섰다. 김수한을 위원장으로 하는 경선위원회는
경선시기를 당헌상의 규정대로 6월 22일 이전에 실시하려고 했으나
손학규가 반발하고 나섰다.

그는 추석인 9월 25일 이후 100만명 이상의 국민선거인단이 참여
하는 방식으로 경선을 치르자고 제안하고 이 방안이 수용되지 않으
면 경선에 불참하겠다는 뜻을 밝혔다. 경선규정 협상이 난항을 거듭
하자 한나라당 대표 강재섭이 '8월 21일 이전, 20만명' 을 중재안으
로 제시했다. 이명박과 박근혜는 이 제안을 수용했다. 그러나 손학

규는 자신의 요구가 반영되지 않았다며 반발하고 3월 19일 한나라
당을 탈당했다.

　이명박과 박근혜는 경선시기와 방식에는 원칙적으로는 합의했다.
하지만 여론조사 방식을 놓고는 이견을 보였다. 이명박은 여론조사
에서 유리하고 박근혜는 당원과 대의원의 지지에서 유리하다고 판
단했기 때문이었다. 이에 강재섭이 선거인단을 20만명에서 23만
1,652명으로 늘이고 투표율이 2/3인 66.7%에 미달되더라도 2/3로
간주해 여론조사의 반영비율에 적용하는 중재안을 냈다.

　이명박은 수용했으나 박근혜는 당헌의 규정보다 여론조사의 반영
비율이 늘어난다며 중재안을 거부했다. 이에 따라 한 때 분당설까지
나돌았으나 양측진영이 경선규정에 합의하여 한나라당은 2007년 5
월 21일 전국위원회를 열고 8월 21일 이전에 선거인단이 전국동시투
표를 통해 후보를 선출하는 내용의 당헌-당규 개정안을 확정지었다.

　한나라당의 예비후보 이명박, 박근혜, 원희룡, 고진화, 홍준표는
2007년 6월 19일 대전을 시발로 전국을 돌며 정책토론회를 열고 7월
1일부터는 시-도별 합동유세를 개최했다. 이명박과 박근혜는 또 여
론조사 문항을 놓고 대립했다. 이명박측은 선호도 방식을 주장한 반
면에 박근혜측은 지지도 방식을 주장했다. 결국 경선관리위원장 박
관용이 나서 지지도와 선호도를 절충한 '대통령 후보로 누구를 뽑는
게 좋다고 생각하십니까?'로 확정했다.

　2007년 8월 20일 개최된 한나라당 전당대회에서 선거인단 선거와
여론조사를 집계한 결과 이명박이 박근혜를 근소한 차이로 누르고

당선되었다. 한나라당 대통령 후보 경선결과는 여론조사 득표수(율)＝이명박 1만6,868명(51.55%), 박근혜 1만3,984명(42.7%), 선거인단 득표수(율)＝이명박 6만4,216명(49.06%), 박근혜 6만4,648명(49.39%), 총득표수(율)＝이명박 8만1,084명(49.56%), 박근혜 7만8,632명(48.06%)이다. 당 밖에서 이긴 이명박이 당 안에서 이긴 박근혜를 이겼던 것이다.

한나라당이 2007년 2월부터 경선을 준비한 것과는 달리 대통합민주신당은 당체제 정비가 늦어져 8월 들어서야 경선준비에 들어갔다. 경선이 늦은 만큼 준비도 소홀해 경선과정에서 적지 않은 문제점을 드러냈다. 경선관리위원회는 2007년 8월 15일 국민선거인단과 일반인을 대상으로 별도의 여론조사를 실시해 이를 50%씩 반영하기로 결정했다.

또 선거인단 모집은 8월 20일부터 시작해 예비경선은 9월 3~4일 실시하여 9월 5일 결과를 발표하기로 했다. 그리고 설문문항을 "대통합민주신당 대통령 후보로 누구를 지지하십니까? 두 명을 선택해 주십시오"로 결정했다.

국민선거인단 예비경선은 국민선거인단 1만명(일반 7,000명, 당원 3,000명)과 일반인 2,400명을 대상으로 여론조사를 실시해 각각 50%씩 반영하는 방식을 채택했다. 9명의 후보를 5명으로 압축하는 예비경선에서 유효투표 1만8,856표 가운데 손학규가 4,667표, 정동영이 4,613표를 얻어 각각 1, 2위를 차지했다.

이어 이해찬, 유시민, 한명숙이 각각 3, 4, 5위의 순위였다. 발표에서 4위와 5위가 뒤바뀌어 후보들이 경선자료의 공개를 요구하는 등 후유증이 적지 않았다. 이에 대해 당대표 오충일이 사과는 했다. 그러나 경선관리위원회가 재확인했지만 문제는 없다는 결론을 내리고 자료를 공개하지 않았다.

예비경선의 부실관리로 내분을 겪은 대통합민주신당은 후보경선에 여론조사를 도입하는 문제로 또 갈등을 빚었다. 2007년 9월 9일 당지도부가 대선후보 경선에 여론조사를 10% 반영한다며 당헌을 개정한 데서 문제가 발단했다.

손학규와 정동영이 당지도부의 제안을 수용함으로써 분란은 일단락되었다. 한편 친노세력의 이해찬과 한명숙은 회동을 갖고 여론조사에 따라 이해찬을 단일후보로 결정했다. 이어 유시민이 후보를 사퇴하고 이해찬 지지를 선언했다.

이에 따라 경선구도는 손학규, 정동영, 이해찬으로 압축되었다. 하지만 경선과열로 인해 각 진영이 선거인단을 경쟁적으로 끌어들이는 과정에서 조직동원이란 문제가 또 불거졌다. 손학규는 경선일정을 취소하고 잠시 칩거에 들어갔다가 복귀하는 일도 있었다. 부산 경선에서는 손학규 진영과 정동영 진영이 조직동원을 둘러싸고 몸싸움을 벌이기도 했다.

급기야 2007년 10월 2일 새벽 손학규와 이해찬이 회동을 갖고 당지도부에 경선일정을 중단하라고 요구하고 나섰다. 10월 3일 당지도부는 이들의 요구를 받아들여 이틀간 경선중단을 결정하는 한편 10월 14일 서울, 경기, 전북 등 8개 지역의 경선을 일시에 치르기로 결정했다. 대통합민주신당은 경선에 국민적 관심을 끌기 위해 휴대전화 투표를 도입했는데 10월 9일 실시된 1차 투표에서는 손학규가 1위를 차지했다. 이어 10월 11일 2차 투표에서도 손학규가 1위를 획득했다.

그런데 10월 14일 실시된 8개 지역 동시경선에서는 정동영이 압승함으로써 10월 15일 지명대회에서 대통령 후보로 선출되었다. 대통합민주신당의 후보별 최종 득표수는 정동영＝지역선거인단 13만996명, 여론조사 환산 2만1,859명, 휴대전화 6만2,138명, 총득표수(득표율) 21만6,984명(43.8%). 손학규＝지역선거인단 8만1,243명, 여론조사 환산 1만7,525명, 휴대전화 7만31명, 총득표수(득표율) 16만8,799명(34.0%). 이해찬＝지역선거인단 5만4,628명, 여론조사 환산 1만216명, 휴대전화 4만5,284명, 총득표수 11만128명(22.2%)이었다.

통합민주당은 2007년 10월 16일 이인제를 대통령 후보로 지명했다. 이인제는 10월 14일 실시된 마지막 지역순회 경선인 광주−전남 지역에서 큰 표차이로 1위를 차지함으로써 여론조사, 대의원 투표 등 남은 일정과 상관없이 민주당 대선후보로 확정되었다.

이인제는 광주−전남 경선에서 유효투표 1만8,880표 가운데 61.8%인 1만1,664표를 얻어 6,078표(32.2%)를 득표한 김민석을 5,586표 표차로 눌렀다. 이로써 이인제가 10차례 지역경선에서 얻은 누적득표가 2만8,175표(56.1%)에 달해 1만1,597표(23.1%)를 얻은 김민석을 1만6,578표 차이로 제치고 사실상 후보로 확정되었던 것이다.

10월 16일 대선후보 선출대회에서 공개되는 여론조사 결과(9,700

표), 대의원 및 선거인단 누락자 우편투표(4,825표)를 김민석이 독차지하더라도 결과를 뒤집을 수 없었다. 이어 신국환 후보가 4,909표(9.8%), 장상이 2,374표(4.7%)의 누적득표를 얻었다.

이로써 이인제는 '대권 3수'에 도전하게 되었다. 이인제는 1997년 대통령 선거에서 낙선하고 2002년 민주당 경선에서 탈락한 데 이어 2007년 12월 대선에 다시 도전하게 된 것이다. 이에 앞서 2007년 8월 23일 문국현이 창조한국당의 후보로, 9월 15일 권영길이 민주노동당 후보로 확정됐다.

3당의 대통령 후보가 확정됨에 따라 17대 대통령 선거는 한나라당의 이명박, 대통합민주신당의 정동영, 통합민주당의 이인제의 3파전으로 전개될 것으로 예측되었다. 그런데 한나라당의 대통령 후보로서 대권에 두 차례나 도전했던 이회창이 2007년 11월 7일 돌연 출마를 선언함으로써 판세는 예측불허로 돌변했다.

이회창의 돌출배경에는 경선에서 탈락한 박근혜의 지원을 염두에 두었다는 강한 추측이 제기되었다. 경선과정에서 이명박-박근혜 양측의 갈등이 증폭되기도 했지만 이명박의 최측근인 이재오가 박근혜에 대한 우회적인 비판을 멈추지 않았기 때문이었다. 예기치 못한 사태가 발생하자 이명박은 이재오를 자진사퇴 형식으로 최고위원에서 퇴진시키는 한편 11월 11일 기자회견을 통해 국정의 동반자로 박근혜와 함께 나가겠다고 강조했다.

박근혜도 이틀 날인 11월 12일 이회창의 출마는 정도가 아니라면서 이명박에 대한 지지를 표명했다. 여기에다 12월 3일 무소속의 정몽준이 이명박 지지를 선언하고 한나라당에 입당했다. 박근혜의 지지와 정몽준의 입당으로 '이명박 대세론'이 더욱 탄력을 받는 형세였다.

반면에 범여권의 후보단일화는 전혀 동력을 받지 못하는 형국이었다. 그 첫째 과제가 대통합민주신당 후보 정동영과 대통령 노무현의 화해였다. 노무현은 열린우리당 창당의 주역인 정동영이 대통합민주신당 창당을 주도한 데 대해 비판적이었다. 정동영이 청와대에 화해의 몸짓을 보냈으나 무반응이어서 두 사람의 사이에 관계회복은 기대하기 어려웠다. 경선주자였던 손학규─이해찬 진영의 유세지원도 소극적이었다.

대통합민주신당과 통합민주당의 후보단일화도 난항을 겪었다. 대통합민주신당 후보 정동영과 대표 오충일, 통합민주당 후보 이인제와 대표 박상천이 2007년 11월 12일 4회담을 갖고 당대당 통합 이후 TV토론을 거쳐 후보단일화를 이룩하도록 결정했다. 하지만 대통합민주신당의 중진과 친노세력이 반대함으로써 양당간의 후보단일화는 무산되었다.

이에 정동영은 창조한국당 후보 문국현에게 후보단일화를 제안했다. 문국현이 처음에는 부정적이다가 김대중이 나서 후보단일화를 역설하자 단일화에 응했다. 하지만 선관위가 공식선거기간에는 후보 단일화 TV토론과 여론조사를 할 수 없다는 유권해석을 내놓는 바람에 무산됐다.

정동영은 12월 18일 선거 전일에도 단일화를 시도했으나 문국현이 거부하여 뜻을 이루지 못했다. 그 배경에는 노무현과 정동영의 불편한 관계가 있다. 정동영에 비판적인 친노세력의 일단이 문국현을 옹립했기 때문이다.

2007년 12월 19일 오후 6시 대통령 선거가 끝나자마자 KBS, MBC, SBS 방송3사는 출구조사를 발표했다. 이명박 후보가 50% 이상 득표하여 정동영 후보를 24~26% 표차이로 누르고 압승할 것이란 예측이 일지감치 나왔다. 선관위의 최종집계 결과에 따르면 이명박 48.7% 1,149만2,389표, 정동영 26.1% 617만4,681표, 이회창 15.1% 355만9,963표, 문국현 5.8% 137만5,498표였다.

## (2) 이명박의 실패

### 국민무시 '강압통치', 국민외면 '불통정치'

이명박은 정권말기 들어 김영삼 정권의 말로를 열심히 쫓아가는 모습이었다. 김영삼은 대통령 당선까지 험로를 겪었다. 김대중과의 대적도 버거운데 돌출변수인 정주영이 그의 잠재적 지지층을 잠식했기 때문이다. 하지만 출범 초부터 국정전반에 걸쳐 과감한 개혁을 단행함으로써 국민적 지지를 폭넓게 얻었다. 그런 그였지만 임기를 1년여를 앞둔 시점에서의 노동법 날치기가 민심이반을 가속화시켜 끝내 식물 대통령으로 임기를 마감하고야 말았다.

이명박의 대통령 당선은 순탄했다. 노무현 심판론이 그의 모든 허물을 덮어줌으로써 손쉽게 승리를 거두었다. 압도적 표차로 대통령에 당선된 이명박은 정권 출범부터 국민은 안중에도 없었다. 집권기간 내내 중요한 사안마다 국민의 의사를 무시하고 밀어붙여 군사작전을 방불케 했다.

그런 그가 임기를 1년여를 앞둔 시점에서 한-미 FTA<sup>자유무역협정</sup>을 날치기함으로써 한나라당을 곤경에 빠뜨렸다. 이어 서울시장 보궐선거에서의 패배는 한나라당을 붕괴위기로 몰고 갔다. 19대 총선을 앞두고 비상대책위원장을 맡은 박근혜는 이명박의 실정을 덮으려고 당명부터 새누리당으로 바꾸었다.

이명박 정권은 출범과 동시에 미국산 쇠고기를 부위와 연령을 가리지 않고 무차별적으로 수입을 허용함으로써 촛불집회라는 미증유의 국민적 저항에 부닥쳤다. 하지만 그의 불통정치는 멈출 줄 몰랐다. 고환율정책, 정실인사, 4대강 사업, 언론장악, 인권탄압 등이 그것을 말한다. 국민적 여론수렴이 필요한 사안마다 경찰의 곤봉을 내세워 국민과 싸우는 형국을 연출해 왔다. 민심이나 여론 따위는 필요 없다는 식으로 밀어붙이는 오기정치였다.

미국산 쇠고기를 미국과 재협상을 통해 연령만 30개월 미만으로 낮췄을 뿐이었다. 한반도 대운하를 밀어붙이다 반대여론이 드세자 보를 건설하는 쪽으로 방향을 우회했다. 대의-의회정치를 근본적으로 부정하는 행위를 서슴지 않았다. 집권이후 해마다 예산안 날치기를 예사로 알았다.

언론악법을 대리투표, 재투표를 통해 날치기했다. 그것도 모자라 온갖 편법-변칙을 동원해 기어코 종합편성채널을 불법상태에서 출범시켰다. 한-미FTA는 단순한 역내교역의 자유화가 아니다. 포괄적 경제통합으로써 한국경제의 미국 종속화를 의미한다. 그런데 사회적 합의도 없이 날치기했다.

김영삼-이명박의 날치기에는 상이점이 있다. 김영삼은 비교적 높은 지지율을 믿었다면 지지율 20%대의 이명박은 관제방송-족벌신문의 여론조작-여론독점을 믿었다는 점이 다르다. 그렇지 않다면 날치기를 상습적으로 그렇게 기세 좋게 밀어붙일 수 없었을 것이다.

FTA 날치기가 그의 퇴임 후에도 후폭풍을 몰고 올 것이 틀림없다. 서울시장 보궐선거 당일 투표소 변경과 선관위 디도스 공격이 공론화되지 않아서 그렇지 투표방해를 노린 부정선거라는 의혹이 짙다. 이것은 수사방향과는 상관없는 국민적 판단이다. 삽시간에 한나라당을 해체국면 직전까지 몰고 간 사태가 두 사건의 중대성-심각성을 말한다.

친인척-측근 비리가 꼬리를 물고 터져 나왔다. 복마전 같은 비리의 판도라 상자가 권력의 중압에 눌려 닫혀있지만 권력누수기에 들어서자 내압이 외압을 견디지 못해 터지기 시작하더니 구속사태가 일어났다. 끝내 정권의 최고실제인 그의 친형 '영일대감' 이상득, 그의 멘토 '방통대군' 최시중, 그의 심복 '왕차관' 박준영이 구속됐다. 이런 상황에서도 정보유통을 통제하려고 SNS<sup>사회관계망</sup> 규제-검열에 열을 올린 것이 이명박 정권이다.

국무총리실 공직윤리지원관실이 정·관·재계와 언론·노동계 인사들을 전방위로 불법사찰한 사실이 밝혀졌다. 파업 중인 KBS 새 노조가 공직윤리지원관실 점검1팀이 2008~2010년 3년간 불법사찰한 문건의 일부를 공개했다. 워터게이트와는 비교도 안 될 만큼 방대한 규모가 충격적이었다. 7개팀을 운영했다니 전체규모는 상상을 초월할 듯했다. 청와대 지시임을 암시하는 'BH하명'이라는 표기가 있고 종결사유, 처리결과 등 구체적인 사찰내역을 수록하고 있었다.

사찰대상자에 대한 인사개입과 실질적 영향도 확인됐다. 이것은 공직자-민간인을 가리지 않고 정권에 비판적인 개인-단체에 대해 무차별적-조직적-불법적 사찰을 자행했음을 의미한다. 방송장악을 노린 방송사의 경영진-노조의 성향분석-인물평가와 함께 구체적인 인사개입이 드러났다. 노무현 정권이 임명한 공직자들도 사찰대상이었다. 대부분 임기를 못 채우고 중도에 퇴진했다.

집권당의 국회의원, 장·차관급, 중간간부에 대한 사찰도 광범위하게 이뤄졌다. 경찰 내부망에 글을 올린 하위직 경찰에 대한 동향도 파악했다. 정권에 비판적인 일반인-시민단체도 포함되었다. 삼성고른기회장학재단, 서울대 병원노조, 화물연대, 현대차 노조, PD수첩 작가도 사찰대상이었다. 불륜행각이 자세하게 묘사되어 사찰대상자의 사생활까지도 염탐, 도청, 미행한 사실도 드러났다.

사찰주체인 공직윤리지원관실은 광우병 촛불시위 이후 탈법적으로 신설된 조직이다. 검찰수사를 보면 사찰내용을 청와대 고용노사비서관에게 보고했다. 청와대가 사령탑이란 추론이 가능한 대목이다. 검찰-경찰의 수사기능을 제쳐두고 초법적 별동대를 운영한 것이다. 정권안보를 위한 비밀사찰조직인 친위대나 다름없다. 대포폰을 사용했다는 사실이 그것을 입증했다.

대포폰은 주로 범죄자, 부랑자, 노숙자의 명의를 도용해 만든다. 범죄자가 통화사실을 은폐해 범죄행위를 감추려고 주로 쓴다. 그런데 청와대가 조직폭력배나 쓰는 대포폰을 사용했다. 사찰관련자에게 돈뭉치를 주고 취직을 알선하려고 했다는 점도 비밀조직의 성격을 말해준다. 검찰이 정권의 보위대 노릇을 하며 축소-은폐수사를 통해 서둘러 종결하려는 모습도 무소불위의 조직임을 암시했다.

이명박 정권은 4대강 사업을 통해 강줄기를 바꾸는 것도 모자랐는지 역사적 사실마저 바꾸려는 저돌적인 행태를 보였다. 집필기준을 고쳐 중학교 역사교과서에서 독재정권, 민주화운동을 지우기로 한 것이 바로 그것이다. 또 민주주의 개념마저 정권적 시각에서 재단하려고 덤볐다. 역사왜곡의 본질적 문제는 그 의도가 대단히 불순했다는 점이다. 이것은 이른바 보수라고 포장한 극우세력의 장기집권을 위한 포석으로 자라는 세대에 왜곡된 역사관-가치관을 주입하겠다는 것이다.

민주주의란 인류가 창출한 보편적 가치로서 자유와 평등이란 양축에 근거한다. 그런데 이명박 정권은 민주주의 앞에 굳이 '자유'라는 수식어를 붙인다. 일견 자유란 민주주의가 추구하는 가치이니 강조의 의미로 치부할 수도 있다. 문제는 그 발상이 냉전적 사고에서 연유한다는 점이다. 북한 헌법이 인민민주주의를 규정하고 있으니 그 대항적 의미로 자유민주주의를 내세우는 것으로 짐작된다.

개정 집필기준은 '이승만 정부의 독재', '박정희의 5·16 군사정변과 1인 장기집권체제', '전두환 신군부의 정권장악', '4·19 혁명', '5·18 민주화 운동', '친일파 청산'을 삭제했다. 그리고는 '자유민주주의가 장기집권 등에 따른 독재화로 시련을 겪기도 했으나…'로 따위로 대체했다. 이승만-박정희-전두환 정권은 반공을 국시로 내세우며 자유민주주의를 강조했다. 그 까닭에 민주주의가 아닌 자유민주주의에 집착하며 그 의도도 독재를 합리화-정당화하려는 의혹이 짙다.

'독재화'라는 생소한 단어에서도 그 의도가 엿보였다. 독재는 독재이지 독재화라는 말이 무슨 뜻인지 묻지 않을 수 없다. 또 '장기집권 등에 따른 독재화'라는 말도 논리가 성립되지 않는다. 독재연장을 위한 장기집권이지 장기집권의 결과가 독재는 아니라는 점에서 논리적으로 모순이 너무 크다. '친일파 청산' 삭제도 이승만, 박정희의 친일행각과 연관성이 깊은 것으로 유추된다.

이승만의 '발췌개헌안 날치기', '부산정치 파동', '4사5입 3선개헌', '3·15 부정선거', 박정희의 '5·16 군사쿠데타', '3선개헌안 날치기', '비상조치', '긴급조치', '위수령', '계엄령', '유신체제', 전두환의 '12·12 군사반란', '언론인 집단해고', '삼청교육대', '광주학살' 등등. 당시의 진상과 참상을 목도하고 고통을 겪은 많은 국민들이 생존해 있는데 교육과학부 장관이란 일개 임명직이 역사적 사실을 부인한 것이다.

'4·19 혁명', '5·18 민중항쟁'의 삭제는 국민의 정당한 저항권을 부정하는 행위다. 이 또한 독재정권을 합리화-정당화하려는 의도로 보인다. 인류의 역사는 압제에 대한 피나는 항쟁으로 점철되어 왔으며 그 투쟁이 밑거름이 되어 오늘날의 민주주의를 꽃피웠다. 그런데 이명박 정권은 그 숭고한 가치를 훼손하려고 덤벼들었다. 역사마저 부정하는 행위를 주저하지 않았던 것이다.

2차 대전 이후 100여개의 신생독립국이 태어났다. 그 중에서도 한국이 분단과 전란에 이어 독재를 겪고도 산업화와 민주화를 동시에 이룩한 대표적 국가로 꼽힌다. 자라는 세대가 현대사에 대한 올바른 이해를 통해 성찰의 기회와 함께 자긍심을 갖도록 해야 한다. 그런데 이명박 정권이 정권적 차원에서 역사를 왜곡함으로써 지지기반을 확충할 수 있다고 믿었다면 그것은 불행한 착각이 아닐 수 없다.

역대 독재정권이 정권유지의 방편으로 반공교육에 몰두했지만 4·19 혁명, 6월 민주항쟁으로 무너졌다는 사실을 깨달았어야 했다. 이명박 정권을 규정한다면 한마디로 구체제 Ancien R'egime 로의 복귀이다.


## 광우병 파동이 부른 국민적 저항 촛불시위

미국에서 광우병 파동이 나서 한국이 2003년 12월 쇠고기 수입을 중단했다. 그런데 노무현 정권이 한-미 FTA 타결을 위한 4대 선결 조건의 하나로 미국산 쇠고기 수입을 재개했다. 30개월 미만의 살코기만 수입키로 했던 것이다. 그런데 검역과정에서 갈비뼈가 상자 채로 발견되고 위험물질인 척추까지 검출되는 소동이 반복됐다. 그래서 2007년 10월로 미국산 쇠고기에 대한 검역이 중단된 상태였다.

정권이 바뀌어 이명박이 대통령에 취임하자마자 미국에 가서 그 빗장을 모두 풀어버렸다. SRM <sup>광우병특정위험물질</sup>을 제외하고는 연령제한 없이 모든 부위를 수입하도록 문을 활짝 연 것이다. 광우병의 잠복기간은 소의 경우 3년이라 수입기준을 출생 30개월 미만 뼈 없는 살코기로 제한했는데 그것을 풀었다.

광우병을 우려하는 목소리가 높아지자 청와대를 비롯한 집권세력이 쏟아내는 말이 너무 천박하고 저급하기 짝이 없었다. 값싸고 질 좋을 고기를 먹게 됐다, 광우병이 무서우면 먹지 마라, 구제역과 달라 전염병이 아니다, 96개국에서 미국산 쇠고기를 수입한다, 3억 미국인은 물론이고 미국교포나 유학생이 먹어도 뒤탈이 없다. 미국 가서 햄버거 실컷 먹고 나서 딴 소리한다는 따위가 그것이다.

문제의 본질은 질병의 위험성이다. 국민들은 값을 따지는 게 아니었다. 국민건강을 지켜야 할 정부가 검역주권을 포기한데 대한 불만과 광우병에 대한 공포를 토로한 것이다. 노무현 정권이 한-미 FTA 선결조건으로 쇠고기 수입을 재개한 사실을 국민들은 너무나 잘 알고 있었다. 그런데 FTA와 무관하다니 뚱딴지같은 소리도 늘어놓았다.

집권세력은 96개국 사람들이 미국산 소고기를 수입해 먹는데 왜 시끄럽게 떠드느냐는 식으로 나왔다. 한국 등 7개국이 90% 이상 수입하고 나머지 국가는 수입실적이 미미하다. 멕시코는 NAFTA<sup>북미자유</sup><sup>무역협정</sup> 체결국이지만 30개월 미만으로 제한하고 있다. 같은 체결국이

미국산 쇠고기 수입금지 촛불시위. 2008년 5월 청계천
에서 여중생들이 처음 들었던 촛불의 물결은 국민의 분
노를 태우며 꺼질 줄 몰랐다.

지만 캐나다는 광우병 발병국가라 완전개방이다. 일본은 20개월 미
만 뼈 없는 살코기로 제한하고 대만, 이집트, 홍콩도 미국산은 30개
월 미만 뼈 없는 살코기로 제한한다.

그런데 이명박 정권은 무차별적으로 개방했다. 생후 30개월 미만
인지 확인이 불가능한 햄, 소시지 같은 가공품까지도 포함해서 수입
을 허용했다. 소는 20개월간 키우면 성우가 된다. 육우라면 사료 값
을 많이 들여 더 오래 키울 이유가 없다. 30달 이상은 젖소가 아니면
씨받이 암소라 고기질이 나쁘다. 그 까닭에 미국 사람들은 주로 20
개월 미만 송아지고기 veal 를 먹는다.

2008년 5월 청계천에서 여중생들이 처음 들었던 촛불의 물결은 국민의 분노를 태우며 꺼질 줄 몰랐다. 장대비에도 도심 곳곳으로 번져 서울의 밤을 밝혔다. 어린 여학생들이 촛불을 들었던 그 자리를 세대와 계층을 뛰어넘어 가족, 연인, 친구끼리 손을 잡고 채웠다. 청와대롤 향해 미친 소를 반대하던 함성이 독재타도, 정권퇴진이란 반향을 일으키며 전국에 메아리쳤다. 촛불저항이 시민불복종운동으로 승화되어 민주주의의 새 장을 쓰고 있었던 것이다.

촛불저항은 대통령 인수위 시절부터 잉태되었다. 설익은 정책을 쏟아내며 국민을 너무 당혹하게 만들었다. '강부자', '고소영'으로 이어지는 무자격자–무능력자의 인사파동은 국민에게 절망감을 안겨졌다. 공직자로서는 허물투성이들이건만 'best of best'(최고 중의 최고)라는 말로 덮어버렸다. 거기에는 민의를 조롱하는 독선만 있었을 뿐이다.

집권세력이 쏟아내는 말, 말, 말이 너무 어지럽더니 숱한 일을 저지르고 말았다. 국민은 미국산 쇠고기 수입을 반대한 게 아니다. 일본처럼 광우병 위험성이 적은 살코기만 사먹자는 것이었다. 그런데 그들은 미국 축산업자를 두둔하는 소리만 골라서 내뱉었다. 그것도 국민건강을 걱정하는 소리를 괴담으로 치부했다.

미친 소를 감싸는 허튼소리를 이 입, 저 입이 늘어놓더니 국민을 뿔나게 만들었다. 광우병 쇠고기뿐이었다면 촛불이 들불처럼 번지지 않았을 것이다. 운하만 해도 환경재앙을 염려하는 국민은 안중에도 없었다. '한다', '안 한다'. '물류'가 아니고 '관광'이다. '운하'

가 아니고 '치수'이다. '정부주도 사업이다', '아니다' 등등 수시로 말을 뒤집었다. 그것도 모자라 국민을 계몽하려고 들었다.

정부의 중요한 기능은 국민의 이익과 직결된 공적기능의 수행이다. 민간영역에 맡기기에는 투자규모가 크고 공공적 성격이 강한 분야를 정부가 운영하는 것이다. 보건, 철도, 전기, 수도, 도로, 항만, 가스, 방송, 금융 등이 이에 해당한다. 그래서 막대한 국민세금을 투입해서 기반시설을 확충한다. 그런데 국민적 논의도 없이 민영화하겠다며 난리였다.

민영화의 본래 뜻은 사유화 privatization 이다. 국민의 재산인 공적영역을 돈 몇 푼 받고 거대자본─외국자본에게 넘기겠다는 소리다. 이명박 정권은 잇단 실정을 소통부족으로 치부했다. 언론 탓이라며 언론장악을 노골적으로 획책했다. 군사독재 시절을 떠올리는 언론통제술을 동원했던 것이다.

민심이반이 촛불저항을 불렀다. 그런데 배후세력을 척결한다며 좌파니 반미로 몰아갔다. 경찰은 비폭력 시위에 물대포, 군화발, 방패찍기로 대응하며 야만성과 폭력성을 자랑했다. 폭력경찰의 행태도 군사정권과 판박이로 닮았다. 1987년 6월 항쟁 때는 명동 성당에 지도부가 있었다. 촛불집회에는 딱히 지도부랄 조직도 없었고 누가 누구한테 지시할 수도 없었다. 포털사이트 토론방 '아고라'에서 정보를 나누고 토론하며 촛불을 들었다.

운동 가요는 없었고 해학과 풍자가 넘쳐났다. 젊은 엄마들의 유모차 부대, 예비군 병장들의 호위에 김밥부대도 등장했다. 주류언론에 대한 불신이 인터넷 생중계, 디지털 기기로 무장한 1인 미디어를 불렀다. 거리시위만 이뤄지는 것이 아니었다. 무수한 네티즌들이 집에서 인터넷 동영상을 보고 댓글을 달며 사이버 촛불시위에 참여하고 있었다.

## 이륙도 못한 엉터리 'MB 747'

이명박 정권은 2008년 2월 'MB 747'이란 거창한 기치를 흔들며 기세 좋게 출범했다. 집권 5년간 경제성장률 7%, 10년내 국민소득 4만달러, 세계 7대 경제대국을 달성하겠다는 포부였다. 결론부터 말하면 성과는 반 토막에도 못 미친다. 2012년 2/4분기에는 경제성장률이 2.4%로 뚝 떨어졌다. 그런데도 4년간 평균 경제성장률이 미국의 0.25%보다 월등히 높은 3.1%이라고 자랑했다. 중국, 인도와 같은 신흥공업국과는 비교조차 하지 않았다.

1인당 국민소득도 2011년 2만759달러로 2만달러를 겨우 넘긴 수준이었다. 경제규모도 여전히 12~13위권에 처져있었다. 'MB747' 경제공약은 정책전략—의지도 없이 잠재성장력을 무시한 청사진이어서 처음부터 한낱 정치구호에 불과했다. 제대로 이륙도 못한 채 불시착한 것은 어쩌면 당연했다.

이명박 정권은 출범부터 'business friendly'란 말로 친재벌 정책을 표방하면서 서민경제는 뒷전에 뒀다. '저금리–고환율' 정책이 그것이다. 저금리로 기업의 금융비용을 경감해주고 고환율을 통한 수출촉진으로 경제성장을 주도한다는 것이다.

그러나 'MB747'이란 성장잠재력을 도외시했다는 점에서 엔진을 탑재하지 않은 항공기와 다름없다. 그럼에도 무리하게 밀어붙여 그 후유증과 부작용이 고물가로 나타났다. 결과적으로 소득계층간의 양극화와 수출기업-내수기업, 대기업-중소기업의 발전불균형을 더욱 심화시켰다.

이명박은 '경제대통령'을 자임하고 나섰지만 경제정책의 방향은 'business friendly'가 말하듯이 친재벌 정책이 골격을 이뤘다. 반대 여론을 묵살하고 출자총액제한제도를 폐지했다. 재벌기업의 무분별한 사업확장과 재무구조 부실화를 막는 장치를 없애버린 것이다. 또 균형 있는 경제발달과 경제적-사회적 약자를 보호하는 규제까지 완화 내지 철폐했다.

재벌이 자본-지식-기술-정보에서 열위에 있는 중소기업-자영업자의 존립기반을 와해시킬 근거를 만든 것이다. 고환율 정책을 고수함으로써 수출대기업에 특혜적 환차익을 베풀고 대신에 국민에게는 고물가의 고통을 안겨주었다. 돈이 넘쳐나자 재벌3세들이 중소기업-자영업자의 사업영역을 침탈해 실업자가 양산되고 있다.

4년 동안 35개 재벌그룹의 계열사가 무려 393개나 늘어났다. 유통재벌이 골목상권을 초토화한데 이어 재벌3세들이 중소기업-자영업자의 영역을 가리지 않고 침탈하고 있다. 미국에서 돈 벌만한 소비사업을 눈여겨보고 와서 돈벼락을 쳐서 영세사업자를 몰아내고 있다. 유통시장, 사치품수입, 외식사업 등이 주류를 이룬다.

빵집, 술집, 밥집, 옷집 등이 고급스런 서양풍이 나면 그 뒤에 재벌3세가 도사리고 있다고 보면 틀림없다. 고급화-고가화 전략을 통해 중소기업-자영업자를 공략하는 것이다. 친재벌 정책이 부자를 더 부유하게 빈자를 더 빈한하게 만들었다. 재벌의 영세업종 침탈에 대한 국민적 반발이 커지자 총선, 대선을 앞두고 각 정당이 재벌개혁을 화두로 떠올린 것도 그 까닭이다.

경실련이 30대재벌의 상장계열사를 분석한 결과 2010년 현재 전체 상장기업에서 총자산의 55%, 매출액의 67%, 당기순이익의 75%를 차지할 정도로 경제력이 더욱 집중된 것으로 나타났다. 특히 도소매업의 경우 30대재벌의 상장도소매업체들이 유통시장을 거의 장악해 대기업과 중소기업의 양극화가 심각한 수준에 달한 것으로 조사됐다.

30대재벌의 계열 상장도소매업체가 전체 상장도소매업체에서 차지하는 비중이 총자산은 81%, 매출액은 86%을 차지했으며 당기순이익률은 무려 111%로 나타났다. 반면에 중소 상장도소매업체들은 유통재벌의 시장침탈에 따라 대부분 적자를 봤다는 것이다. 이에 따라 30대재벌의 상장 도소매업체가 2007년 19개사에서 2010년 25개사로 6개사가 증가했다.

이명박 정권이 집권기간 내내 국민적 반대를 무릅쓰고 4대강 사업이란 기념비적 상징물 만들기에 몰두해 국력을 탕진했다. 미래세대가 먹고 살 성장동력에 투자해야 할 재원을 강바닥에 퍼부은 꼴이다. 그 결과 한국사회의 고질병인 빈부격차와 부문간의 불균형이 4

년간 더욱 심화되었다.

고환율 정책에 따라 수출기업-내수기업의 불균형, 친재벌 정책에 따라 대기업-중소기업의 불균형이 더 벌어졌다. 수출기업의 매출액이 14.5% 증가했지만 내수기업은 5.1% 증가에 그쳤다. 2008~2010년 중소기업의 총자산 세전순이익률이 3.47%에서 3.43%로 줄었다.

소득격차에 따라 계층간의 양극화도 더욱 벌어졌다. 소득불균형을 나타내는 지니계수가 0.293(2008~2010년 평균)으로 1993년 이후 가장 높은 수준에 달했다. 지니계수는 0과 1 사이의 값으로서 0에 가까울수록 소득이 균등하게 배분됨을 나타낸다.

경제상황을 무시한 저금리-고환율 정책을 고수함으로써 그 후유증과 부작용이 고물가, 전세난의 형태로 나타나 서민경제의 숨통을 죄었다. 원유 등 국제원자재 가격이 상승세를 타는 상황에서 고환율 정책을 고수함으로써 수입물가를 앙등시켜 국내물가에 그대로 반영되었다. 여기에다 재정-금융팽창에 따른 통화팽창이 물가상승을 압박했다.

정부통계를 볼 필요도 없었다. 물가가 올라도 올라도 너무나 올랐다. 식료품뿐만 아니라 각종 공공요금이 공공행진을 계속했다. 주부들의 장보기가 겁난다는 말이 실감 났다. 5,000~6,000원 하던 점심값이 보통 8,000원으로 뛰어 올랐다. 점심값이 부담스러워 김밥으로 점심을 때우는 봉급생활자들이 적지 않다. 2011년 가계순저축률이 2008년 이후 가장 낮은 2.7%로 떨어졌다. 소비자물가상승률이 4.0%

로 뛰어올라 먹고살기도 어려워 저축여력이 크게 줄었기 때문이다.

물가관리를 위해서는 통화-금융-환율-조세정책을 통한 종합관리가 필수적이다. 그런데 행정력을 동원한 물가통제에만 매달렸다. 유효한 정책수단은 쓰지 않고 군사정권 시절 완장 차고 제조-판매업체에 나가 단속하듯이 관권이나 동원했다. 군사정권 시절에는 국세청이 전담기관 노릇을 했는데 이명박 정권 들어서는 기획재정부, 지식경제부, 공정거래위원회, 행정자치부가 앞장서고 있어 전 정부부처가 물가단속기관처럼 행세했다.

2008년초 소위 'MB물가지수'라고 해서 52개 주요 생필품을 선정해 집중적으로 관리한다고 발표했다. 하지만 실효가 전혀 없었다. 강압적인 단속에도 불구하고 과거처럼 기업들이 녹녹치 않게 나왔다. 식품가공업체들이 보라는 듯이 값을 올렸다. 기름 값을 내린다고 정유사를 압박하는 소리는 요란했지만 주유소에서는 먹히지 않았는지 내리는 둥 마는 둥하다 제자리로 돌아섰다.

물가와 함께 전세값도 크게 뛰었다. 닥터아파트 조사에 따르면 이명박 정권 들어 4년간 서울을 포함한 수도권 아파트 전세값이 평균 24.3%나 올랐다. 통계청 자료를 보더라도 전-월세 가격지수가 2009년 1.6%, 2010년 1.9%, 2011년 4.0%로 해마다 올랐다. 현대경제연구원의 보고서에 따르면 가계의 총소비지출에서 주거비가 차지하는 비율인 '슈바베 지수'가 2007년 9.71%에서 계속 올라 2011년 10.15%로 뛰었다. 이것은 2003년 통계를 작성한 이후 최고치였다.

소득하위 20%인 1분위 계층의 주거비 부담률이 16.45%로 상위

20%인 5분위 계층의 7.95%보다 두 배 이상 높았다. 슈바베 계수는 주거임대료, 수도-광열비 등 주거와 직접적으로 관련된 소비지출을 포함한다. 특히 가계실질소득이 2006~2008년 6.4% 증가했지만 이명박 정권 들어 2009~2011년 증가세가 2.6%로 뚝 떨어졌다.

대학생들의 반값 등록금 투쟁 뒤에는 주거비 앙등이 도사리고 있었다. 등록금이 많이 오르기도 했지만 전-월세값이 너무 뛰어 잠자리 구하기가 너무 어렵다. 전세대란이 대학가에도 직격탄을 날린 것이다. 지방 출신만이 하숙이나 자취를 하는 것이 아니다. 취직시험을 준비하느라 통학시간을 줄이려고 학교 부근에 둥지를 트는 학생들이 많다. 기숙사 들어가기는 하늘의 별따기다.

원룸은 전세파동에 밀려난 신혼부부들의 차지가 됐다. 학기가 바뀔 때마다 보증금과 월세를 올려달라는 바람에 대학가를 떠나 더 싼 하숙집, 자취방, 고시원을 찾아 헤매도 싼 방이 거의 없었다. 뉴타운 개발로 옥탑방, 지하방이 많이 사라졌기 때문이었다. 학교에서 멀리 떨어진 곳에 방을 얻으면 교통비도 만만찮다. 다리 뻗고 내 몸 하나 누울 공간을 찾지 못한 그들은 절망하고 있었다.

소득은 늘지 않는데 물가와 전-월세가 뛰자 가계부채가 폭발적인 증가세를 보였다. 한국은행 자료에 따르면 2011년말 가계부채가 912조8,810억원이었다. 2007년의 665조2,950억원에 비해 4년간 무려 37.2%인 247조5860억원이나 증가한 것이다. 가구당 평균 가계부채가 5,265만원이니 이자율을 5%만 쳐도 연간 이자부담액이 250만원이나 되는 셈이었다.

가계부채나 다름없는 자영업자 대출잔액도 2011년말 102조8,000억원에 달했다. 사실상 가계부채가 1,000조원을 넘어선 셈이다. 경제상황에 따라 가계부채가 언제든지 폭발할 위험을 안고 있는 뜻이다. 당장은 소비부진에 따른 내수위축이 경제성장의 덜미를 잡고 있었다.

이명박 정권 경제정책의 가장 큰 실책은 미래의 성장동력을 잠식해 버렸다는 점이다. 국민적 반대를 무시하고 한정된 재원을 4대강 바닥을 파헤치는데 탕진했다. 그것도 모자라는지 국민적 반대를 무릅쓰고 끝내 한-미 FTA<sup>자유무역협정</sup>의 발효시켰다. 한-미 FTA는 단순한 역내교역의 자유화가 아니다. FTA와 충돌하는 한국법률을 개폐해야 한다. 다시 말해 한국경제의 미국 종속화를 의미하는 것이다.

미국과 EU<sup>유럽연합</sup>와의 FTA도 모자라 중국과도 맺는다고 서둘렀다. 소수의 대기업 경쟁력을 믿고 세계최강대국과 자유무역을 벌여 이긴다고 생각했다면 그것은 무지와 착각에서 비롯된 것이다. 왜 일본이 미국, EU, 중국과 FTA를 맺지 않는지 알 리가 없었을 것이다. 그의 집권 기간 내내 어디에도 그가 말하는 '경제대통령'을 찾을 수 없었다.


## 미래 성장동력 까먹은 4대강 사업의 성역화

인간의 젓줄인 강은 태고 적부터 흐른다. 보를 쌓아 물을 가두면 흐름이 막혀 강은 썩기 마련이다. 고인 물이 썩는 것은 자연의 이치다. 그 물을 걸러서 마실 수 있을지 큰일이다. 어패류와 수초의 서식지를 파헤치니 생물다양성이 파괴된다. 16곳에 보를 만들어 거대한 저수지가 생기면 주변지역이 침수피해를 입고 그 일대에 기상변화가 일어난다.

안개가 끼는 날이 많아질 테니 일조시간이 줄어 농작물 피해 또한 심각할 것이다. 안동댐, 소양댐이 그것을 말하고도 남는다. 그럼에도 이명박 정권의 한반도 대운하에 대한 집착은 거의 편집광적이었다. 대통령에 당선되자마자 밀어붙이기 시작했다.

여론의 향배에 따라 '한다', '안 한다'를 반복하더니 투자재원을 '재정'이니, '민자'니 하며 말을 예사로 바꿔 국민을 혼란케 했다. 또 '물류'라더니 '관광'과 '환경'으로 말을 뒤집었다. 사업비도 고무줄처럼 멋대로 '늘렸다', '줄였다'를 반복했다. 그래도 반대여론을 의식했던지 2008년에는 4월 총선거가 가까워지자 '대운하'를 관련부처 업무보고에서도 빼고 공약집에서도 감췄다.

'운하'라는 말을 숨기고 '치수'로 호도하더니 결국 '4대강 살리기 사업'으로 가닥을 잡았다. 기어코 2009년 10월에는 착공한다며 막무가내로 나갔다. 이 과정에서 정권의 신뢰는 추락하고 4대강 사업에 대한 국민의 불신은 증폭되었다.

이명박은 대선후보 당시 한반도 대운하를 100% 민자로 추진하며 사업비는 10조원을 약간 넘는 수준이라고 말했다. 민자로 재원을 조달한다더니 어떤 설명도 없이 슬그머니 재정으로 바뀌었다. 사업비 계산도 주먹구구식인지 사업규모를 대운하에서 4대강 사업으로 축소했는데도 22조원으로 2배 이상 늘어났다. 여기에다 연계사업인 유람선, 문화공간, 자전거길, 산책로, 체육시설, 관광시설 따위를 더하면 사업비는 30조원으로 불어난다. 당초보다 사업규모가 축소되었는데도 공사비가 3배 가량 증액된 셈이다.

산출근거의 정확성에 대해 의문을 제기하지 않을 수 없었다. 이런 계산법이라면 과연 이 사업비를 가지고 정상적으로 사업을 추진할 수 있는지, 임기 내에 공사를 마무리할 수 있는지 하는 강한 의구심이 들었다. 그것을 의식했는지 '돌관공사'라고 해서 공사를 밤낮으로 밀어붙여 많은 부실공사와 함께 많은 인명피해를 초래했다.

이명박 정권은 대운하가 아니라 4대강 살리기 사업이라고 강변하나 생태계를 파괴한다는 비판과 함께 운하로 가려는 술수라는 전문가들의 질타가 그치지 않았다. "홍수피해는 주로 하천에서 일어나는데 4대강에 보洑를 설치한다고 홍수를 막을 수 있느냐?", "낙동강에만 8개의 보를 설치하는데 여기에다 갑문만 달면 운하가 된다", "낙동강에서 4.2억㎥의 엄청난 물량을 준설하는데 이것은 수심 6m를 확보해 화물선을 띄우려는 것이 아니냐?", "물은 산간지방이나 도서지역에서 부족한데 낙동강에 보를 설치해 13억㎥의 물을 확보하려는 것은 운하로 가려는 것이다" 등등 운하에 대한 의구심이 끊임없이 제기되었다.

"보로 물을 막으면 저수량이 늘고 용존산소 공급이 느려져 조류가 발생한다", "보를 건설해 악화된 수질을 개선하기 위해 3조4,000억원을 따로 투입한다는데 이것은 예산낭비다", " 초대형 공사임에도 4

개월만에 마스터플랜을 확정하고 9개월만에 착공하는데 이것은 졸속공사이다, 또 공사기간도 너무 짧다" 등등 수질악화와 졸속계획의 위험성을 경고하는 소리가 이어졌다.

하지만 집권당인 한나라당에서는 4대강 사업을 불촉의 성역으로 아는지 침묵으로 일관했다. 2009년 정기국회에서 2010년도 예산심의를 앞두고 한나라당에서 4대강 예산이 편중편성됨에 따라 지역숙원사업 예산이 줄자 불만이 표출되었다. 그것도 한 순간이었다. 청와대에서 함구령이 떨어져 4대강 사업이 성역임을 다시 확인했다.

이명박 정권이 말하는 4대강 사업이 운하이든 치수이든 한반도 남쪽의 물줄기를 바꾼다는 점에서 역대최대의 국책사업임에 틀림이 없다. 한번 파괴된 자연은 복구가 불가능하다. 이 점에서 구간별-단계별-사업별로 면밀한 환경적 타당성 조사가 중요했다. 대운하를 추진하던 시기와는 달리 2008년 9월 세계적 금융위기가 내습해 집단도산과 고용파괴가 일어나고 있었다.

이런 위기상황에서는 투자효율을 최대화하기 위해 경제적 타당성 조사도 필수적이었다. 2009년 재정적자가 51조6,000억원에 달해 국가부채가 366조원으로 늘어날 전망이었다. 이렇게 재정적자가 급증하는 상황에서 한정된 재원을 효율적으로 배분하자면 먼저 국책사업의 완급을 조정했어야 한다. 과연 토목사업인 4대강이 최우선순위가 되어야 하는지 면밀한 분석-검토가 선행되었어야 했다.

다시 말해 미래산업에 집중투자함으로써 성장동력과 함께 고용창출을 키우는 사업을 최우선순위로 잡아야 하는 상황이었다. 4대강과 같이 시급하지 않은 사업은 후순위로 정하는 것이 옳았다. 그런데 생산적 토론이 없는 상태에서 일방적으로 밀어붙였다. 토목사업은 건축사업과 달리 산업연관효과가 낮아 일자리가 별로 없다. 중장비를 동원해 흙을 파내고 덮고 싣고 하기 때문에 기술자-기능공을 크게 필요로 하지 않는다.

4대강을 따라 하천둔치에서 농시 짓는 많은 농민들이 삶의 터전을 잃고 쫓겨났다. 하천부지는 국유지다. 점용허가를 받은 농민에게는 1㎡당 3,533원의 2년치 영농손실 보상금을 줬다. 이 돈으로는 대체농지를 구하기는커녕 당장 생계를 꾸리기도 어려웠다. 문제는 지역에 따라 허가를 받지 않은 농민이 훨씬 더 많다는 점이 심각했다. 성주군의 경우 점용허가면적은 1ha에 불과한데 허가받지 않은 경작지가 57ha나 되었다.

국토해양부 자료에 따르면 4대강 하천부지 전체규모는 5,425만 3,000㎡이었다. 이곳에서는 주로 감자, 참외, 오이, 수박, 토마토, 파, 배추, 무 등 밭작물을 재배해 인근도시에 공급했다. 신선 채소류는 저장성이 낮아 공급이 10%만 달려도 가격파동이 일어난다. 4대강 사업이 본격적으로 추진되면서 채소류 값이 폭등하는 사태가 일어났다.

이명박 정권이 4대강 사업을 밀어붙이는 동안 종교를 달리하는 많은 성직자, 신도들이 4대강을 찾아가 죽어가는 강의 아픔을 달래려고 숱한 기도를 올렸다. 종교계가 아무리 자연재앙을 말해도 듣지 않자 생명의 강을 구하려고 행동에 나서 전경들과 몸싸움도 많이 벌렸고 많이 연행되기도 했다.

하지만 강의 신음은 집권세력의 귀에 와 닿지 않는지 굴삭기의 굉음이 점점 요란해졌다. 강바닥을 파헤쳐 준설토사가 산더미를 이루었다. 퇴적물을 걷어내니 악취가 진동했고 그 일대가 중금속 오염으로 중병을 앓았다. 파일을 박고 강줄기를 틀어막으니 흙탕물이 넘쳐났다. 둔치를 갈아엎는 바람에 그 곳을 삶의 터전으로 삼던 많은 농민들이 쫓겨났다. 강을 끼고 인류의 문명이 발상했으니 많은 매장문화재가 쏟아졌으나 덮기에 바빴다.

이명박 정권 들어 관변단체-어용단체의 활약상이 두드러졌다. 정부정책에 비판적인 시민-사회단체들을 신문하단 통단광고를 통해 좌파나 좌빨이라고 매도하며 공격했다. 4대강 사업도 예외가 아니었다. 그런 큰돈이 어디서 나는지 알만한 일이다. 그들은 시민-사회단체 집회에 전경보다 먼저 나타나 욕설, 위협, 시비를 일삼고 구호도 연호했다. 법원판결이나 방송보도를 트집 잡아 규탄집회를 갖기도 했다. 이런 모임에서는 전경이 곤봉을 접고 방관만 했다.

2010년 6·2 지방선거가 다가오자 정권 차원에서 우호적 여론조성을 위해 전방위 홍보활동을 강화했다. 국토해양부가 4대강사업추진본부와 산하 5개 지방국토청에 홍보담당 전문인력을 배치하고 공직자 교육도 강화했다. 우호단체들로 하여금 찬성 성명서를 발표하도록 추진했다.

방송이든 신문이든 주류매체는 4대강 살리기가 죽이기라고 말하지 않았다. 방송은 낙하산 사장을 투하해 장악했고 신문은 종합편성채널이란 방송을 미끼로 낚았기 때문이었다. 이 나라에서 역사적으로 4대강 사업보다 더 큰 환경파괴 사건이 없었음에도 외면했다. 자연훼손, 수질악화만이 문제가 아니었다. 국론분열, 예산낭비 또한 막대하나 본 척도 하지 않았다.

기사가치를 집권세력의 정치적 이해득실을 따져 판단하여 언론의 사명을 방기하고도 부끄러움을 몰랐다. 다만 소수의 비주류매체가 그 심각성을 고발하나 영향력이 미약해 거의 들리지 않는 형국이었다. 언론이 거짓말을 능사로 알고 참말을 마다하니 종교인들이 나섰지만 이명박 정권은 그들의 호소에도 귀를 기울이지 않았다.

## 장기집권 음모 방송장악과 조중동 방송

KBS, MBC를 공영방송이라고 말한다. 상업방송과 달리 소유구조가 공적 성격을 지녔기 때문에 상업적 이윤보다는 공공의 이익을 도모해야 한다는 뜻이다. 이를 위해서는 정치권력과 자본권력으로부터 독립성을 견지하여 공익성-공공성을 실현해야 한다. 그런데 이명박 정권은 보도전문채널 YTN에 이어 KBS, MBC에 관제사장을 심어 간부진을 친정권적 인사로 포진시켰다.

이어 비판적 시사고발 프로그램 없애기에 나섰다. 제작진의 반발과 저항에도 불구하고 잇따라 시사고발 프로그램을 폐지해 권력을 감시-견제해야 할 언론의 기능과 책무를 무력화시켰다. 국민의 정치의식을 마비시켜 정권안보를 강화하려는 의도였다. 여기에 언론노조가 파업으로 맞서 싸웠고 많은 기자들과 PD들이 해고되거나 징계를 받고 거리로 쫓겨나고 진행자들이 마이크를 뺏겼다.

급기야 2012년 언론사상 유례가 없는 KBS, MBC, YTN, 연합뉴스 등 언론노조의 연대투쟁을 촉발하여 최장기간의 파업을 부르고 말았다. 특히 MBC는 간부급들이 동조파업에 나서 장기간에 걸쳐 사실상 방송이 마비되는 사태까지 일어났다. 이 과정에서 이명박 정권은 1980년 신군부 이후 최대의 언론인 학살을 자행했다.

신문시장은 친정권 신문 조-중-동이 지배하고 있어 의제설정을 주도하고 있다. 문제는 영향력이 막강한 방송이다. 그래서 방송장악의 일환으로 YTN에 이어 KBS, MBC에 관제사장을 심어 비판적 시사고발 프로그램 없애기에 나섰던 것이다. 그것으로 만족할 수 없다고 판단했던지 조-중-동에게 방송사업권을 줬다. 조-중-동 방송을 만들어 KBS, MBC의 대항마로 키운다는 계략이었을 것이다.

2009년 7월 22일 한나라당이 국회를 난장판으로 만들고 신문법-방송법 개정안을 재투표, 대리투표를 통해 날치기했다. 재투표, 대리투표가 불법이란 사실은 초등학생들도 너무나 잘 안다. 이 명백한 불법행위를 한나라당이 자행한 것은 다수의 힘을 빌린 의회쿠데타였다.

헌법재판소도 절차상의 위법성을 인정하고 국회가 재논의하라는 취지의 결정을 두 번이나 내렸다. 그럼에도 이명박 정권은 사법부의 권위를 정면으로 부정하고 이른바 언론악법을 강제로 시행했다. 친정권 신문 조선-중앙-동아일보와 매일경제에 방송사업권을 주기 위한 것이었다.

  이명박 정권이 족벌신문에게 방송사업권을 준 배경에는 보수세력의 장기집권을 위한 음모가 도사리고 있다. 신문시장을 지배하는 조-중-동-매가 방송시장에 진출하면 여론조작-여론독점을 통해 장기집권이 가능하다고 판단했을 것이다. 진보진영의 확장에 따른 사회변화는 기득권에 대한 위협이라고 판단하고 보수신문의 영향력 확대를 위해서는 방송사업 진출이 필수적이라고 작당했을 것이다.

  족벌신문의 입장에서는 뉴미디어 시대를 맞아 종이신문의 영향력이 감퇴하고 있어 새로운 사업영역의 개척이 절실하다는 경영적 계산이 깔려있다. 이명박 정권은 반민주적 통치행태에 대한 국민적 반발-저항을 여론조작을 통해 무마하려는 방책으로 족벌신문의 여론지배력을 이용하기로 작당했을 것이다.

  이른바 언론악법의 핵심은 방송-신문 겸업허용이다. 집권세력은 방송-신문 겸영이 세계적 추세라며 방송-신문 겸영금지를 규정한 신문법을 겸업허용으로 바꿔 날치기했던 것이다. 그런데 미국은 2011년 7월 7일 연방순회항소법원이 신문-방송 겸업을 금지하는 판결을 내렸다. 미국과 반대방향으로 간 것이다.

  미국은 1975년부터 신문-방송 겸업을 금지해 왔다. 그런데 부시 정권 말기인 2007년 FCC 연방통신위원회가 일방적으로 20개 대도시에서는 신문-방송 겸업을 허용하도록 법을 바꾸었다. 이에 대해 시민단체들은 언론의 소유집중이 여론의 독점화를 가속화시키고 이에 따라 여론의 다양성이 훼손된다며 법개정의 무효를 요구하는 소송을 연방법원에 제기했다. 이 승소판결에 따라 1975년 제정된 신문-방송 겸업금지가 되살아난 것이다.

한나라당의 소수 강경파가 언론장악을 노려 신문법-방송법 개정안을 은밀하게 마련했다. 공청회는커녕 그 내용을 한나라당 의원들에게조차 제대로 알리지 않은 상태에서 국민적 논의도 생략한 채 불법적으로 날치기했다. 이 개정안은 소관 상임위에 상정조차 되지 않았다. 그 개정안을 한나라당이 국회를 난장판으로 만들고 국회의장이 직권상정했다.

제안설명-심의절차-질의토론도 생략한 채 날치기로 표결을 강행했다. 그나마도 정족수 미달상태에서 표결에 붙였으나 부결되는 바람에 재표결했다. 심지어 대리투표까지 난무했다. 재투표는 일사부재의 원칙을 위반한 위법행위다. 대리투표는 부정투표이니 형사처벌의 대상이다. 법안을 불법적으로 처리했으니 당연히 원천무효이다. 그런데도 이명박 정권은 강제로 시행했다.

이에 대해 한국의 헌법재판소는 미국의 연방순회항소법원과는 달라도 너무 다른 모습을 보였다. 미국 법원이 방송-신문의 겸업을 금지하는 판결을 내린 이유는 FCC가 국민에게 이 법안이 사회적으로 미치는 영향에 대해 충분히 정보를 제공하지 않았고, 국민이 이 법안에 대해 의견을 제시할 수 있는 충분하고 적절한 기회를 제공하지 않았다는 것이다. 한마디로 충분한 여론수렴을 거치지 않았다는 뜻이다.

그런데 한국의 헌법재판소는 두 차례에 걸쳐 미국과 너무나 다른 결정을 내렸다. 재투표, 대리투표 등 절차상의 위법성을 인정하나

법안내용은 국회가 재논의하라는 것이었다. 헌재의 결정에 따라 국회가 법안을 다시 논의해야 하는데 논의하지 않았다.

이에 따라 민주당 등 야당이 부작위에 의한 권한쟁의심판을 헌재에 청구했는데도 헌재는 같은 취지의 결정을 내렸다. 이명박 정권은 그나마도 헌재의 결정을 정면으로 무시하고 불법상태인 언론악법을 강제로 시행했다. 이명박의 멘토라는 최시중이 주도하는 방송통신위원회가 불법상태에서 종합편성채널 사업자를 선정한 것이다.

TV시청자의 80% 이상이 케이블TV를 통해 지상파방송을 본다. 따라서 조-중-동-매가 사업권을 따낸 종합편성채널은 기능면에서 지상파 방송이나 다를 바 없다. 문제는 사업성이다. 한정된 광고시장을 놓고 KBS, MBC, SBS 등 지상파방송 중심의 삼각구도에 4개의 종합편성채널이 가세해 경쟁해야 한다. 방송사 난립에 따른 과당-출혈경쟁이 필연적이라 신규진입자의 사업전망이 어두웠다.

그러자 이명박 정권이 온갖 정책특혜를 동원해 종합편성채널을 강제로 육성하려고 했다. TV 수신료를 대폭 인상하는 대신 KBS 광고를 폐지하는 방안을 추진했다. KBS로 가는 광고물량을 조-중-동-매 방송으로 돌리려는 의도였다. 그러나 KBS 이사회가 수신료 인상액을 월1,000원으로 최소화하고 광고존치를 결정했다. 광고폐지가 실패한 것이다. 수신료 인상마저 실패했다.

이에 이명박 정권은 탈법-불법을 무릅쓰고 수지보장을 위한 각종 정책특혜를 강구했다.  종편허가 이전에는 모든 방송사가 방송광고공사를 통해 광고를 팔았다. 방송사가 직접 기업을 상대로 광고영업을 하지 못하도록 규제한 것이다. 방송사가 광고주에게 영향력을 행사해 광고를 팔지 못 하도록 막는 장치였다.

그런데 조-중-동-매 방송은 광고를 직접 판매하도록 사실상 허용했다. 신문의 약탈적 광고판매수법을 본다면 기업들이 광고를 내놓지 않을 수 없을 것이다. 그것도 신문에다 방송까지 동원해 협박을 일삼으면 기업들이 견뎌내기 어려울 것이 뻔하다. 기업의 광고예산은 한정되었으니 이 경우 지역민방, 종교방송, 공익방송뿐만 아니라 신문도 광고물량이 크게 줄어들지 않을 수 없다.

지역민간방송은 방송권역을 제한하고 있다. 케이블TV로 재송신하는 경우에도 허가권역을 벗어나 전파를 쏠 수 없다. 그런데 조-중-동-매 방송은 의무재송신이란 특혜를 줬다. 전국의 모든 케이블TV가 종합편성채널을 재송신하도록 강제화한 것이다. 방송권역을 전국화했다는 소리다.

채널도 지상파방송 사이사이에 끼어 넣겠다고 갖은 술수를 다 부렸다. 지상파방송과 한데 묶어 채널을 노출시킴으로써 시청자들이 쉽게 종합편성채널을 선택하도록 유도한다는 꼼수였다. 여론이 워낙 나빠지자 채널을 지상파 방송 뒤쪽으로 밀어 넣었다.

또 편성에 관한 각종 규제도 풀었다. 광고금지 품목까지 완화했다. 또 방송발전기금도 징수를 유예했다. 이 모두 지상파 방송을 차별하는 정책특혜이다. 단기간내에 지상파방송과 경쟁할 수 있도록 집중적인 정책특혜를 통해 육성한다는 전략이다.

조-중-동-매 방송이 2011년 12월 전파를 쏘기 시작했다. 신문시장을 지배하는 족벌신문들이 한 손에는 신문을 들고 다른 한 손에는 방송을 잡고 쌍나팔을 불면서 대통령 만들기에 나설 기세였다. 반면에 정권에 의해 포획된 KBS, MBC는 잠재적 경쟁자인 조-중-동-매 방송이 불법상태에서 온갖 정책특혜를 업고 출범하는데도 어떤 비판의 소리도 내지 않았다. KBS, MBC가 정권에 의해 완전히 포획되었음을 스스로 확인하는 대목이다.

그런데 시장에서 놀라운 반란이 일어났다. 조-중-동-매 방송의 시청률이 첫날부터 0%대에 머물러 꼼짝 할 줄 모른다. 모기업인 신문은 연일 광고성 방송기사로 도배질하며 시청자를 유혹하지만 거들떠보지도 않는 형국이 되고 말았다. 자본금 3,000억~4,000억원을 마련한다며 이 기업, 저 기업한테서 억지로 돈을 뜯어 만들었지만 자본금 날릴 일만 남았다.

방송을 하면 할수록 손해이니 모기업인 신문사의 기둥마저 위태로워질 수 밖에 없는 형국이다. 스스로 무덤을 판 꼴이다. 국민은 말하지 않았지만 무언의 행동으로 언론장악을 심판하고 있는 것이다.


## 북한 경제의 중국 종속화

이명박 정권이 출범하면서 내세운 남북관계의 기조는 '상생과 공영'이었다. 그러나 고위책임자들이 북한의 자존심을 건드리는 말을 예사롭게 내뱉었다. 대화할 용의가 있다고 하면서도 먼저 버릇부터 고치라는 투였다. 식량지원만 해도 북한이 요청하지 않는데 줄 수 있느냐, 지원해야 할 긴급한 상황이 아니라는 따위로 나갔다. 받고 싶으면 손을 내밀라는 소리였다.

'우리식 사회주의'를 말하는 그들이 느낄 굴욕감은 생각도 하지 않는다는 자세였다. 대화를 말하면서 다른 한편 선제공격을 발언함으로써 대립을 자초했다. 이에 맞서 북한도 "6·15 공동선언과 10·4선언을 전면 부정한다", "파쇼독재를 되살리며 북남대결에 미쳐 날뛰는 남조선 집권세력"이라며 맹비난을 퍼부었다. 남북관계는 군사적 긴장이 고조되면서 한국전쟁 이후 최악의 상태로 악화됐다.

김대중-노무현 10년간의 햇볕정책은 이른바 보수세력한테서 좌빨이라고 심한 시달림을 받았다. 퍼주기 논란을 빚는 햇볕정책의 뿌리는 그보다 10년을 더 거슬려 올라간다. 노태우는 밀사를 통한 물밑접촉으로 남북화해를 꾸준히 추구했다. 햇볕정책은 김영삼이 먼저 시동을 걸었다. 무상지원은 안 된다는 미국 식량메이저의 제동을 뿌리치고 북한에 식량지원의 길을 텄다.

만성적인 식량난과 핍박한 외환사정은 김대중-김정일, 노무현-김정일의 정상회담을 이끌어냈다. 금강산과 개성공단의 문이 열리고 경제협력의 폭이 넓어졌지만 북한은 핵개발을 중단하려는 의사를 비치지 않았다. 이명박 정권이 들어서는 사정이 달라졌다. 미국 부시정부의 대북강경노선과 보조를 같이 하면서 화해의 물결이 급속히 냉각되었다. 남북이 험한 말을 주고받더니 공식-비공식 대화의 창구가 모두 단절되어 버린 상태다.

이명박 정권의 대북정책기조는 한마디로 핵을 포기하지 않으면 경제적 지원은 없다는 것이다. 이에 대응하여 북한은 핵실험과 미사일 발사로 긴장을 고조시켰다. 이명박 정권 출범 이후 긴장관계가 고조되었음에도 금강산 관광이 지속되는가 싶더니 2008년 7월 금강산에서 울린 한 발의 총성이 금강산의 문을 닫아 버렸다. 3년 넘게 중단되더니 북한이 금강산내 남한의 재산을 동결 – 몰수했다.

2010년 3월 26일에는 백령도 근처 해상에서 해군 초계함 천안함 침몰하여 해군 40명이 사망하고 6명이 실종하는 사건이 일어났다. 합동조사단은 북한의 어뢰공격으로 침몰했다고 발표했고 북한은 모략극이라고 주장했다. 2010년 11월23일 북한이 연평도에 포격을 감행하자 집권세력 내에서는 전쟁불사론까지 튀어나오면서 남북관계는 되돌리기 어려운 국면으로 악화됐다.

이명박 정권 들어 연간 쌀 40만t, 비료 20만t의 지원이 중단되고 경제교류가 거의 단절되었다. 다만 개성공단만 명맥을 유지하고 있는 실정이다. 이런 현실에서 북한은 화폐개혁마저 실패하여 경제난이 더욱 악화됐다. 경제사정이 절박하게 돌아가자 중국한테 구원의 손을 내밀었다.

신압록강 대교를 중국자본으로 건설하기 시작했다. 인근의 위화도와 황금평 지역을 자유무역지구로 개발한다며 중국기업에 50년간 임대형식으로 개발권을 넘겼다. 조선대풍국제투자그룹이 100억달러 규모의 외자를 유치해 나진·선봉지구 두만강 유역의 도로, 항만, 철도를 건설하고 있다. 나진항 1호 부두의 10년간 사용권도 중국에 넘겼다. 중국이 누천년의 숙원이던 동해를 통한 태평양 진출의 길이 열린 것이다.

중국의 입장에서 동해는 동북3성의 해외수출 창구로서 가치가 크다. 또 동해를 동북3성과 연안지대를 연결하는 통로로서 활용하여 지역간의 균형발전을 도모할 계획이다. 동해를 통한 해상운송이 내륙운송보다 훨씬 경제적이다. 그 동안 소비재 수출, 지하자원 개발, 사회간접자본 개발로 북한에 대한 정치적-경제적 영향력을 키어온 중국의 입김이 앞으로는 더욱 커질 전망이다.

1980년대부터 중국은 통일적 다민족국가론을 내세워왔다. 56개 민족으로 이뤄진 중국은 그 구성민족과 영토의 역사를 모두 중국사에 포함시켜야 한다는 주장이다. 그 중에서도 동북공정東北工程은 2002년 2월 28일 정부 승인을 얻어 국책사업으로서 추진하고 있다. 고조선, 고구려, 발해를 한국사에서 지우는 작업이다.

이렇게 되면 한국사는 시간적으로는 2,000년, 공간적으로는 한강 이남에 국한되고 그 이북은 중국사에 편입된다. 북한경제의 중국의 존도가 높아지면서 중국에서 동북4성이란 말이 자주 들린다. 북한이 붕괴되는 사태가 발생하면 동북3성인 랴오닝성遼寧省, 지린성吉林省, 헤이룽장성黑龍江省에 이어 북한이 동북4성으로 편입된다는 소리다. 역사공정은 바로 동북4성의 논리적-역사적 배경을 제공하는 작업이다.

2010년 4월 26일자 뉴스위크에는 '북쪽 잃기-남한은 북방정책이 필요하다' 란 칼럼이 실렸다. 영국 리츠 대학교의 명예선임연구위원으로서 40년 넘게 한반도 문제를 연구해온 에이던 포스터 카터의 글이다. 서울은 아직도 북한을 자국의 영토라고 생각하면서도 북쪽에 대한 영향력을 포기하고 있다는 내용이다. 동독의 갑작스런 붕괴에 따라 발생한 독일의 통일비용과 비교하면 점진적인 재통합을 위해 굶주리는 북한 동포에게 쌀을 지원하는 햇볕정책이 훨씬 싸다는 주장이다.

그런데 서울의 근시안적인 보수세력은 햇볕정책에 대한 불만이 크다고 지적했다. 통일까지 20년이 걸린 서독의 동방정책 Ostpolitik을 배우는 서울의 북방정책이 시급하다는 의견이었다. 햇볕정책은 하룻밤에 성공할 수 없다는 것이 그의 주장이다. 이명박 정권은 이런 역사의식도 없이 남북관계를 긴장일변도로 밀어붙였다.

한반도에 긴장관계가 더욱 결빙되는 바로 그 시점에 중국과 대만의 양안兩岸관계는 급속하게 해빙되고 있었다. 경제교류가 양안의 대화를 이끌어내더니 중국이 대만에 군사교류까지 제안해 양안에 감돌던 전운은 사라지고 그 자리에 화평이 찾아왔다. 이어 중국에 진출한 대만기업에 대한 10대 지원방안을 발표했다. 큰 골자는 1,300억 위안(24조5,000억원 상당)의 금융지원이었다. 중국이 자국의 중소기업에 지원하는 세제-금융 우대조치를 대만기업에도 적용한다는 것이다.

2009년 부터는 대중문화의 문호도 활짝 열렸다. 중국 가수가 대만 무대에서 노래를 부르고 중국 탤런트가 대만 드라마에도 출연한다. 그 동안 대만 가수가 대륙 무대를 장식한데 대한 호혜적 개방이다. 2008년 12월 25일 대만은 고위공무원의 대륙방문을 허용하는 한편 중국도 정당인의 대만방문의 길을 열었다.

　2008년 7월에는 59년만에 하늘 길도 열렸다. 매주 금요일, 월요일 직항 전세기를 띠우고 있다. 양국의 항공업계는 단계적으로 양안간의 여행이 상시화-간편화-정기화할 것이란 기대에 차있다. 그동안은 직항로가 없어 4대 명절에 한해 홍콩, 마카오 등지를 거치는 임시 항공기를 운행해 왔다.

　2008년 11월에는 이른바 '3통'三通이라고 일컫는 통상通商, 통항通航, 통우通郵가 실현됐다. 전면적인 교류협력시대가 전개된 것이다. 후진타오胡錦濤 중국 국가주석은 2008년 12월 31일 적대상태를 끝내고 평화협상을 달성하자며 대만에 군사교류를 전격적으로 제안했다. 또 그는 하나의 중국을 전제로 대만의 WHO세계보건기구 가입에 대해서도 긍정적인 자세를 취했다.

　남한의 체제우월성은 경제적 성취가 이미 입증했다. 북한과의 대화는 많은 인내심을 요구한다는 사실도 체험적으로 확인됐다. 하지만 극단적인 대립이 북한경제의 중국종속화를 부르면 종국에는 한반도의 북쪽을 잃을 수도 있다. 1·21 사태, 아웅산 테러, KAL기 폭파 당시와는 달리 북한경제의 중국의존도가 너무나 높아졌다.

　이 시점에서는 냉정하게 거시적 안목에서 역사의식을 갖고 설득을 통해 대화를 이끌어나가는 지혜가 중요하다. 그럼에도 이명박 정권은 냉전체제의 소아병적인사고방식에 갇혀 남북관계를 긴장국면으로만 몰고 갔다.

제6장

새 로 운
정치지형의
태 동

# PK & TK 연합에서 균열로

## 민주통합당 PK도전 실패의 숨은 뜻

1990년 3당합당 이후 지역주의가 고착화되어 김영삼과 김대중을 주축으로 하는 연고지역의 정당공천만 받으면 영남-호남에서는 당선이 보장되었다. 공천이 곧 당선이었다. 그 까닭에 김영삼계의 정당과 김대중계의 정당이 영남-호남지역을 양분해 완전히 석권해 왔다.

그런데 이명박 정권 들어서 새누리당의 텃밭인 영남지역에서 이상징후가 나타나기 시작했다. 1990년 3당합당 이후 20년 이상 정치적 연대인 이른바 PK(부산·경남)＋TK(대구·경북)에 균열양상이 드러나고 있는 것이다. 이에 따라 2012년 4·11 총선거를 앞두고 부산-경남이 최대의 격돌지로 떠올라 전운이 감돌았다. 과거의 어떤 선거에서도 수도권이 격전지였던 점과는 다른 모습이었다.

역대 대통령 선거를 보더라도 부산-경남의 향방이 대선의 판세를 가른다는 점에서 '낙동강 전투'로 비유될 정도였다. 철옹성 같던 영남지역에서 부산-경남이 지역주의에서 이탈하는 모습이 2010년 6·2 지방선거 통해 확인되었다. 무소속 김두관의 경남도지사 당선은 그 같은 해석을 담보하는 대목이다.

2010년 6·2 지방선거에서 한나라당이 참패했다. 그러나 서울시장에 도전한 한명숙, 경기도지사에 출마한 유시민 등 친노세력은 패배했다. 이 점에서 김두관의 당선은 예상 밖의 승리였다. 김두관은 1995년 초대, 1998년 2회 지방선거에서 무소속으로 출마해 연이어 경남 남해군수에 당선됐다. 당시 그가 세웠던 최연소 민선 군수라는 기록은 아직도 깨지지 않고 있다.

그는 2002년 지방선거에서 노무현의 권유로 경남 도지사에 도전했으나 실패하고 노무현 정권 들어 행정자치부 장관에 발탁되었다. 그 후 2004년 총선에서 경남 남해·하동에서 열린우리당 간판을 들고 출마했으나 고배를 마셨다. 2006년 지방선거에서 또 노무현의 권유로 경남도지사에 도전했으나 패배했다.

따라서 그가 재도전에서 성공한 것은 지역주의 분화에 따른 하나의 이변이다. 2010년 6·2 지방선거에서 그와 함께 부산시장 선거에서 출마했던 민주당의 김정길은 44.6%란 높은 득표율로 약진했다. 또 기초단체장 10명, 광역의원 23명, 기초의원 174명의 당선됐다. 한나라당의 아성 경남-부산에서 일어난 파란이었다.

부산-경남지역에서의 정치지형의 변화를 감지한 친노세력이 이

지역을 중심으로 정치적 부활의 꿈을 키웠다. 정권교체를 명분을 내세워 '국민의 명령'이란 이름으로 야권단일화를 외치던 문성근이 그 사령탑을 맡았다. 노무현의 비서실장을 지낸 문재인을 대권주자로 내세워 경남-부산지역에서 재기의 발판을 마련하려는 전략이었다.

친노세력은 '혁신과 통합'이란 일종의 가설 정당을 만들어 야권통합이란 형식을 빌려 기성정당인 민주당과 결합했다. 이어 한국노총과 진보적 시민사회단체를 접목시켰다. 민주통합당이 탄생한 것이다.

2012년 1월 9~13일 시민 53만894명이 참여한 가운데 열린 모바일·지역현장 투표와 2012년 1월 15일 실시된 대의원 투표를 통해 노무현 정권에서 국무총리를 지낸 한명숙이 24.05%(25만2986표)를 얻어 당대표에 선출됐다. 차점자는 문성근이 차지했고 이어 박영선, 박지원, 이인영, 김부겸이 최고위원으로 선출됐다. 사실상 친노세력이 민주당을 접수한 형국이다.

2007년 12월 대통령 선거의 승패는 노무현 심판론이 결정했다. 이명박의 압승은 친노세력에게 동면의 세월을 안겨줬다. 하지만 이명박의 실정은 4년만에 그들에게 재도약의 계기를 마련해 줬다. 노무현의 비서실장 문재인이 부산을 교두보로 4·11 총선에서 의회진출을 통해 대권의 꿈을 키우겠다고 선언했다. 그 선봉장인 문성근이 무연고지인 부산에 도전장을 냈다. 김정길이 가세했다.

야권의 불모지인 부산에서 최소한 5명이 생환에 성공하면 부산-경남 공략을 통해 대권까지 간다는 전략이었다. 여기에 조심스럽게 무소속으로 관망하던 김두관이 지방분권과 균형발전이라 기치를 들고 통합대열에 가세했다. 그가 입당사에서 밝힌 지방분권과 균형발전은 다분히 호남을 의식한 대목이고 여기서 그의 대권 도전의 의지를 읽을 수 있었다. 총선 이후 상황전개에 따라 결행하겠다는 뜻으로 풀이됐다. 결국 그는 대권에 도전장을 던졌다.

부산-경남은 전통적인 야성지역이었다. 1960년 이승만의 3·15 부정선거에 항거한 봉화도 마산에서 먼저 불을 붙였다. 그것이 4·19 혁명의 도화선이 되어 독재자 이승만의 하야를 이끌어냈다. 박정희의 유신체제에 종언을 고하는 1979년 부마항쟁도 부산-마산이 진앙지이었다. 그 해 10월 26일 궁정동에서 중앙정보부장 김재규가 박정희의 심장을 겨냥한 총구의 방아쇠도 부마항쟁이 당겼던 것이다.

부산-경남은 전두환의 신군부에게 치명적인 타격을 준 신당 돌풍의 주역이기도 하다. 1985년 12대 국회의원 선거에서 김영삼-김대중이 주도한 신한민주당의 후보 5명을 모두 당선시켰던 것이다. 관권과 금품이 난무한 부정선거였지만 신군부의 민주정의당은 2석을 얻는데 그쳤다. 1987년 6월항쟁 이후 13대 총선거에서는 김영삼의 통일민주당이 15석 중 14석을 석권했다. 그 야성의 지역 부산-경남이 3당합당 이후 대구-경북과 함께 영남패권주의 중심축을 이뤄왔다.

1990년 김영삼의 민주통일당이 노태우의 민주정의당, 김종필의 자유민주연합과 합당하여 민주자유당이 태어났다. 이른바 3당합당이다. 김영삼의 연고지역인 부산-경남이 박정희-전두환-노태우의 연고지역인 대구-경북과 정치적 연대를 맺은 것이다. 이후 부산-경남은 줄곧 민주자유당→신한국당→한나라당의 확고한 지지기반으로서 변화를 몰랐다.

노무현은 경남 김해 출신이다. 그럼에도 부산-경남에서 그의 도전은 번번이 실패했다. '호남당'이란 간판을 들고 나온 것이 패인이었다. 그가 2002년 16대 대통령 선거에 새천년민주당의 후보로 도전장을 냈다.

그런데 부산-경남에서 그의 득표율은 29.4%에 머물렀다. 그나마 그가 김해 출신이기에 이 정도의 지지율을 얻었을 수 있었다. 반면에 지역연고가 없는 한나라당의 이회창은 65.3%의 득표율을 올려 부산-경남 지역이 한나라당의 지지기반임을 또 다시 확인했다. 호남의 절대적 지지가 노무현의 당선을 이끌어냈다.

한편 2011년 10월 26일 서울시장 보궐선거 패배와 한-미 FTA 날치기는 후폭풍을 몰고 와 이명박 정권의 권력누수를 가속화시키고 있었다. 여기에 꼬리를 물고 터지는 이명박 친인척-측근 비리가 이명박 정권을 혼수상태에 빠뜨렸다. 그 틈을 타서 박근혜가 한나라당을 접수하고 당명을 새누리당으로 바꾸고 친정체제를 구축했다. 박근혜와 대척점을 설정하고 있던 친이계가 무저항을 넘어 두 손 들고 투항했다.

그 배경에는 부산-경남이 크게 작용한 측면이 있다. 부산-경남 지역에서는 이명박 정권에 대한 반발과 불만이 임계점을 넘어서고 있었다. 표면적인 원인은 부산저축은행 금융비리, 동남권 신공항 백지화였다. 하지만 그 기저에는 이명박 정권의 불통정치-강압통치와 'TK우대-PK박대' 인사에 대한 저항감이 깔려있었다. PK가 이탈할 조짐을 보이자 그 지역 출신 한나라당 의원들이 초조감을 감추지 못하고 있었다. PK의 이탈은 총선 패배에 이어 곧 대선 패배를 의미하기 때문이었다.

부산-경남 지역에서 야권의 선전은 4·11 총선 훨씬 이전부터 점쳐졌다. 여러 여론조사가 그 같은 판세분석을 뒷받침했다. 박근혜가 한나라당을 접수하자마자 황급하게 당명을 개칭하고 선거기간 중에 이 지역을 집중적으로 공략한 것도 그 같은 판단에 근거했을 것이다. 그런데 선거결과는 일반적인 예상을 뒤집고 문재인과 조경태 단 2명의 당선자를 내는 데 그쳤다. 민주통합당이 참패한 것이다.

조경태는 사하을에서 내리 세 번째 당선되었다는 점에서 부산-경남지역의 정치지형 변화와는 달리 해석할 필요가 있다. 그의 공고한 지지기반 때문이지 친노세력의 부활과는 연관성이 적다는 분석이다. 이 점에서 보면 민주통합당은 부산-경남 지역에서 대선주자 문재인만 홀로 살아남는 패배였다.

그 상당한 원인은 민주통합당이 공천개혁을 부르짖으면서 부산지역에서는 다른 지역과 달리 경선을 거치지 않아 부산 시민의 참여가 원천적으로 봉쇄된 데 있다. 친노세력의 낙점이나 다름없는 공천이 아닌 '사천'이라는 소리가 나올 정도였다. 자만이 패배를 잉태했던 것이다.

## 유권자는 없고 당권파만 있는 정당

4·11 총선에서 야권은 다 이긴 선거를 진 꼴이었다. 많은 국민들은 야권의 승리를 점쳤다. 그것이 민심이라는 점에서 어떤 정치적 분석보다 설득력을 갖는다. 선거 전후에 민주통합당이 보인 자세를 보면 패배는 자초했다는 분석이 가능하다.

친노세력이 민주통합당을 접수하면서 승리감에 도취해 자만에 찬 모습을 너무 많이 보였다. 노무현의 실정에 대한 비판의 소리가 나오면 우리가 무엇을 잘못 했느냐고 되받아쳤다. 선거가 끝난 다음에도 패배를 겸허하게 받아들이거나 패인을 면밀하게 분석하기보다는 패배하지 않았다는 교만한 자세를 보였다.

또 선거기간 중에도 노무현 정권의 정책실패에 대해서 전혀 반성하거나 자성하는 자세를 보이지 않았다. 선거 전후에 가장 큰 정치 현안이었던 한-미 FTA와 제주 강정해군기지 건설은 노무현 정권이 추진한 정책이다. 그럼에도 유권자를 기억상실증 환자로 아는지 무책임하게도 반대한다고 목청을 높이고 다녔다. 그것도 최고정책책임자로 국무총리를 지낸 한명숙이 앞장섰다.

국회의원 선거일을 앞둔 며칠 전까지도 많은 유권자들이 누가 어느 곳에 어느 정당으로 출마하는지 전체적인 윤곽이 드러나지 않았다. 듣도 보도 못한 인물들이 정당의 공천장을 받아 낙하산을 타고 불쑥 나타났다. 지역에서 오랫동안 국회의원을 하거나 거론되던 인물들은 온 데 간 데 없고 엉뚱한 인물이 나타나 표를 달라는 모습이었다.

국민경선, 모바일투표, 단수공천, 전략공천, 경선대상, 현장투표가 뭔지 모르는 유권자들이 너무나 많았다. 그것도 노령자는 절차와 요령을 몰라서도 참여하기 어려웠다. 20대의 투표율이 높아졌다고 청년층의 지역구후보, 비례대표를 내세웠다. 하지만 고령화시대에 노년층의 이익을 대변하는 배려는 전혀 없었다. 새누리당이나 민주통합당이나 유권자가 안 보이기는 마찬가지였다. 예상보다 투표율이 낮아진 원인을 여기서 찾을 수 있다.

정당사를 보면 선거철마다 정당들이 앞 다퉈 간판을 바꿔 달고 다시 분칠하기에 바쁘다. 지난 총선거에서도 예외 없이 신장개업을 되풀이했다. 이것은 국민을 상대로 하는 일종의 사기극이다. 새누리당의 허울을 벗겨보면 한나라당, 신한국당, 민주자유당이 나오고 마지막 꺼풀을 걷어내면 영남지역에 기반을 둔 신군부의 민주정의당이 나온다.

민주통합당의 큰 줄기는 호남지역에 연고를 둔다. 새천년민주당의 겉옷을 벗겨내면 국민회의에 이어 평화민주당이 나온다. 새천년민주당이 노무현 정권의 모태였지만 집권 이후 주류가 열린우리당의 기치를 들고 나왔고 호남을 중심으로 하는 비주류는 민주당이란 간판 아래 잔류했다.

정권재창출에 실패한 이후 친노세력은 두 갈래로 나눠졌다. 한 가닥은 2008년 대선에서 문국현을 밀었고 나머지 세력은 뿔뿔이 헤어졌다. 정동영이 노무현과 차별화를 시도했다는 이유로 그를 밀지 않았다. 동면하던 친노세력이 이명박의 실정으로 깨어나 다시 민주당과 합세해 민주통합당으로 탈바꿈했다.

2010년 6·2 지방선거, 2011년 4·27 재보선, 10·26 서울시장 보궐선거에서의 패배는 한나라당을 공황상태에 빠뜨렸다. 그 틈을 타서 장막 뒤에서 무언의 정치를 수행하던 박근혜가 당권을 접수해 버렸다. 비상대책위원회를 만들어 스스로 위원장을 맡더니 20대 위원, 20대 후보를 발탁했다. 서울시장 보궐선거의 패인이 20~40대의 외면이라고 판단한 모양이었다.

합당이란 절차를 거친 민주통합당은 한명숙을 주축으로 하는 친노세력이 당권을 장악했다. 그 동안 민주당을 주도하던 세력이 일순간에 어디로 갔는지 흔적조차 찾아보기 어려운 형국이 되어 버렸다. 당대표를 지낸 인사들조차 공천에 목을 매고 숨죽이는 모습을 보이기는 양당이 마찬가지였다. 그런 인사들이 한 때나마 국정을 주도했다고 생각하니 국민의 입장에서는 황당한 일이 아닐 수 없었다.

새누리당이나 민주통합당이나 공천심사위원회를 급조해서 한 달 남짓 사이에 300명 가까운 후보자를 추려냈다. 공천개혁이니 쇄신공천이니 하고 떠들었지만 공천위원의 면면을 보면 더러 명망가도 보였지만 누가 누굴 심사하는지 모를 인물들이 수두룩했다. 어디에도 국민의 대표성을 찾아보기 어려웠다.

출마자는 모바일투표나 여론조사를 통해 뽑는다지만 공천위원은 그런 절차가 없었으니 공천위원의 선정기준이 무엇인지 묻지 않을 수 없었다. 당지도부가 심사위원을 위촉했을 테니 그들의 영향력이 절대적이었을 것이다.

시간은 촉박한데 엄격한 기준도 없이 천명단위의 응모자 가운데서 후보자를 가려내야할 상황이었다. 결국 당대표가 장악한 당사무국에서 마련한 기초자료와 2~3분 면담에 의존했을 테니 기업의 신입사원 선발보다 낫다고 볼 수 없었다.

졸속심사의 결과는 뻔했다. 실제 엉뚱한 인물을 뽑아 사천이니 갈라먹기니 하는 시비가 그치지 않았고 공천박탈이니 공천반납이니 하는 추태가 벌어졌다. 찍고 싶어도 찍을 사람이 없는 형국이었는데 그나마도 민주통합당이 훨씬 심했다. 투표율이 낮아진 상당한 이유가 여기에 있다.

두 정당의 공천과정을 보면 물갈이란 말이 대세처럼 보였다. 다선을 마치 흠결로 보는 분위기였다. 그들을 여러 차례 뽑아준 유권자를 탓하는 듯했다. 의정활동의 공과를 따지기보다는 무조건 바꾼다고 몰아갔다. 의회제도는 장로제도gerontocracy에서 발달해왔는데 의회활동을 통해 쌓은 경륜은 필요 없다는 소리인지 물을 정도였다. 그 배경에는 당권파가 비당권파를 제거하려는 음모적 의도가 도사리고 있었다.

새누리당보다는 민주통합당의 공천기준이 무엇인지 알 수 없었다. 단수공천이니 전략공천이니 하며 시끄러웠는데 거기에는 유권자를 의식하는 자세가 전혀 없었다. 누구는 전략공천이라고 해서 경선이란 절차 없이 공천을 주고 누구는 경선을 거치도록 하고 아니면 지명식으로 그냥 공천을 줬다. 부산에서의 패배도 경선을 통한 시민참여의 길이 막혔기 때문이었다.

국민의 대표를 뽑는데 장기판의 졸 돌리듯이 여기서 뽑아서 저기에 마구 박았다. 출마자도 막판까지 어디에 출마할지 모르는 상황이었으니 선거 당일 자기 지역구에 누가 출마하는지 아는 유권자가 얼마나 있었는지 의문이다. 유권자는 정당이 내려 보낸 낙하산을 누구인지도 묻지도 말고 그냥 찍으라는 고자세였다.

정권교체를 바라는 유권자의 입장에서는 민주통합당의 비례대표 공천은 지역구 공천 못지 않게 중요하다. 그런데 동네 병정놀이로 아는지 당권파 중심으로 계파끼리 나눠 먹다 보니 이름 한번 듣지 못한 인사들이 수두룩했다. 국민 대표성, 직능 대표성 따위는 헌 신짝 버리는 듯했다.

민주통합당이 도입한 모바일 투표는 비용이 싸고 유권자의 뜻을 반영한다는 점에서 취지는 훌륭했다. 하지만 자발적 참여도가 낮다 보니 조직력과 인지도가 높은 현역의원이 공천장을 거머쥐기 마련이었다. 결과적으로 모바일 투표가 신인의 진입장벽이란 역작용의 효과를 나타냈다. 그 이유로 기대가 컸던 정치신인들이 입지에 실패하고 후보검증도 거치지 않은 세습지역구가 튀어 나왔다.

무엇보다 심각한 문제는 정보격차에 따라 소외지대에 놓인 노년층은 기기사용법을 몰라 참여 자체가 봉쇄됐다는 점이다. 양당이 청년층을 위한 복지공약을 남발했고 사회경험이 없는 청년층을 지역구와 비례대표로 공천했다. 흥행을 노린 나머지 20대에게 표를 달라고 아첨한 꼴이지만 득표에 얼마나 영향을 미쳤는지는 미지수이다.

비례대표에서 여성할당제와 직능대표제를 운위했지만 노년층의 이익을 대변하는 공천은 없었다. 온라인에서 정치적 발언권이 약하다는 이유일 것이다. 막상 노년층의 투표율이 높다는 점을 무시했던 것이다. 고령화 시대를 맞았지만 고용구조는 연소화하고 있어 노령대책이 국가적 과제임에도 노령층의 이익을 배제했던 것이다. 이것은 분명한 연령차별이다.

## 양당제 정착과 지역주의 분화

친노세력이 민주통합당을 장악했더라도 자숙하는 모습을 보였다면 4·11 총선판세가 달라졌을 가능성이 높다. 친노세력은 공천과정에서 공천개혁이라는 이름으로 이른바 반노-비노세력을 철저하게 배제했다.

서울에서만 해도 오랫동안 착실하게 지역기반을 닦아온 인사들이 낙천되지 않았다면 득표율이 올라갈 수 있었다. 비례대표라면 전국적인 지명도를 가진 인사로서 국민적 대표성을 가진 인사여야 하나 직능대표성조차 찾아보기 어렵다. 한마디로 들도 보도 못한 인물들이 주류를 이뤘다.

총선패배의 원인은 계파끼리 철저하게 갈라먹은 사실상 공천이 아닌 사천이라는 데 있다. 이미 정치지형의 변화 조짐을 보이던 부산-경남에서의 패배의 원인도 친노세력이 장악한 민주통합당 지도부의 행태에 있다.

새누리당의 지지기반이 돌아서게 만들려면 미래와 희망을 보여주어야 하는데 계파 갈라먹기가 실망을 안겨줬다. 부산은 다른 지역과 달리 후보경선이란 절차가 없어 유권자가 참여할 길이 닫혀있었다. 그러면서도 부산–경남지역에서의 승리를 장담했으니 반발심리가 작용했다.

친노세력의 일각에서는 4·11총선 결과를 놓고 승리라고 자평했는데 표면적으로는 옳은 분석이다. 4·11 총선에서 민주통합당의 득표율 36.45%를 새누리당의 득표율 42.80%와 비교하면 6.35% 밖에 차이가 나지 않는다는 점에서 설득력을 가질 수 있다.

여러 언론사의 여론조사의 결과를 보면 민주통합당의 지지율은 20%대를 유지하는 수준이었다. 4·11 총선에서 민주통합당의 득표율은 평소 언론사들의 여론조사보다는 10%p 이상 높은 편이었다. 그 차이는 반새누리당 성향의 무당파가 막판에 민주통합당을 선택했기 때문으로 풀이된다.

하지만 그들은 고정적 지지자가 아니다. 양당제가 정착화하는 현실에서 두 당 중에서 골라야 하는 유권자의 입장에서는 불가피한 선택이었다. 공천 이전에만 해도 민주통합당의 승리가 지배적 관망이었다. 그 까닭에 한나라당이 서둘러 당명을 바꾸며 변화하는 모습을 연출했던 것이다.

4·11 총선의 결과 양당체제의 정착화가 뚜렷하게 나타났다. 선거 이전에도 그 같은 흐름을 읽을 수 있었다. 박근혜가 한나라당을 접수하고 공천과정에 이른바 친이계를 철저하게 배제했다. 친이계 학살이란 표현이 나올 정도였다. 낙천자의 대거탈당이 점쳐졌지만 그

것은 오판으로 드러났다.

박세일이 주도한 국민생각이 새누리당 친이계의 집단탈당-입당을 기대했지만 결국 예상은 빗나가고 말았다. 국민생각은 0.73%의 득표율을 올리고 한 석의 의석도 확보하지 못해 포말정당으로 끝났다. 18대 친박계의 대거탈당과 같은 사태가 일어나지 않았던 것이다.

2008년 4월 18대 총선에서 자유선진당은 충청권에서만 18석의 의석을 확보해 제3당으로 자리 매김했다. 반면에 여당인 한나라당은 충남에서 가지고 있던 의석 2개마저 잃어버렸다. 16개 선거구에서 모두 당선자를 내지 못했던 것이다.

그런데 19대 총선에서는 자유선진당이 참패했다. 지역구 3석에 득표율 3.2%로 비례대표 2석을 얻는데 그쳤다. 그나마도 대전-충북에서는 전패하고 충남에서 3석을 건졌다. 이회창이 꿈꾸던 충청권의 맹주가 수포로 돌아간 것이다.

4·11 총선에서는 양당제 정착과 함께 지역주의가 분화되는 추세를 나타냈다. 충청권에서 자유선진당이 겨우 명맥만 유지하는 수준으로 몰락했다. 대전에서 자유선진당은 18대 총선에서 34.43%의 득표율을 올렸으나 19대 총선에서는 17.90%로 거의 절반 수준으로 떨어졌다. 반면에 새누리당은 18대의 24.78%에서 34.31%로, 민주통합당은 18대의 18.61%에서 19대에는 33.70%로 약진했다.

충남에서는 자유선진당의 득표율이 18대의 37.78%에서 19대의 20.39%로 크게 떨어졌다. 새누리당은 18대의 27.02%에서 19대에는 36.57%로, 민주통합당은 18대의 13.54%에서 19대에는 30.40%에 크게 높아졌다. 충북에서는 자유선진당의 19대 득표율이 5.31%로 18대의 13.72%보다 크게 떨어졌다. 자유선진당의 득표율이 통합진보당의 7.70%에도 못미치는 수준으로 하락한 것이다.

18대 총선에서 민주통합당의 호남지역 득표율을 보면 광주 70.39%, 전남 66.88%, 전북 64.30%이다. 19대 총선에서 득표율은 광주 68.91%, 전남 69.57%, 전북 65.57%로서 4년전과 비교해 거의 변화가 없었다.

그런데 영남지역에서는 괄목할 만한 변화가 일어났다. 새누리당의 철옹성이라는 대구-경북에서도 변화의 조짐이 일어났다. 18대 총선에서 통합민주당의 대구-경북의 득표율은 각각 4.92%, 5.61%로 미미한 수준이었다. 민주노동당의 득표율도 각각 3.23%, 4.09%였다.

19대 총선에서는 민주통합당의 득표율이 대구 16.37%, 경북 13.42%로 크게 상승했다. 4년전에 비해 대구는 3배 이상, 경북은 2배 이상 높아진 것이다. 민주통합당과 야권연대를 맺은 통합진보당의 득표율도 대구 7.04%, 6.22%로 18대 민주노동당의 득표율인 대구 3.23%, 경북 4.09%에 비해 크게 높아졌다.

4년간의 부산-울산-경남지역의 변화는 놀랄만한 수준이다. 야권이 부산-경남지역의 지지기반 확충을 통해 대권을 바라볼 수 있을 만큼 의미 있는 변화를 나타난 것이다. 18대 총선에서 민주통합당의 득표율을 보면 부산 12.73%, 울산 9.33%, 경남 10.51%이었다. 울산, 경남은 민주노동당에도 못 미치는 수준이었다. 민주노동당의 득표율은 부산 5.28%, 울산 14.24%, 경남 10.62%였다.

그런데 19대 총선에서는 큰 변화가 일어났다. 민주통합당의 득표율이 부산 31.78%, 울산 25.22%, 경남 25.61%로 18대 총선에 비해 2.5배 가량 높아졌다. 통합진보당 득표율은 8.42%, 울산 16.30%, 경남 10.53%이다.

야권연대의 득표율로 따지면 부산 40.20%, 울산 41.52%, 경남 36.14%로서 부산, 울산은 40%를 넘어서 두 당의 전국득표율에 근접하는 모습을 보였다. 전국 득표율을 보면 민주통합당이 36.45%, 통합진보당 10.30%이며 두 당의 합친 득표율은 46.75%이다.

부산-경남 지역에서 민주통합당이 문재인, 조경태 두 명의 당선자만 냈지만 선거구별 득표율을 보면 치열한 접전이 벌어졌음을 알 수 있다. 새누리당이 일방적으로 압승했던 과거 선거와는 사뭇 다른 양상을 나타냈다. 과거 선거에서는 부산에서 민주통합당 후보들이 득표율 45%의 벽을 넘지 못했다. 2010년 6·2 지방선거 당시 민주당 부산시장 후보 김정길의 득표율이 44.6%로서 최고였다.

그런데 4·11 총선에서 득표율은 문재인 55.0%, 조경태 58.2%로 그 벽을 훌쩍 넘어섰다. 전재수, 문성근이 낙선했지만 그들도 그 벽을 깼다. 전재수는 47.6%, 문성근은 45.2%의 득표율을 올렸다. 다른 낙선자들도 40%의 고지를 돌파했다. 김정길 40.5%, 박재호 41.5%, 고창권 40.3%, 최인호 41.6%로 선전함으로써 야권 지지세가 부산 전역으로 확산되었음을 보여줬다.

반면에 새누리당이 부산에서 의석을 석권했지만 득표율은 전반적으로 낮아졌다. 김세연만이 60%대의 득표율을 기록했다. 김세연의 득표율은 66.3%이었다. 이어 유기준 55.1%, 이진복 53.4%, 이헌승 53.2%, 김정훈 52.9% 박민식 52.4%로 50% 전반의 득표율을 건졌다. 18대 총선에서 정의화, 김정훈, 허태열, 서병수가 60%대의 높은 득표율을 보였던 것과는 대조적이다.

새나라당의 당선자 중에는 득표율이 나성린 39.5%, 문대성 45.1%로 야당 후보와 5% 이내의 격차 밖에 나지 않았다. 경남에서도 야권 후보들이 만만찮은 득표력을 보였다. 김해갑에서 민홍철이 48.3%를 득표하여 야권의 유일한 당선자가 되었다.

또 김해을 김경수 47.9%, 양산 송인배 47.7%, 거제 김한주 32.9%, 창원-의창 문성현 45.9%, 창원-성산 손석형 43.8%로 높은 득표력을 보였다. 울산 북구 김창현은 47.6%의 득표력을 과시했다.

대구-경북지역과 부산-경남지역이 합세한 대선에서는 한나라당이 승리했다. 1992년 김영삼-2007년 이명박의 당선이 그것을 말한다. 하지만 두 지역이 분열한 1997년, 2002년 대선에서는 김대중-노무현한테 실패했다. 그것을 알기 때문에 한나라당이란 간판을 내리고 탈색작업을 하느라 분주한 모습을 보였던 것이다.

같은 이유로 민주통합당이 부산-경남지역에 공을 들였다. 4·11 총선에서 문재인이 부산에서 대권 도전의 꿈을 키우며 지지세 확장에 나섰다. 하지만 희망과 미래를 약속하기보다는 계파 갈라먹기에 몰두하는 한편 막연한 이명박 심판론이나 내세워 노무현 심판론을 되살렸다.

부산-경남 지역은 항구도시, 공업지대가 포진해 있어 외지인, 노동자가 많아 역동성이 높다. 민주통합당이 교만한 표정을 짓는 순간 민심이 표변했다. 하지만 득표율의 변화를 보면 기대감을 버리지 않았다는 분석이 가능하다.

## 과거정권의 실패를 반면교사로 삼는 지혜

1987년 6월 민주화의 열망이 아스팔트 위로 분출했고 그 열기가 군벌체제의 종막을 가져왔다. 그 6월 항쟁은 신군부의 폭정을 분쇄하고 대통령 직선제를 쟁취했다. 그 때가지만 해도 많은 국민들은 구체제의 잔재와 폐습을 혁파하고 희망에 찬 새로운 시대를 열 것이란 기대에 차 있었다.

하지만 5년을 주기로 열병 같은 홍역을 치른 끝에 새로운 대통령이 태어나나 국민에게 희망보다는 절망과 실망을 안겨 주곤 한다. 대통령과 그의 추종세력이 국정 전반에 대한 이해도가 너무 낮기 때문에 무엇을 어떻게 해야 할지 몰라 5년이란 세월을 허송하고 만다.

정당사를 되돌아보면 한국의 정당은 포말정당의 모습을 닮았다. 선거철이 가까워지면 그 뻔한 얼굴들이 다시 '헤쳐 모여'를 되풀이하거나 아니면 간판을 바꿔단다. 국민적 신뢰를 잃었기에 국민적 지지를 끌어내려고 새롭게 포장하는 꼴이다. 선거 때마다 최대쟁점으로 이념이 부각되어 보수니 진보니, 우파니 좌파니 하며 떠드나 정책방향은 없고 공허한 논쟁만 남는다.

어디에도 뚜렷한 국가관도 국정철학이 보이지 않는다. 정당의 정책기능이 취약한  탓에 정권창출에 성공하더라도 국정을 어떻게 운영할지 모른다. 결국 이 나라에서 가장 보수적 세력인 관료집단에 의존한다. 그 까닭에 1987년 체제 이후 역대 정권이 이념논쟁을 벌이나 정책방향의 골격은 대차가 없다.

경제민주화가 2012년 대통령 선거에서 가장 큰 화두로 떠올랐다. 경제민주화 시대에 걸 맞는 대통령이 되려면 역대 대통령의 정책실패를 되돌아보는 지혜를 가져야 한다. 한국사회가 직면한 최대의 난제는 양극화이다. 저급한 이념논쟁도 여기서 비롯된다. 양극화의 근본원인은 바로 정책실패에 있다.

1990년대는 경제적으로 중요한 의미를 갖는 시기이다. 폐쇄경제가 개방경제로 전환하는 단계인 까닭이다. 미국의 통상압력에 눌려 국내시장이 본격적으로 개방되었다. 세계화 바람을 타고 대비책 없이 금융-자본시장의 급속하게 개방하는 바람에 외환위기를 촉발하는 단초를 제공했다.

외환위기를 극복하는 과정에서 신자유주의를 맹신한 결과 계층-부문간의 극단적인 양극화가 형성되었다. 빈부격차 심화, 비정규직 양산, 부동산 투기, 출산율 저하, 경쟁위주의 교육 등등 국가적 난제 한가운데는 신자유주의가 자리 잡고 있다. 이에 따라 계층-부문간의 반목과 갈등이 갈수록 증폭되고 있다.

이 양극화를 완화하지 않고는 국가가 발전역량을 발휘하지 못할 단계에 이르렀다. 따라서 과거 정권의 정책실패를 거울삼아 왜곡된 경제현실을 냉철하게 직시해야 한다. 바로 거기에 계층-부문간의 발전불균형을 교정할 지혜가 있다.

그런데 정치권이 내놓는 경제담론을 보면 구체성-현실성이 결여된 재벌개혁과 성장률 위주의 외적성장에만 매몰되어 있다. 경제민주화를 자칫 잘못 논의하다가는 이념논쟁만 유발하여 본질은 증발되고 사상논쟁만 남을 공산이 크다.

재벌개혁은 반자본주의와 반시장주의란 반격의 함정이 도사리고 있어 색깔론만 유발할 우려가 크다. 또 성장론과 복지론 또한 비생산적인 이념논쟁으로 비화될 가능성이 짙다. 경제민주화의 본질은 민생복리이다. 논의의 초점을 민생복리에 맞춰 공허한 이념대결을 차단해야 한다.

이와 함께 국민이 대통령을 직접 손으로 뽑는 1987년 체제 이후의 정치체제도 되짚어 볼 필요가 한다. 1990년은 정치적으로 중요한 의미를 갖는다. 그것은 3당합당에 따른 1990년 체제다. 3당합당은 특정세력의 집권전략이었지만 그 결과는 불행하게도 지역주의의 득세로 나타났다.

3당합당에 따라 영남, 호남, 충청으로 지역구도가 더욱 확연하게 구획화되었고 이에 따라 지역주의가 더욱 고착화되었다. 투표권 행사의 첫째 기준은 출신지역이 되어 버렸다. 문제는 거기서 그치지 않고 지역감정이 더욱 악화되어 직장과 가정에까지 스며들었다. 개인사를 결정하는 데 지역감정이 중요한 요소가 되었다.

그 바람에 선거에서 정치발전과 정책대결이 실종되고 이에 따라 정치체제는 퇴영하고 경제질서가 왜곡되었다. 대통령은 정권창출에 기여한 연고지역에 대한 보답으로 출신지역 인사를 중용한다. 그 탓에 견제세력이 실종됨으로써 사회질서를 혼탁하게 만들었다. 서로 감싸주고 봐주니 눈치 볼 일이 없어진 것이다.

예산도 출신지역에 우선적으로 편중편성함으로써 지역간의 발전 불균형이 더욱 심화되었다. 그 결과 지역간의 갈등-반목이 증폭되어 지역감정이 더욱 악화되었다. 여기서 발생하는 사회적 비용의 증가는 말할 나위도 없다. 지역주의에 관한 한 정치세력에 앞서 유권자가 먼저 맹목적적인 지역주의에서 해방되어야 한다.

다행히 근년에 들어서는 지역주의에도 변화의 조짐이 보이고 있다. 수도권 20, 30대는 아버지, 할아버지의 출신지역을 따지지 않을 만큼 지역주의 의식이 많이 희박해졌다. 영남에서도 그 같은 변화의 물결이 일고 있음이 사회의 기저에서 감지된다.

따라서 차기 대통령은 지역주의를 뛰어넘어 사회통합을 지향하는 인물이 나와야 한다. 그것을 위해서는 1990년 3당합당 이후의 정치행태를 깊이 성찰할 필요가 있다. 성공한 대통령이 되려면 역대 정권의 경제-사회정책의 실패원인을 면밀하게 분석하는 자세가 중요하다. 그 해답은 과거정권을 반면교사로 삼는 데서 나온다.